中国科协碳达峰碳中和系列丛书

钢铁与有色金属行业
清洁低碳转型导论

谢建新　毛新平　聂祚仁 ◎ 主编

中国科学技术出版社
·北京·

图书在版编目（CIP）数据

钢铁与有色金属行业清洁低碳转型导论 / 谢建新，毛新平，聂祚仁主编 . -- 北京：中国科学技术出版社，2023.8

（中国科协碳达峰碳中和系列丛书）

ISBN 978-7-5236-0283-6

Ⅰ. ①钢… Ⅱ. ①谢… ②毛… ③聂… Ⅲ. ①钢铁工业 – 节能减排 – 研究 – 中国 ②有色金属冶金 – 冶金工业 – 节能减排 – 研究 – 中国 Ⅳ. ① F426.3

中国国家版本馆 CIP 数据核字（2023）第 147598 号

策　　划	刘兴平　秦德继
责任编辑	何红哲
封面设计	北京潜龙
正文设计	中文天地
责任校对	邓雪梅
责任印制	李晓霖

出　　版	中国科学技术出版社
发　　行	中国科学技术出版社有限公司发行部
地　　址	北京市海淀区中关村南大街 16 号
邮　　编	100081
发行电话	010-62173865
传　　真	010-62173081
网　　址	http://www.cspbooks.com.cn

开　　本	787mm×1092mm　1/16
字　　数	225 千字
印　　张	11.75
版　　次	2023 年 8 月第 1 版
印　　次	2023 年 8 月第 1 次印刷
印　　刷	北京顶佳世纪印刷有限公司
书　　号	ISBN 978-7-5236-0283-6 / F・1170
定　　价	69.00 元

（凡购买本社图书，如有缺页、倒页、脱页者，本社发行部负责调换）

"中国科协碳达峰碳中和系列丛书"
编委会

主任委员

张玉卓　　中国工程院院士，国务院国资委党委书记、主任

委　　员（按姓氏笔画排序）

王金南　　中国工程院院士，生态环境部环境规划院院长
王秋良　　中国科学院院士，中国科学院电工研究所研究员
史玉波　　中国能源研究会理事长，教授级高级工程师
刘　峰　　中国煤炭学会理事长，教授级高级工程师
刘正东　　中国工程院院士，中国钢研科技集团有限公司副总工程师
江　亿　　中国工程院院士，清华大学建筑学院教授
杜祥琬　　中国工程院院士，中国工程院原副院长，中国工程物理研究
　　　　　院研究员、高级科学顾问
张　野　　中国水力发电工程学会理事长，教授级高级工程师
张守攻　　中国工程院院士，中国林业科学研究院原院长
舒印彪　　中国工程院院士，中国电机工程学会理事长，第 36 届国际
　　　　　电工委员会主席
谢建新　　中国工程院院士，北京科技大学教授，中国材料研究学会常务
　　　　　副理事长
戴厚良　　中国工程院院士，中国石油天然气集团有限公司董事长、党组
　　　　　书记，中国化工学会理事长

《钢铁与有色金属行业清洁低碳转型导论》
编 写 组

主　　编

谢建新　　中国工程院院士，北京科技大学教授，中国材料研究学会常务副理事长

毛新平　　中国工程院院士，北京科技大学教授

聂祚仁　　中国工程院院士，北京工业大学教授、校长

写作组主要成员（按姓氏笔画排序）

马文军　　王　琦　　王海北　　尹升华　　邢　奕　　朱　荣　　苏　伟
李　冰　　李　兵　　李　周　　李克江　　李佳洁　　邱仕麟　　汪水泽
张利娜　　张建良　　张增志　　范铁军　　周　翔　　赵丕植　　赵禹程
娄花芬　　夏德宏　　高　峰　　高智君　　蒋滨繁　　谢洋旸　　蔡盛佳
潘　滨　　魏光升

总　序

中国政府矢志不渝地坚持创新驱动、生态优先、绿色低碳的发展导向。2020年9月，习近平主席在第七十五届联合国大会上郑重宣布，中国"二氧化碳排放力争于2030年前达到峰值，努力争取2060年前实现碳中和"。2022年10月，党的二十大报告在全面建成社会主义现代化强国"两步走"目标中明确提出，到2035年，要广泛形成绿色生产生活方式，碳排放达峰后稳中有降，生态环境根本好转，美丽中国目标基本实现。这是中国高质量发展的内在要求，也是中国对国际社会的庄严承诺。

"双碳"战略是以习近平同志为核心的党中央统筹国内国际两个大局作出的重大决策，是我国加快发展方式绿色转型、促进人与自然和谐共生的需要，是破解资源环境约束、实现可持续发展的需要，是顺应技术进步趋势、推动经济结构转型升级的需要，也是主动担当大国责任、推动构建人类命运共同体的需要。"双碳"战略事关全局、内涵丰富，必将引发一场广泛而深刻的经济社会系统性变革。

2022年3月，国家发布《氢能产业发展中长期规划（2021—2035年）》，确立了氢能作为未来国家能源体系组成部分的战略定位，为氢能在交通、电力、工业、储能等领域的规模化综合应用明确了方向。氢能和电力在众多一次能源转化、传输与融合交互中的能源载体作用日益强化，以汽车、轨道交通为代表的交通领域正在加速电动化、智能化、低碳化融合发展的进程，石化、冶金、建筑、制冷等传统行业逐步加快绿色转型步伐，国际主要经济体更加重视减碳政策制定和碳汇市场培育。

为全面落实"双碳"战略的有关部署，充分发挥科协系统的人才、组织优势，助力相关学科建设和人才培养，服务经济社会高质量发展，中国科协组织相关全国学会，组建了由各行业、各领域院士专家参与的编委会，以及由相关领域一线科研教育专家和编辑出版工作者组成的编写团队，编撰"双碳"系列丛书。

丛书将服务于高等院校教师和相关领域科技工作者教育培训,并为"双碳"战略的政策制定、科技创新和产业发展提供参考。

"双碳"系列丛书内容涵盖了全球气候变化、能源、交通、钢铁与有色金属、石化与化工、建筑建材、碳汇与碳中和等多个科技领域和产业门类,对实现"双碳"目标的技术创新和产业应用进行了系统介绍,分析了各行业面临的重大任务和严峻挑战,设计了实现"双碳"目标的战略路径和技术路线,展望了关键技术的发展趋势和应用前景,并提出了相应政策建议。丛书充分展示了各领域关于"双碳"研究的最新成果和前沿进展,凝结了院士专家和广大科技工作者的智慧,具有较高的战略性、前瞻性、权威性、系统性、学术性和科普性。

2022年5月,中国科协推出首批3本图书,得到社会广泛认可。本次又推出第二批共13本图书,分别邀请知名院士专家担任主编,由相关全国学会和单位牵头组织编写,系统总结了相关领域的创新、探索和实践,呼应了"双碳"战略要求。参与编写的各位院士专家以科学家一以贯之的严谨治学之风,深入研究落实"双碳"目标实现过程中面临的新形势与新挑战,客观分析不同技术观点与技术路线。在此,衷心感谢为图书组织编撰工作作出贡献的院士专家、科研人员和编辑工作者。

期待"双碳"系列丛书的编撰、发布和应用,能够助力"双碳"人才培养,引领广大科技工作者协力推动绿色低碳重大科技创新和推广应用,为实施人才强国战略、实现"双碳"目标、全面建设社会主义现代化国家作出贡献。

中国科协主席　万　钢

2023 年 5 月

前 言

"双碳"战略目标的提出顺应我国可持续发展的内在要求，有利于构建绿色低碳可持续的循环经济发展，助推绿色生产方式和生活方式，实现社会高质量发展。钢铁材料和有色金属材料是国民经济建设和人们日常生活中所使用的最重要基础材料，是人类社会进步所依赖的重要物质基础，在国民经济建设中发挥着举足轻重的作用。2022年，我国的钢产量达10.13亿吨，约占世界钢产量的54%，10种主要有色金属产量达到近7000万吨，超过世界其他国家和地区的合计产量，其中铝、铜、铅、锌等金属产量均占全球总产量的40%以上。我国钢铁与有色金属行业属于资源和能源密集型行业，面临着能源消耗和排放总量大、产业结构和产业布局不够合理、工艺流程和资源结构亟待优化、环保装备和技术水平整体落后、产业转型发展任务艰巨等一系列问题。

为响应国家关于"双碳"战略目标的号召及钢铁与有色金属行业高质量发展的需求，促进钢铁与有色金属行业清洁低碳转型发展，中国材料研究学会组织专家编写了"中国科协碳达峰碳中和系列丛书"之《钢铁与有色金属行业清洁低碳转型导论》，以方便读者较全面地了解钢铁与有色金属行业清洁低碳发展路径，学习钢铁与有色金属流程工业及相关材料基础知识，助力"双碳"领域专业建设和人才培养，服务党和国家"双碳"工作大局，促进经济社会高质量发展，为"双碳"目标的实现贡献力量。

本书由谢建新院士、毛新平院士和聂祚仁院士担任主编，钢铁与有色金属行业相关研究人员编写而成。聚焦钢铁冶金工艺流程、有色冶金工艺流程、金属材料制备加工等方面，概述我国钢铁行业和有色金属行业能源消耗结构及碳排放现状，介绍现阶段能效提升、碳排放控制方面存在的问题及面临的挑战；对不同环节提高能效和降低碳排放的现有先进技术和颠覆性减排技术进行展望，提出我国钢铁行业和有色金属行业实现"双碳"目标的路径和关键技术路线；提出促进我国钢铁行业和有色金属行业实现"双碳"目标的相关政策与措施。

钢铁与有色金属行业清洁低碳转型导论
Introduction to Clean and Low-carbon Transition of Steel and Non-ferrous Metal Industries

全书分为三篇，包括总论篇、钢铁篇和有色篇，内容共分 8 章，包括绪论、钢铁与有色金属行业发展现状与面临的机遇挑战、钢铁行业清洁低碳发展技术路径及关键技术、典型钢铁企业低碳发展目标及技术路线图、钢铁行业清洁低碳技术展望与政策建议、有色金属"双碳"技术方向及发展趋势、有色金属先进节能减排技术及有色金属低碳发展展望与政策建议。各章节编写人员分工如下：中国工程院院士谢建新、聂祚仁和毛新平负责内容设计指导、章节构架安排及路线图规划。第 1 章由北京工业大学聂祚仁、高峰，北京科技大学谢建新、毛新平、汪水泽统筹编写；第 2 章由北京工业大学聂祚仁、高峰，冶金工业规划研究院范铁军、周翔、李冰统筹编写；第 3 章由北京科技大学夏德宏、邢奕、朱荣、汪水泽、张建良、尹升华统筹编写；第 4 章由冶金工业规划研究院范铁军、蔡盛佳、赵禹程统筹编写；第 5 章由北京科技大学蒋滨繁、苏伟、李克江、潘滨、张利娜统筹编写；第 6 章由中国铝业股份有限公司郑州研究院邱仕麟、中铝材料应用研究院赵丕植、中国恩菲工程技术有限公司矿业经济研究院马文军、矿冶科技集团有限公司王海北、中国恩菲工程技术有限公司李兵、北京工业大学高峰统筹编写；第 7 章由中国铝业股份有限公司郑州研究院邱仕麟、中铝材料应用研究院赵丕植、中国恩菲工程技术有限公司矿业经济研究院马文军、矿冶科技集团有限公司王海北、中国恩菲工程技术有限公司李兵、中南大学李周、中铝科学技术研究院娄花芬统筹编写；第 8 章由北京工业大学聂祚仁、高峰统筹编写。参加本书资料收集、修改讨论、校对工作的还有中国材料研究学会张增志、王琦、高芳等。在此向他们表示衷心的感谢！

钢铁材料和有色金属材料领域是实现"双碳"战略目标的两个重要领域，《钢铁与有色金属行业清洁低碳转型导论》的编写符合新时代"双碳"战略目标的发展需求。由于篇幅所限，本书涉及钢铁与有色金属行业细分领域繁多，工艺流程过程复杂，无法深入阐述所有细分领域和工艺流程过程中所涉及清洁低碳的相关内容；加之钢铁与有色金属领域还在不断发展，有关资料文献和新技术难以收集完全。因此，书中难免存在疏漏、不妥之处，敬请读者不吝指正。本书在编写过程中除引用编写成员的相关科研成果外，还参阅、引用了其他大量文献。在此，一并向他们表示衷心的感谢。

中国材料研究学会
2023 年 3 月

目 录

总　序 ·· 万　钢

前　言 ·· 中国材料研究学会

总 论 篇

第1章　绪　论 ·· 003
　　1.1　钢铁与有色金属材料的发展意义 ··003
　　1.2　我国钢铁与有色金属材料行业的发展现状 ··006
　　1.3　我国钢铁与有色金属材料高质量发展展望 ··010

第2章　钢铁与有色金属行业发展现状与面临的机遇挑战 ······················ 014
　　2.1　钢铁行业发展现状 ···014
　　2.2　有色金属行业发展现状 ··019
　　2.3　"双碳"背景下钢铁行业面临的机遇与挑战 ··024
　　2.4　"双碳"背景下有色金属行业存在的问题与面临的挑战 ··························029
　　2.5　本章小结 ··033

钢 铁 篇

第3章　钢铁行业清洁低碳发展技术路径及关键技术 ·······························037
　　3.1　钢铁行业清洁低碳发展技术路径 ··037

3.2 钢铁行业清洁低碳生产关键技术 ································· 039

第4章 典型钢铁企业低碳发展目标及技术路线图 　093
4.1 全球钢铁行业技术路线图 ··· 093
4.2 国内外钢铁行业碳排放现状和发展趋势 ··················· 095
4.3 典型钢铁企业低碳发展目标及技术路线图 ··············· 097

第5章 钢铁行业清洁低碳技术展望与政策建议 　106
5.1 钢铁行业颠覆性低碳技术展望 ································· 106
5.2 钢铁行业低碳发展政策建议 ····································· 109

有 色 篇

第6章 有色金属"双碳"技术方向及发展趋势 　115
6.1 全球有色金属行业及相关企业的低碳发展目标及技术路线图 ··· 115
6.2 我国有色金属行业"双碳"总体技术方向 ··············· 118
6.3 我国有色金属不同行业"双碳"技术方向及发展趋势 ··· 120
6.4 我国有色金属不同行业关键技术体系、目标与路径 ··· 124
6.5 本章小结 ··· 128

第7章 有色金属先进节能减排技术 　129
7.1 源头控碳技术 ··· 129
7.2 过程降碳技术 ··· 138
7.3 资源循环利用技术 ··· 155
7.4 末端碳减排、捕集与利用技术 ································· 163
7.5 本章小结 ··· 167

第8章 有色金属低碳发展展望与政策建议 　170
8.1 基础和前沿技术研究 ··· 170
8.2 政策建议 ··· 173
8.3 本章小结 ··· 176

总论篇

第 1 章 绪 论

材料是人类用来制造机器、器件或构件的物质，是人类文明、社会进步、科学技术发展的物质基础和技术先导。人类发展的历史可以看作一部以材料划分的时代史，经历了石器时代、青铜器时代、铁器时代、水泥时代、钢铁时代、硅时代及新材料时代等，材料在很大程度上代表了人类社会文明的发展程度。

目前，我国粗钢产量、有色金属产量、水泥产量分别约占全球的54%、45%和57%，20多年来一直占据世界第一材料大国的地位。从1949年的16万吨钢和1.33万吨有色金属，发展到2022年的10.13亿吨钢和6774.3万吨有色金属，强有力地支撑了国家经济社会建设的健康和快速发展，尤其是改革开放以来的高速发展。随着化石能源消耗和二氧化碳排放导致的气候变暖、海平面上升等一系列环境危机问题，实现工业领域清洁低碳转型刻不容缓。钢铁与有色金属是主要的工业碳排放领域，钢铁与有色金属行业碳排放量约占全国碳排放总量的15%和6.7%。随着"双碳"战略目标的提出，钢铁与有色金属面临前所未有的清洁低碳转型压力，亟须构建钢铁与有色金属清洁低碳技术发展体系。

1.1 钢铁与有色金属材料的发展意义

1.1.1 钢铁材料的发展意义

钢铁材料是国民经济建设和人们日常生活中所使用的最重要的结构材料和产量最大的功能材料，是人类社会进步所依赖的重要物质基础，钢铁工业的发展水平也是一个国家技术进步和综合国力的重要体现。尽管近年来面临着其他材料的竞争，但是由于钢铁在矿石资源、生产成本、回收再利用率、良好的综合性能等方面的明显优势，在可以预见的将来，钢铁作为重要的基础结构材料的地位不会改变。

从1949—2020年我国国内生产总值与粗钢产量的关系（图1.1）可以看出，

二者高度相关，说明经济社会的发展离不开钢铁材料，钢铁工业的发展有效支撑了国家经济和社会发展。

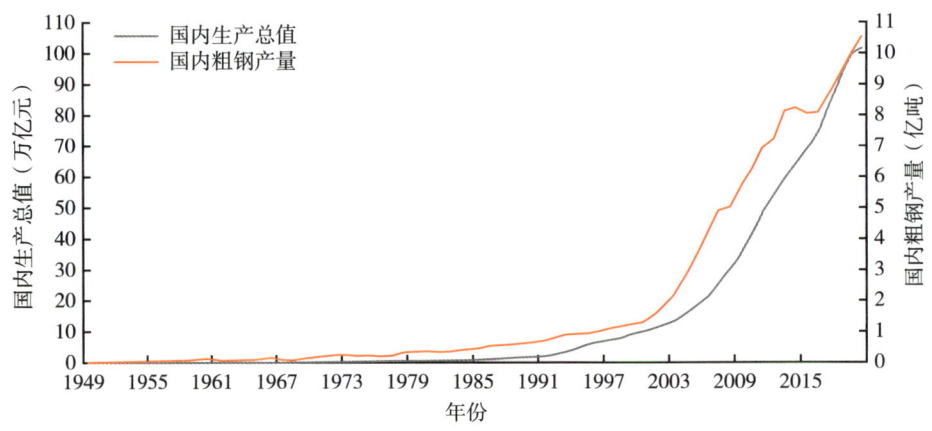

图 1.1　1949—2020 年我国国内生产总值与粗钢产量的关系

性能的多样化是钢铁材料的重要特性，通过适当的成分设计和生产工艺技术对其组织性能进行调控，可以获得非常丰富的性能，包括高的强度、韧性、比强度、硬度、耐磨性、刚性、弹性、延性、塑性，易切削性、减震防震等优良的机械性能，以及高温强度、低温韧性、低温膨胀和良好的导电性能和磁性能。作为结构材料，强度是其重要的性能指标，目前已经开发出来的钢铁材料的强度范围在 170~5000 兆帕，实验室开发材料的强度可以达到 8000 兆帕，理论强度甚至可以达到 1 万兆帕以上。可见，钢铁材料的力学性能范围特别宽泛，可以满足广泛的应用需求。钢铁材料还具有优良的成形性能，可以通过轧制、锻压、挤冲压和拉伸弯曲等方式进行加工，得到钢板、钢卷、钢带、钢管以及建筑用的螺纹钢、型钢、槽钢和线材等多种形式的材料。

每年有大量钢铁材料广泛用于汽车、机械、桥梁、建筑物等领域。随着时间的推移，部分装备或建筑物达到使用寿命，其所使用的钢铁材料可进行回收再利用。钢铁是世界上循环利用最多的工业材料，每年的循环利用量超过 5 亿吨。自 1900 年以来，已有超过 220 亿吨钢铁被循环利用。以汽车为例，在达到使用寿命后，其主要的结构材料钢铁能够通过回收进行再次熔炼加工，其性能不会发生改变。正是由于钢铁材料所具有的这种无限循环使用特性，一方面减少了人们对自然资源过度采掘开发所带来的资源消耗和一系列环境问题，另一方面解决了废弃材料所造成的社会负担问题。针对不同材料制备过程中的排放问题，世界钢铁协会组织世界上著名的钢铁企业和汽车制造厂开展了系统研究工作，发现钢铁材料的碳排放是 2.0~2.5

千克/千克，铝的碳排放是 16.5~16.6 千克/千克，镁的碳排放是 36~56 千克/千克，碳纤维的碳排放是 21~23 千克/千克。可见，从全生命周期的角度进行评估，钢铁材料是相对生态环保的。

综上所述，钢铁材料因具有资源丰富、性能多样、良好的强韧性匹配、成型性和可循环使用、绿色环保等显著特点而得到了广泛应用，并对人类文明和社会发展作出了重大贡献。钢铁作为重要的结构材料，在未来很长的时间内还将继续在人类文明和社会发展中发挥重要作用。

1.1.2 有色金属材料的发展意义

有色金属材料作为国民经济中重要的基础原材料，是支撑经济发展和国防军工的重要力量，也是建设制造业强国、提升高新技术产业的重点领域。1949 年以后，经过 70 多年的发展，我国成为世界有色金属材料生产、消费和贸易第一大国，目前已经形成门类齐全、体系完整、产能巨大、结构优化的产业体系。

21 世纪以来，我国有色金属工业围绕国家和行业的重大需求，依靠科技进步和自主创新，加快产业结构调整，推动整体技术升级，解决了有色金属工业发展中的一系列重大关键技术问题，行业创新能力和国际影响力不断增强，涌现出一批具有优势制造装备的企业，形成了完整的有色金属材料制备加工产业链。有色金属材料产业在共性关键技术开发、产业化应用等方面取得了显著进展与成效。整体产业装备水平已经达到世界一流水平，装备后发优势明显，大型冶炼与电解装备、连铸连轧，大型挤压、轧制与锻压设备等单机规模和整体数量均处于世界前列。我国自主开发的高铁用铝型材、航空用钛材与高精密铜管加工成型等一大批重大关键技术保障了国家重大工程的需要。铝合金建筑型材、铝箔、空调用精密铜管材、锂电池材料等加工产品的质量进入国际先进行列，不但可以满足国内需要，而且占有国际市场稳定份额。大型特种铝合金型材及其挤压工模具、大规格铝合金预拉伸板、大型钛合金铸锭和锻件、高强高导铜合金材料及其精密线材等精深加工产品质量和综合保障能力稳步提升，高速列车用大型铝合金材料全面国产化并走向世界，为我国制造业迈向中高端提供了重要支撑。

当前，新一轮科技革命与产业变革蓄势待发，全球新材料产业竞争格局正在发生重大变化。随着前沿技术的不断突破，新材料研发技术大大提升，成果转化的速度显著加快，促使新兴材料产业不断涌现。借助大数据、数字仿真等技术，新材料研发设计与信息、能源、生物等领域加速融合，在传统产业技术升级、产业结构调整以及培育和发展战略性新兴产业方面发挥着重要作用。发先进有色金属材料产业是我国应对新一轮科技革命和产业变革机遇与挑战的重要举措。

从国际环境看，受新冠肺炎疫情的影响，发达国家重归制造业，新兴经济体国家持续发展，围绕有色金属材料资源、市场、技术、标准等方面的国际竞争日益加剧。在逆全球化、贸易摩擦及科技竞争等复杂国际形势下，我国有色金属工业存在着产品产能过剩、矿产资源保障风险增大、产品质量不高、产业结构不合理、先进基础材料科研创新能力弱等行业发展瓶颈问题，无法满足下游高端应用领域的国产材料自主保供需求，亟待通过科技创新提高我国中高端材料制造的技术水平，开发出满足下游需求的有质量和经济竞争力的先进有色金属材料产品。

未来我国有色金属材料产业的发展将以满足国家重大工程和高端装备等领域重大需求为导向，以大宗有色金属材料绿色化和提质增效促进产业升级为主线，以提高全链条衔接、集成和应用水平为目标，推动用创新驱动支撑引领有色金属材料结构调整和优化升级，加快从生产和消费大国向产业和技术强国转变，实现有色金属工业可持续和高质量发展。

1.2 我国钢铁与有色金属材料行业的发展现状

1.2.1 钢铁行业发展现状

改革开放初期，我国钢产量为 3178 万吨，占世界钢产量的 4.4%。1996 年钢产量达到 1 亿吨，成为当时世界钢产量最大的国家，并连续保持世界第一 26 年。2022 年我国钢产量为 10.13 亿吨，约占全世界钢产量的 54%。近 20 年来，我国钢铁工业快速发展，实现了从钢铁弱国到钢铁大国的蜕变。在产量不断提高的过程中，我国也建设了一批现代化的钢铁企业，无论是装备技术水平还是产品方面，已经可以比肩世界先进水平。

在我国钢铁工业快速发展的同时，也面临着一些问题，其中最突出的是生态问题，主要包括五个方面：能源消耗和排放总量大、产业结构和产业布局不够合理、工艺流程和资源结构亟待优化、环保装备和技术水平整体落后以及城市钢厂搬迁压力大。此外，我国钢铁工业还面临着部分高端钢铁材料仍依赖进口的问题。2019 年工信部印发了《重点新材料首批次应用示范指导目录（2019 年版）》，提出未来需要重点发展的 40 种新材料，其中包括航天航空用的高端轴承、高铁用的车轮用钢、煤矿机械用的高强耐磨钢、汽车行业用的高强高韧塑性汽车钢、核电机组用的马氏体耐热钢等，如表 1.1 所示。

表 1.1 国家重点发展的 40 种先进钢铁材料（部分）

序号	材料名称	应用领域	序号	材料名称	应用领域
1	高档轴承钢	航空航天	9	大吨位工程机械用超高强度钢板	工程机械
2	GH4151 变形高温合金涡轮盘锻件		10	大吨位起重机吊臂用超高强度钢管	
3	高铁车轮用钢	先进轨道交通装备	11	高韧塑性汽车钢	汽车
4	高速列车用转向架材料		12	高强韧性钢板	特种车辆
5	DZ2 车轴钢		13	超超临界汽轮机组 12%Cr 高中压转子钢	超超临界汽轮发电机组
6	海洋工程用低温韧性结构钢板	船舶及海洋工程装备	14	G115 马氏体耐热钢	
7	海洋工程及高性能船舶用特种钢板		15	1000 兆瓦核电整锻低压转子用钢	核电
8	高性能耐磨钢板产品	高端煤矿机械	16	油气井用超级马氏体不锈钢管材	油气开采

1.2.2 有色金属材料行业发展现状

全球新材料产业发展的地区差距日益明显。长期以来，美国、日本和欧洲等发达国家和地区及其所属大型跨国公司凭借在经济实力、核心技术、研发能力、市场占有率等方面的绝对优势，基本垄断全球市场。除中国、巴西、印度等少数国家外，其他发展中国家的新材料产业相对比较落后。世界著名企业集团凭借其技术研发、资金和人才等优势不断加快产品的迭代升级，在高附加值的新材料产品中占主导地位，且在新先进材料领域拓展方面具有领先地位。例如，美国铝业公司、德国铝业、法铝集团等企业在高强高韧铝合金材料的研制生产领域占据世界主导地位，是全球航空航天、交通运输等领域高强高韧铝合金材料的供应主体。日本三菱、日本古河电气工业株式会社和美国奥林集团等企业主导着全球高强高导铜合金市场。

有色金属新材料在发展高技术、改造和升级传统产业以及增强综合国力和国防实力方面起着重要的作用，世界各先进国家都非常重视有色金属材料的研究发展及产业化技术的开发工作。随着发展中国家制造业的兴起，低端及部分中端有色金属材料的生产加工逐步转向发展中国家，但新型有色金属材料的生产加工仍然集中在日本、美国、德国、俄罗斯等国家，其中关系到高技术工业的高性能有色金属结构和功能材料都被他们垄断。

目前，国内有色金属消费年均增长速度回落到 10% 以下，支撑有色金属生产持续、快速增长的因素不复存在，产业转型发展任务艰巨。我国有色金属资源总量虽然丰富，但由于支柱型矿产储量少、人均矿产资源占有率低，原料短缺的严峻形势已经显现。有色金属材料发展还面临着环境压力持续加大和高端产品不足的瓶颈制约。

在材料加工领域，产能利用率低、产品结构不合理，以初级加工和低附加值产品为主的局面没有得到改观。产业技术和应用数据及评价体系支撑不足，导致下游高端应用领域不能实现国产高端材料的自主保障。当前我国有色金属材料产业总体处于国际产业链的中低端，很难获得合理利润。以铝为例，在北美、西欧和日本，铝消费结构偏重高端产业链，如交通运输占比34%~43%、包装占比18%~26%、工程领域占比13%~18%、建筑领域占比11%~18%。目前，在中国原铝终端消费结构中，建筑业位居首位占34%，其次是交通运输占19%、电力占12%、包装占9%。与国外发达国家铝消费结构尚有较大差距，在交通运输和包装等领域仍有巨大提升空间。另外，原创性成果不多，科技成果转化和新技术推广率低；关键新材料开发能力不足，特别是高端加工装备几乎全部依赖进口，难以支撑战略性新兴产业发展，在国际竞争中处于被动地位。

1.2.2.1 轻合金材料发展现状

近年来，先进铝合金材料科技创新基础能力得到不断增强，我国自行研制的新型高强高韧铸造铝合金、第三代铝锂合金、高性能铝合金型材的性能均达到国际先进水平。多个系列的铝合金冷轧薄板、热轧中厚板、挤压壁板、挤压管材、焊丝、导线、压铸件等产品综合性能比现用产品有显著提高，在国防军工领域获得重要应用，部分品种替代了进口产品。在液态模锻大尺寸铝合金车轮、铸造－旋压铝合金汽车轮毂、航空航天用新型超强高韧耐蚀铝合金型材、海洋石油钻探用高强耐蚀铝合金管材、轨道交通与公路货运用超大规格铝合金型材等方面也取得重大进展。多种高性能铝合金实现了稳定化批量生产，上百个规格的高精度、高性能铝合金管材、棒材、型材、线材、板材和锻件已成功应用于我国重大航空装备、载人飞船及运载工具等领域，为我国航空航天的发展作出了重要贡献。

在先进钛合金材料领域，高强及损伤容限钛合金、高温钛合金、阻燃钛合金、低温钛合金、船用钛合金和耐腐蚀钛合金等领域成功开发出大量高性能新产品，一些新合金已批量生产，基本能够满足国家工程的需求。航空航天用钛合金板材、3D打印钛合金复杂结构件、船舶与海洋工程用钛合金等均取得突破性进展，为我国航空航天和国防军工提供了关键材料。

在先进镁合金材料领域，高性能镁合金及变形镁合金等镁制材料获得国家政策支持，在稀土镁合金、大尺寸铸棒、大型复杂件的工程技术方面取得重大突破，研制的部分高强镁合金大尺寸复杂铸件、高强耐热镁合金大规格挤压型材／

锻件等达到世界先进水平，在汽车、信息家电、航空航天、国防军工等领域得到成功应用。

1.2.2.2 铜合金材料发展现状

铜及铜合金广泛应用于机械制造、轨道交通、信息产业、海洋工程、国防工业等领域，是支撑国民经济、社会发展和国防建设发展的支柱性基础材料。近年来，我国针对新一代极大规模集成电路、高端电子元器件、动力电池等高端制造业对高性能、高精度铜及铜合金带材和箔材的重大需求，开展了基础理论、关键技术、工程应用方面的研究。

形变热处理强化铜合金具有高导电性、高导热性、高硬度、耐磨抗爆、抗裂性以及抗软化温度高等特点，是轨道交通接触网线、航空航天线缆、大规模集成电路引线、汽车工业和电子控制系统电焊电极、高脉冲磁场导体和大型高速涡轮发电机的转子导线等材料。接触线是高速铁路电力输送的关键材料，接触线的年需求总量在2万千米，是关系我国交通运输安全和效率的关键基础材料。我国已经具备Cu-Ag、Cu-Sn、Cu-Mg合金等接触线全流程的生产能力，基本满足了我国300千米以下高速铁路的需求；建立了世界首条高强高导铜铬锆合金水平电磁连铸生产线，生产的合金接触线成品性能在国内外报道中最高，应用于京沪高铁，在冲高段列车时速达到486.1千米，刷新了世界铁路运营试验的最高速度。

超细导电铜合金线材料是制备高端电子产品传输线的关键基础材料，用于制备集成电路封装导线、微型电机输电线、高频超细同轴电线、高速宽频传输线缆、通信终端传输线和医用精密导线等。在生产技术装备方面，我国已具有上引连铸、连铸连轧制备铜杆坯的自主装备能力，具有拉线和镀膜环节（镀锡、包漆）设备开发能力，特别是中拉机、微拉机、铜线热镀锡机等达到国际先进水平。

1.2.2.3 高纯有色及稀有金属材料发展现状

高纯有色及稀有金属材料主要包括核能领域的核级锆铪金属与合金材料，用于集成电路制造、平板显示、光伏太阳能和存储记录等领域的高纯铝、钛、铜、钽材料及靶材等。我国集成电路用铜、铝、钛、镍、钴、金、铂等高纯金属年用量达3000吨左右，平板显示用铝、钼、铜等高纯金属靶材用量约1500吨，总计高纯有色及稀有金属用量约5000吨，总市值约50亿元，80%以上高纯技术依赖进口，国内保障率不足20%。

稀有金属主要用于制造特种钢、超硬质合金和耐高温合金，大量应用在电气工业、化学工业、陶瓷工业、原子能工业及火箭技术等方面。我国钨和钼产量全球第一，产量分别占全球产量的81%和35%以上，目前品位0.1%的矿占比较高。钽、铌和铍资源禀赋不佳，需大量进口。钽矿平均品位<0.02%，铌矿

0.08%~0.14%，铍矿＜0.1%。我国锗、铟、镓、铷和铯等产量全球第一，产能过剩，其中锗产量占全球70%，下游拉动小，企业开工率和产量显著降低；铟产量占全球50%，但日本、韩国从氧化铟锡废靶提取再生铟已经成为主流，铟也呈现产能过剩的趋势。我国镓产量占全球95%以上，国外镓生产企业基本停产，国内企业开工率也只有30%~40%。我国是铷铯化合物初级产品生产大国，但铷铯的全球年消费量太小。此外，我国还是硒产量大国，虽然产量从2017年位居全球第一，但每年硒净进口量占全球硒产量的40%以上，其中70%进口硒来自日本。

锆铪物理化学性质相近，极难分离，却是制造核电燃料元件容器的必备金属。目前，国际上只有法国等少数国家掌握核级海绵锆铪生产技术，我国核电建设中所需的燃料元件此前依赖进口。为突破我国核电发展的这一瓶颈，中核二七二铀业有限责任公司集中力量进行攻关，解决了锆铪分离问题，成功生产出核级海绵锆铪，标志着我国核电燃料元件容器依赖进口的局面将成为历史。

除硅、锗等元素半导体外，以砷化镓为代表的Ⅲ~Ⅴ族化合物和以碲、镉、汞为代表的Ⅱ~Ⅵ族化合物是支撑现代电子和光电子技术的核心材料。这些半导体的使用状态通常为单晶体或薄膜，但构成这些化合物的基本组元是高纯单质材料。典型的原材料包括铝、铟、镓、锌、镉、汞、砷、锑、硒、碲。半导体产业对溅射靶材的纯度、内部微观结构等设定了比较苛刻的标准，通常半导体靶材纯度要求达99.9995%（5N5）甚至99.9999%（6N）以上；而显示靶材纯度要求99.999%（5N），磁记录和薄膜太阳能电池薄膜纯度通常是99.99%（4N）。近年来，国内开始出现少量从事高纯溅射靶材研发和生产的企业，目前已成功开发出一批能适应高端应用的溅射靶材，在国内靶材市场占据一定份额。国内半导体以铝靶材为主，铜靶材正在突破；显示靶材以钼靶、氧化铟锡靶材为主。目前仍存在的问题包括：材料的纯度和质量的稳定性不够；材料的分析和质量控制手段不够健全；国外高品质产品的进入和冲击影响国内技术发展。因此，该领域的技术亟待提升，并需要建立相应的质量控制体系和产品供应体系。

1.3　我国钢铁与有色金属材料高质量发展展望

1.3.1　钢铁材料高质量发展展望

我国钢铁工业仍存在供应链安全缺乏保障、生态环境制约等问题，尤其是在百年未有之大变局的影响下，我国钢铁工业实现高质量发展依然任重道远。为推动我国制造业全面升级，满足重大工程、关键装备和国防建设对高质量、生态化钢铁材料的迫切需求，钢铁材料未来将向着绿色化、高性能、数智化方向高质量发展。

1.3.1.1 以"双碳"为目标加速推动钢铁工业绿色低碳转型发展

实现碳达峰碳中和是一场广泛而深刻的经济社会系统性变革，将统领我国经济社会高质量发展。钢铁材料的高质量发展必须走绿色低碳之路，把创新能力建设作为高质量发展的重要动力，核心是技术创新、技术突破和技术推广。创新科技是统筹推进行业生产力提升与绿色低碳发展的关键所在，以再生钢铁为原料生产生态化的钢铁材料是当前全球钢铁业的发展趋势，也是钢铁领域的科学技术前沿。不断探索氢能冶炼和二氧化碳捕集、利用与封存等技术路径，在污染物治理、水资源利用、固体废物资源化、低碳冶金和绿色能源等领域厚植新的领先优势，深层次构建低碳节能绿色产品生产体系，真正做到协同减污降碳绿色发展，让绿色钢铁具有更高的"生态颜值"和丰富的"低碳价值"，积极推动钢铁工业绿色低碳转型发展。我国钢铁工业既要在规模和质量上持续引领世界钢铁工业的发展，更要在引领绿色、低碳发展方面实现更大作为。

1.3.1.2 研发具有更高强度、更长寿命、更强效能的高性能先进钢铁材料

钢铁材料是一类不断发展的先进材料。国家重大工程、高端装备、国防建设和国民经济的发展需要不断探索钢铁材料的性能极限，以更好地满足极端服役环境的使用要求。高强化甚至超高强化一直是钢铁材料追求的永恒主题，追求轻质结构材料始终是发展高强度钢的强大动力。提升产品耐蚀、耐磨、抗疲劳性能是实现材料长寿命的关键，探索钢铁材料结构-功能一体化是增强效能的重要途径。为满足国家经济和社会发展需求，需要加大科技创新投入力度，着力研发更高强度、更长寿命、更强效能的先进钢铁材料及其加工技术。

1.3.1.3 面向行业技术革命积极推动钢铁制造数字化、智能化转型发展

基于大数据和人工智能的钢铁工业智能制造可为先进钢铁材料的高效研发、高质量控制、绿色低成本生产提供重要的技术支撑。传统炒菜式或试错式的研发模式已难以满足先进钢铁材料高效研发的需求，以航空航天、船舶、轨道交通为代表的高端装备制造用先进钢铁材料的疲劳、持久、蠕变、氢脆、腐蚀等使役性能研究需要大量的数据样本和长期的数据积累，传统研发模式从原型设计到材料应用至少需要20年。利用大数据和人工智能技术可加快先进钢铁材料的设计与研发。钢铁工业是典型的流程工业，先进钢铁材料的生产需要经过全流程每一个工艺环节的处理，最终产品性能和质量的优劣由全流程的各个环节共同确定。采用智能手段与方法，对制造全过程的设备状态进行深度感知、对产品性能与质量进行全方位监控，通过一体化的分析、控制与决策实现先进钢铁材料的高质量生产是目前研究的重点，也是未来的重要发展方向。

1.3.2 有色金属材料高质量发展展望

有色金属行业是国民经济建设的重要基础产业，是建设制造强国的重要支撑，也是我国工业领域碳排放的重点行业。未来几年是我国有色金属产业调结构、促转型，建设有色金属材料强国的关键时期，既面临着难得的发展机遇，也面临诸多矛盾相互叠加的严峻挑战。

"十四五"时期是有色金属行业深度调整产业结构、加快构建清洁能源体系、研发应用绿色低碳技术的关键时期，重点品种要依据能效标杆水平持续推进节能改造升级，降低碳排放强度。《"十四五"循环经济发展规划》提出，2025年我国再生有色金属产量达到2000万吨，其中再生铜、再生铝和再生铅产量分别达到400万吨、1150万吨和290万吨。《有色金属行业碳达峰实施方案》提出，2025年前有色金属产业结构、用能结构明显优化，低碳工艺研发应用取得重要进展，重点品种单位产品能耗、碳排放强度进一步降低，再生金属供应占比达到24%以上。"十五五"时期，我国将建立清洁低碳安全高效的能源体系，到2030年形成非化石能源规模化替代化石能源存量的能源生产消费格局。随着电解铝产能向可再生能源富集地区转移，使用可再生能源比例将进一步提高，有色金属行业用能结构将大幅改善，绿色低碳循环发展的产业体系将随之基本形成。

在高性能轻合金材料领域，我国将围绕大飞机、乘用车、高铁的轻量化制造，节能减排需求和船舶、海洋工程等重大装备高端制造需求，取得一批关键材料技术的重大突破。掌握全球领先的航空级轻合金产业化技术体系，打造质优价廉的系列化航空轻合金产品，全面实现航空航天型号自主保障；形成年产30万~40万吨高精度快速时效响应型铝合金薄板、1500万~2000万件乘用车覆盖件和框架件的生产制造产业，满足100万~150万辆乘用车的轻量化车体制造需求；形成年产1万~2万吨高耐腐蚀铝合金板材、10万件铝合金精密管材的生产制造产业，满足我国海洋石油钻探装备和特种船舶发展的需求；创建高性能兼高品质镁合金压铸件、高性能变形镁合金加工材料的生产制造产业，满足年产100万~150万辆乘用车的车体零部件制造需求；创建大卷重、高精度、低残余应力钛带和焊管生产制造产业，满足海水淡化装备产业与工程发展需求；创建高性能大直径钛合金管材和型材的生产制造产业，满足我国海洋石油钻探装备和特种船舶发展的需求。

围绕功能元器件制造、高铁、特高压等新基建发展需求，突破超薄、超细的铜箔、铜丝成型加工的组织性能控制，大卷重带线材的短流程连续制备加工与装备，功能元器件用铜材料谱系化研究与体系建设等重大关键技术。开发出屈服强度800~850兆帕、弹性模量≥125吉帕、导电率45%~50%国际退火铜标准

（IACS）的高强高弹铜合金带材和抗拉强度≥200兆帕、延伸率≥2%、厚度≤9微米、针孔率≤3个/平方米的超薄高纯铜箔（电解箔、压延箔），高性能铜材年产量达到200万吨。建成高性能铜材料的研发生产和应用示范体系，形成引领世界高性能铜材料的发展能力。

围绕核能领域和集成电路制造、平板显示、光伏太阳能和存储记录等领域的关键基础材料需求，开展高性能稀有金属材料钛、锆、铪制备加工技术和高纯专用稀有金属材料制备技术攻关。获得绝对纯度≥5N的超高纯稀土金属及其合金，部分稀土金属纯度提高至5N5，占有全球市场比例超过50%，替代普通纯度的稀土金属量为25%，在电子信息等新兴领域替代现有材料量超过30%，高纯稀土氧化物及化合物替代同类普通材料量20%以上；半导体高纯稀有金属可产业化生产纯度达6~8N的高纯镓、硒、锌、碲、镉、砷、锑等金属，国内自主供应率超70%，形成国际竞争优势；新型稀贵金属装联、高温合金和钎焊材料实现产业化生产，形成系列化、标准化和货架化的稀贵金属钎焊材料产品，产能满足国内集成电路等下游产业应用，形成国际竞争优势。

展望未来15年，我国高性能有色金属材料产业整体水平达到国际领先水平，实现大规模绿色制造和循环利用，建成高性能有色金属材料产业创新体系，实现绝大部分高性能有色金属材料的自给和输出，领导全球相关产业发展。突破下一代高强韧铝合金大型整体结构件、新一代超高强和超高导电铜合金及其复合材料、高性能低成本钛合金和镁合金及其复杂精密加工材产业化核心技术。国家重大工程用先进有色金属材料国产化率达到100%，形成1.2万亿元的高性能有色金属材料产业并带动相关产业4万亿元，促进交通运输领域节能40%以上、减排50%以上。

参考文献

[1] 师昌绪. 材料科学研究中的经典案例[M]. 北京：高等教育出版社，2014.
[2] Andrew Briggs. The Science of New Materials[M]. Oxford: Blackwell, 1992.
[3] 工信部. 工业绿色发展规划（2016—2020年）[J]. 有色冶金节能，2016，32（5）：7.
[4] 贾明星. 七十年辉煌历程 新时代砥砺前行——中国有色金属工业发展与展望[J]. 中国有色金属学报，2019，29（9）：1801-1808.
[5] 刘雪峰，刘昌胜，谢建新. 提升前沿新材料产业基础能力战略研究[J]. 中国工程科学，2022，24（2）：29-37.
[6] 干勇. 关键基础材料的发展及创新[J]. 钢铁研究学报，2021，33（10）：997-1002.
[7] 谢曼，干勇，王慧. 面向2035的新材料强国战略研究[J]. 中国工程科学，2020，22（5）：1-9.

第 2 章 钢铁与有色金属行业发展现状与面临的机遇挑战

钢铁与有色金属是国民经济、人民日常生活及国防工业、科学技术发展必不可少的基础材料和重要的战略物资。本章主要介绍了我国钢铁与有色金属行业的发展现状，主要包括行业发展规模、节能减碳与污染物防治技术进步情况，以及清洁低碳发展面临的问题与挑战。

2.1 钢铁行业发展现状

2.1.1 钢铁产量规模化发展

2000 年至今，我国粗钢、生铁产量整体呈现出快速增长态势，年均增长率分别达到 10.8%、9.4%。2020 年我国粗钢、生铁产量达到历史最高水平，分别为 106477 万吨和 88752 万吨。2021 年受钢铁限产政策影响，产量略有下降，粗钢产量 103279 万吨，占全球粗钢产量的 52.9%；生铁产量 86857 万吨，占全球生铁产量的 60.7%，占全球高炉生铁产量的 65%（图 2.1）。由于历史和资源禀赋原因，我国一直以高炉 - 转炉长流程为主导，近年来转炉钢产量占比保持在 90% 左右（图 2.2）。

2.1.2 节能降碳效果明显

钢铁行业属于资源和能源消耗密集型行业。我国钢铁工业产销量大，以高炉 - 转炉长流程为主要生产工艺路线，以煤炭、焦炭等固体能源消耗为主，是典型的能源消耗及碳排放大户。钢铁工业节能降碳不仅在实现国家可持续发展战略中承担着重大责任，也是落实科学发展观、引导和推进全社会节约能源、建设节约型社会的有效途径。

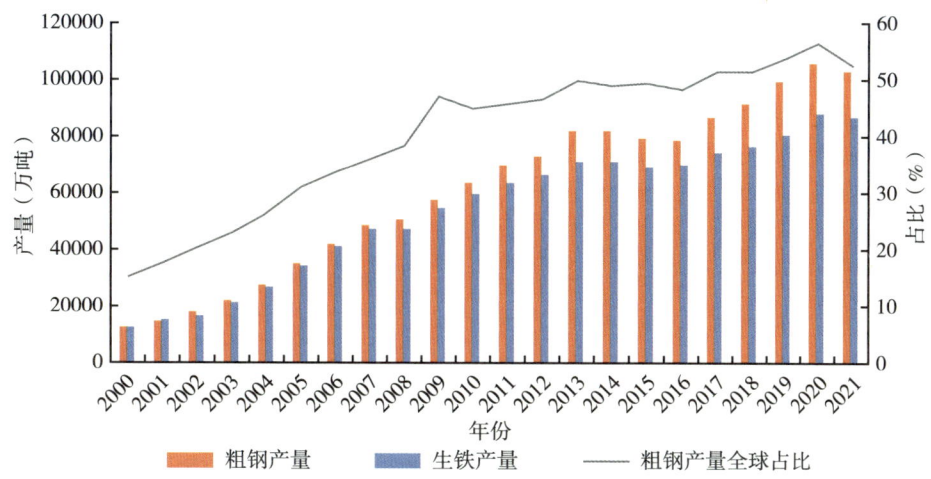

图 2.1 2000—2021 年我国粗钢、生铁产量及粗钢产量全球占比
（数据来源：国家统计局、世界钢铁协会）

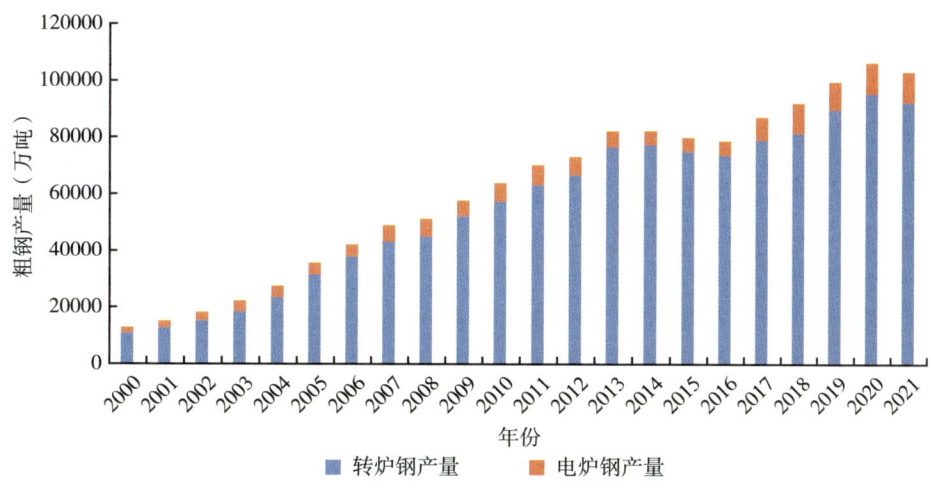

图 2.2 2000—2021 年我国转炉钢与电炉钢产量变化趋势
（数据来源：世界钢铁协会）

自 1980 年起，我国钢铁工业厉行节能降碳 40 余年，经历了一个由浅到深的发展过程，从最初的简单管理和针对单体设备的节能降耗逐步扩大到工序节能、系统节能，取得了显著成效。2000—2021 年钢铁行业（重点大中型企业）吨钢综合能耗指标持续优化，从 2000 年的 885 千克标准煤/吨下降为 2021 年的 549 千克标准煤/吨，下降率为 38%（图 2.3）。从各生产工序能源消耗所占比例来看，炼铁、能源动力转化、烧结、焦化生产工序能源消耗在钢铁企业生产总能耗中占比较大（图 2.4），是钢铁行业能源消耗的主要工序，也是钢铁工业各生产工序中应重点优先发展的领域。

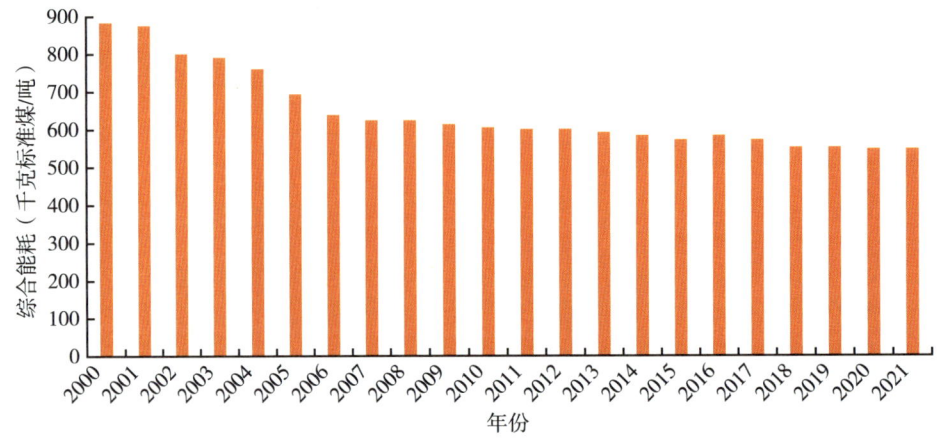

图2.3 2000—2021年钢铁行业（重点大中型企业）吨钢综合能耗变化情况
（数据来源：中国钢铁工业协会）

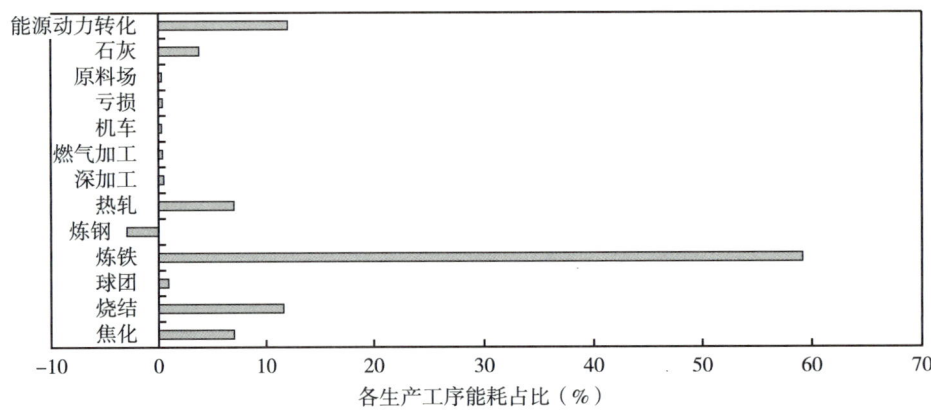

图2.4 钢铁工业各生产工序能源消耗占比
（数据来源：冶金工业规划研究院）

2.1.3 污染防治成绩突出

近20年来，我国钢铁行业污染减排主要经历了三个阶段：清洁生产审核与自主减排阶段（2013年之前），新排放标准执行和排污许可制度改革及大气十条等监管力度加强的大幅减排阶段（2013—2017年），超低排放推进与差别化管控推进的全流程、精细化减排阶段（2018年之后）。通过淘汰落后设施和环保设施持续升级改造，尤其是2019年推进排放限值较国内现行标准收严33%~83%、绝大部分指标优于国外同类标准的超低排放以来，我国钢铁行业吨钢污染物排放实现持续、大幅下降。根据《中国钢铁工业环境保护统计》，2020年全国重点统计钢铁企业吨钢烟粉尘、二氧化硫排放量分别为0.39千克、0.37千克，较2002年均下降92%（图2.5）；吨钢氮氧化物排放量为0.58千克，相比2009年1.51千克

（首次统计）下降62%。

根据企业可持续发展报告或其他公开数据，我国重点统计钢铁企业排放强度基本低于新日本制铁公司、韩国浦项制铁公司等国际先进钢铁企业，尤其是首钢迁钢有限责任公司作为中国第一家全流程实现超低排放的钢铁企业，2019年吨钢颗粒物、二氧化硫、氮氧化物排放分别达到0.17千克、0.21千克和0.4千克，远优于国际先进水平。

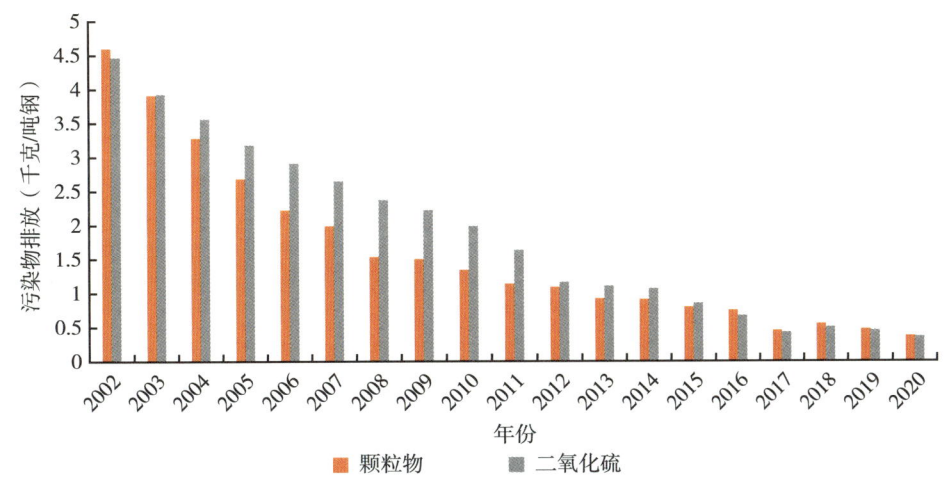

图2.5　2002—2020年重点统计钢铁企业污染物排放指标变化情况
（数据来源：《中国钢铁工业环境保护统计》）

2.1.4　节能低碳技术进步

先进成熟节能技术广泛应用：随着中国钢铁工业的发展，钢铁工业节能技术也得到了快速发展，干熄焦、干法除尘、烧结余热回收、干式压差发电、高效喷煤、蓄热式燃烧、全燃煤气发电、热装热送等关键共性技术得到广泛应用。目前，钢铁行业干式压差发电技术普及率已接近100%，干熄焦技术普及率已达85%，同时拥有世界上最大单机低热值燃气-蒸汽联合循环发电机组；高压、超高压全燃煤气发电，烧结余热回收利用技术，饱和蒸汽发电技术等已经处于世界领先水平。我国钢铁行业主要节能低碳技术详见表2.1。

二次能源回收及利用效率逐步提高：加大企业二次能源回收和利用量是减少外购能源量、实现节能减排的主要途径。近年来，焦炉、高炉、转炉煤气损失率总体呈下降趋势，转炉煤气回收量及企业自发电比例呈上升趋势。2021年我国钢铁企业焦炉煤气、高炉煤气、转炉煤气的利用率分别为98.46%、98.35%、

98.50%，损失率总体呈逐步下降趋势；吨钢转炉煤气回收量略有上升，平均转炉煤气回收量达119.2立方米/吨；企业平均自发电量比例略有提高，达到54%。

表2.1　我国钢铁行业主要节能低碳技术

序号	工序	主要节能低碳技术
1	原料场	原料混匀技术、封闭储存技术、智能控制、皮带机智能监控等技术
2	焦化	高温高压干熄焦技术、烟道气余热回收利用、焦炉上升管余热回收利用技术、煤调湿技术、负压脱苯和蒸氨、循环氨水及初冷器上端余热回收利用技术、焦炉高辐射涂层、焦炉自动加热技术、焦炉煤气制液化天然气和联合高炉煤气或转炉煤气制醇类产品等节能技术
3	烧结、球团	烧结机漏风治理、烧结大烟道烟气余热回收、烧结余热回收及高效发电、热风烧结技术、富氧烧结技术、烧结料面喷吹蒸汽、烧结烟气循环利用技术、烧结余热与电动机联合驱动主抽风机技术、烧结蓄热式点火技术、球团烟气余热回收利用等节能技术
4	炼铁	高炉干式压差发电高效发电技术、高炉煤气干法除尘技术、煤气透平与电机同轴驱动技术、高炉炉顶均压煤气回收技术、热风炉烟气双预热技术、高辐射覆层技术、变压吸附制氧技术、脱湿鼓风技术、冲渣水余热回收技术、高风温热风炉技术、高效喷煤技术、非高炉炼铁等节能技术
5	炼钢	转炉煤气干法回收技术、烟气余热回收利用技术、干式真空精炼技术、连铸坯节能切割技术、钢包全程加盖技术、钢包节能烘烤技术、废钢预热技术、电炉烟气余热回收利用技术、电炉优化供电技术等节能技术
6	轧钢	钢坯热装热送技术、加热炉黑体强化辐射技术、加热炉蓄热式燃烧技术、智能燃烧技术、低氮燃烧技术、富氧燃烧技术、免加热炉直接轧制技术等节能技术
7	公用设施	高参数煤气发电技术、燃气–蒸汽联合循环发电技术、中低温余热回收及发电技术、有机朗肯循环发电技术、汽轮机冷端优化等提升发电量技术、变压吸附技术、空压机系统优化节能技术、节能型水泵、永磁电机、永磁调速、开关磁阻电机、变频调速技术、电能质量治理技术等节能技术
8	新能源和能源替代	光伏发电、风力发电、储能储热、氢能制取和利用等节能技术
9	信息化	智慧能源管控中心、碳排放全过程智能管控与评估平台、能源信息化管理技术

2.1.5　污染防治技术进步

近20年来，在标准不断收严、排污许可改革、"超低排放"政策推行及错峰管控等环保差异化政策的强压下，中国钢铁行业环保水平大幅提升，环保技术有了较大发展，尤其涌现出很多先进的超低排放技术，在源头减排技术、工艺减排技术、有组织排放末端治理技术、无组织排放智能化管理技术等方面取得重大突破，开发了高炉煤气精脱硫技术、烧结烟气循环技术、烧结烟气选择性催化还原脱硝技术、活性炭一体化脱硫脱硝技术、无组织排放智能管控治一体化技术等新型技术，涵盖烧结、球团、焦炉、高炉等多个工序（表 2.2），为钢铁行业超低排放改造提供了强有力的技术支撑，对行业绿色转型升级起到了推动作用。

表 2.2　我国钢铁行业主要污染防治技术、效果及应用情况

类别	技术		效果	应用情况
源头减排技术	高炉煤气精脱硫技术	水解法/吸附法	热风炉、加热炉等下游煤气用户二氧化硫≤50 毫克/立方米	较低，近 20 家钢铁企业已采用
	低氮燃烧	热风炉和加热炉采用低氮燃烧技术	热风炉、加热炉等下游煤气用户氮氧化物≤200 毫克/立方米	部分采用，产能占比约 15%
工艺减排技术	烧结烟气循环技术		减少 30% 烟气排放量，减少一氧化碳排放量	重点区域如河北省邯郸市、唐山市基本配套建设，其他区域相对较少
	焦炉废气循环技术		减少氮氧化物产生量	
	高炉煤气均压放散全量回收技术		实现高炉料罐均压放散煤气 100% 回收	已完成超低改造的企业均采用，产能占比约 15%
有组织排放末端治理技术	脱硫技术	石灰石/石灰-石膏法、循环流化床等	二氧化硫≤35 毫克/立方米	应用较多
	脱硝技术	选择性催化还原	氮氧化物≤50 毫克/立方米	应用较多
	一体化脱硫脱硝技术	活性炭	二氧化硫≤35 毫克/立方米氮氧化物≤50 毫克/立方米	应用较少
	除尘技术	覆膜布袋除尘、滤筒除尘	颗粒物≤10 毫克/立方米	应用较多
无组织排放智能管控治一体化技术	环保型封闭式料场		实现全厂无组织排放治理综合管控	应用较多
	生物纳膜、超细雾炮、双流体干雾等抑尘技术			已完成超低改造的企业均采用，产能占比约 15%
	大数据、模型优化算法、机器学习自适应算法等信息技术			已完成超低改造的企业均采用，产能占比约 15%

2.2　有色金属行业发展现状

2.2.1　总体发展概况

我国有色金属矿产资源品种齐全、储量丰富、分布广泛，目前已探明储量的矿产有 54 种。其中，钨、锡、钼、锑、钛、稀土等资源的探明储量居世界第一位，铅、锌资源储量居世界第二位，铜矿储量居世界第四位，铝土矿储量居世界

第六位，镍矿储量居世界第九位。我国有色金属矿产资源呈现人均占有量低、贫矿较多、单一矿床少及分布区域不均衡的特点。

2020年我国主要的10种有色金属产量达到6168万吨（图2.6），超过世界其他国家和地区的合计产量，铝、铜、铅、锌等基本金属产量占全球总产量比例都超过了40%。其中，电解铝产量3708万吨，铜产量1003万吨，铅产量644万吨，锌产量643万吨。电解铝和铜产量分别占全球总产量的57%和43%。

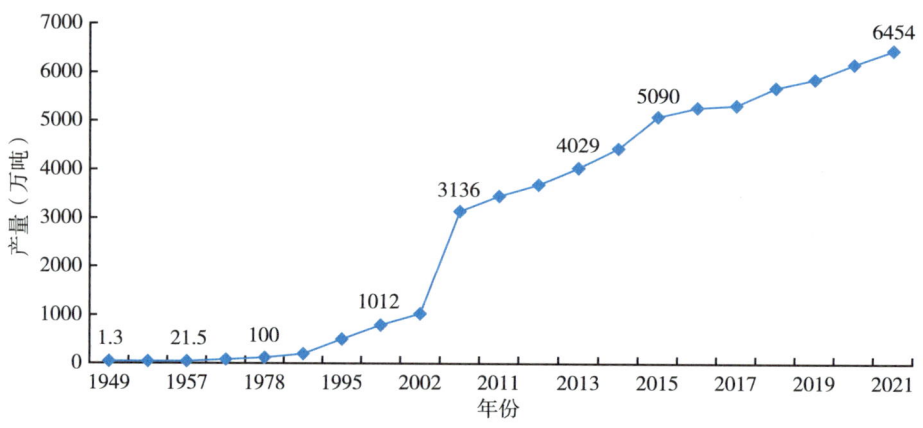

图2.6　1949—2021年我国10种有色金属产量

随着有色金属消费形成"天花板"、产能过剩等问题的出现，我国有色金属产能即将进入平台期。在我国消费量的牵引下，我国10种有色金属将在2025年前后达到6300万~6500万吨产量平台并保持到2030年。未来10~20年，乃至到2060年，我国有色金属消费量将保持该水平，但综合考虑我国产业结构转型升级和低端产能逐步迁往国外，2060年我国国内有色金属产量大概率低于2030年产量水平。

我国有色金属产业非常庞大，经过近几年不断地调整产业结构、转变生产方式促进自身转型，有色金属产业已经由产业大向产业强转变，逐步提升了产业综合实力，但仍存在一些不可忽视的问题，如产能过剩风险、部分资源短缺、环境保护形势严峻、自主创新能力不强、核心技术缺乏等，这些都是我国有色金属行业即将或正在面临的挑战。

2.2.2　能源消耗现状

近年来，有色金属行业扎实践行绿色发展理念，节能减排效果显著，行业能耗水平整体处于世界领先地位。2015—2020年我国主要有色金属产品能耗指标如

表 2.3 所示。在铝冶炼方面，2010 年全国电解铝综合交流电耗为 15480 千瓦·时 / 吨，2020 年降至 13543.3 千瓦·时 / 吨，比 2010 年下降 12.5%，比世界（不含中国）平均水平低 4.7%。2020 年北美地区电解铝综合电耗为 15008 千瓦·时 / 吨，欧洲地区电解铝综合能耗为 15499 千瓦·时 / 吨，与世界技术水平较先进的地区相比，我国电解铝综合电耗已达到领先水平，可见我国电解铝技术取得了长足的进步。在铜冶炼方面，铜冶炼综合标准煤能耗下降到 213.6 千克 / 吨，同比减少 72.8 千克 / 吨。铅冶炼综合标准煤能耗下降到 317.63 千克 / 吨，同比减少 14.12 千克 / 吨。三废污染物排放量大幅降低，规模企业均实现总量达标排放。我国以 500 千伏·安和 600 千伏·安大型铝电解槽技术和新型阴极结构等铝电解节能技术为代表的电解铝工业技术已经达到国际领先水平，以氧气底 / 侧吹炼铜、氧气顶吹炼铜、双闪炼铜技术为代表的铜冶炼工业技术已经进入世界一流水平，铅、锌、镍、锡冶炼技术也达到国际先进水平。

表 2.3 2015—2020 年我国主要有色金属产品能耗指标

指标	单位	2015 年	2016 年	2017 年	2018 年	2019 年	2020 年
铜冶炼综合能耗	千克 / 吨	297.6	269.4	299.1	285.8	286.4	213.6
氧化铝综合能耗	千克 / 吨	435.4	406.6	410.0	415.3	388.9	352.3
电解铝综合交流电耗	千瓦·时 / 吨	13562.0	13600.0	13579.0	13532.7	13524.9	13543.3
铅冶炼综合能耗	千克 / 吨	400.1	386.4	367.2	335.9	331.8	317.6
电解锌综合能耗	千克 / 吨	882.3	839.7	876.0	872.4	804.4	811.5
锡冶炼综合能耗	千克 / 吨	1586.9	1531.7	1371.9	1324.0	1410.0	1285.6
铜加工材综合能耗	千克 / 吨	211.2	199.0	228.5	193.2	179.5	179.1
铝加工材综合能耗	千克 / 吨	297.5	307.3	298.6	268.4	246.8	203.2

数据来源：中国有色金属工业协会；2020 年能耗数据为快报数。

2.2.3 碳排放现状及构成

根据行业内快报数据统计和测算，2020 年有色金属行业二氧化碳的排放总量约为 6.6 亿吨，占全国总排放量的 6.7%。其中铝冶炼行业碳排放约 4.67 亿吨，占有色金属行业排放总量的 76%；铜、铅、锌、镁等冶炼行业碳排放总量为 0.88 亿吨，占有色金属行业排放总量的 13%；有色金属压延加工行业碳排放量 0.63 亿吨，占有色金属行业排放总量的 10% 左右；采矿业碳排放 0.06 亿吨，占有色金属行业碳排放总量的 1%（图 2.7）。

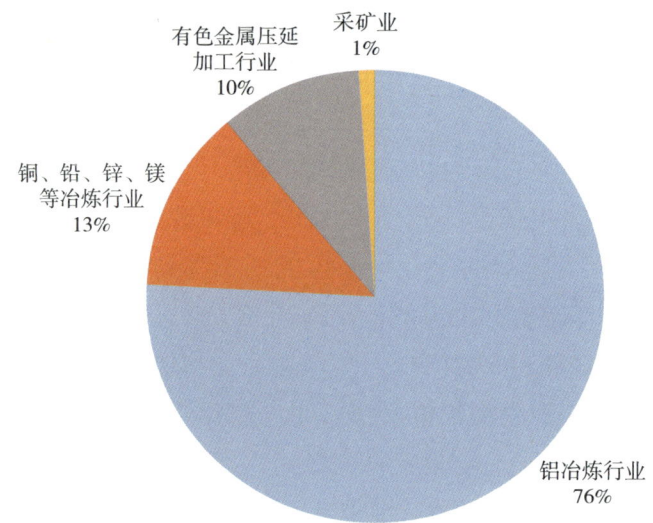

图 2.7 有色金属行业各领域碳排放量分布图

2.2.3.1 铝冶炼行业碳排放现状及构成

我国原铝产量超过世界总量的 50%，并且原铝使用电力中煤电比例约 64%。我国原铝冶炼碳减排面临巨大压力，是有色金属行业"双碳"工作的重点。铝冶炼行业的降碳，特别是铝电解环节对有色金属行业"双碳"目标的实现至关重要。

我国铝电解行业约 84% 碳排放是电力消耗产生的间接排放，也是各个电解铝厂排放水平的差异所在；铝电解过程产生的直接排放相对较少，并且全行业水平基本一致。据国际铝业协会统计，2018 年世界平均吨原铝生产碳排放量为 16.1 吨二氧化碳当量。据欧洲铝业协会统计，2015 年欧洲吨铝生产碳排放为 6.7 吨二氧化碳当量。据北美铝业协会统计，2013 年北美吨铝生产碳排放为 8.94 吨二氧化碳当量。我国吨铝生产碳排放与世界先进水平相比仍有一定差距。

按照 2020 年我国电解铝产量 3708 万吨测算，全年用电量 5015 亿千瓦·时，占全社会用电量的 6.7%，间接排放二氧化碳 3.41 亿吨二氧化碳当量，直接排放二氧化碳 0.65 亿吨二氧化碳当量，铝电解行业合计碳排放 4.06 亿吨二氧化碳当量。2020 年氧化铝产量 7313 万吨，能源消耗折标准煤 2500 万吨，排放二氧化碳 0.65 亿吨。合计铝冶炼行业碳排放总量约为 4.71 亿吨二氧化碳当量。

2.2.3.2 铜冶炼行业碳排放现状及构成

2020 年我国铜行业二氧化碳排放量约 0.27 亿吨二氧化碳当量，约占国内碳排放总量的 4%。吨铜精炼环节碳排放约 3.48 吨二氧化碳当量。据国际铜业协会统计，以 2013 年 21% 世界铜产量数据为基准，每吨电解铜碳排放量为 4.1 吨二氧化碳当量。

铜生产过程中消耗电力产生的间接排放约占铜生产碳排放的 75%，是铜生产最主要的碳排放来源。铜生产过程主要消耗的一次能源产生的排放约占铜生产碳排放的 24.88%。

铜冶炼生产工艺包括火法炼铜和湿法炼铜。火法炼铜过程碳排放主要来源于铜矿采选、熔炼、吹炼、火法精炼、电解精炼以及运输过程，各工艺过程吨铜碳排放占比分别为 65.63%、7.54%、14.09%、6.54%、5.56% 及 0.64%。湿法炼铜过程碳排放主要来源于铜矿开采、破碎堆浸、萃取工艺、电积提铜及运输过程，各工艺过程吨铜碳排放占比分别为 16.57%、16.63%、9.75%、56.20% 及 0.85%。总体来看，两种方法炼铜的直接碳排放占铜冶炼碳排放总量的 7.74%，使用电力带来的间接碳排放占冶炼碳排放总量的 92.26%。

2.2.3.3 铅冶炼行业碳排放现状及构成

2020 年我国铅冶炼行业二氧化碳排放总量约 0.12 亿吨，约占有色金属全行业二氧化碳排放量的 2%。铅综合能耗约为 317.63 千克标准煤/吨。铅冶炼过程中的排放来源主要包括燃料燃烧排放、能源作为原材料用途的排放、工业生产过程排放及电力热力的间接排放。燃料燃烧排放主要包括煤炭、燃气、柴油等燃料在各种类型的固定或移动燃烧设备中与氧气充分燃烧产生的二氧化碳排放。能源作为原材料用途的排放主要是冶金还原剂消耗所导致的二氧化碳排放。工业生产过程排放主要是碳酸盐发生分解反应导致的排放。

从铅矿石中提取铅的方法有火法炼铅和湿法炼铅两种。火法炼铅分为传统炼铅法与直接炼铅法两大类，直接炼铅法又可分为闪速熔炼和熔池熔炼两种。湿法炼铅目前仅用于较小规模冶炼和再生铅的回收。近年来，我国铅冶炼生产工艺技术取得了长足进步，主要包括底吹还原工艺、侧吹还原工艺、"三连炉"工艺三种，其中底吹还原工艺应用较为广泛，该工艺铅冶炼碳排放约为 1710 千克二氧化碳/吨，电力使用的间接排放约为 150.79 千克二氧化碳/吨。

2.2.3.4 锌冶炼行业碳排放现状及构成

目前世界上通过锌精矿生产精炼锌的冶炼工艺主要有火法冶炼和湿法冶炼两种。湿法冶炼是当今世界最主要的炼锌方法，其产量占世界总产量的 85% 以上。锌冶炼排放来源主要包括燃料燃烧排放、能源作为原材料用途的排放、工业生产过程排放及电力热力的间接排放。燃料燃烧排放主要包括煤炭、燃气、柴油等燃料在各种类型的固定或移动燃烧设备（如锅炉、窑炉、内燃机等）中与氧气充分燃烧产生的二氧化碳排放。能源作为原材料用途的排放主要是冶金还原剂消耗所导致的二氧化碳排放。工业生产过程排放主要是碳酸盐发生分解反应导致的排放。近年来，我国锌冶炼工艺技术围绕综合回收、节能降耗、改善环境、清洁生产有了很大的进步及发展。2020年我国锌行业吨锌综合二氧化碳排放量为5.19吨，锌行业二氧化碳排放总量约0.33亿吨，占有色金属行业的5%。

2.2.3.5 镁冶炼行业碳排放现状及构成

目前镁冶炼的方法主要有两种：电解熔融的无水氯化镁的电解法和用硅铁或碳还原镁的热还原法。吨镁能源消耗碳排放量约为6.68吨二氧化碳当量，电解法吨镁碳排放量约为19.27吨二氧化碳当量，电解过程吨镁碳排放量约为13.04吨二氧化碳当量。

镁冶炼的碳排放来源主要包括燃料燃烧排放、能源作为原料用途的排放、工业生产过程排放及电力热力消费产生的排放。镁冶炼企业所涉及的燃料燃烧排放是指煤炭、燃气、柴油等燃料在各种类型的固定或移动燃烧设备中与氧气充分燃烧产生的二氧化碳排放。能源作为原材料用途的排放主要是厂界内由硅铁生产工序消耗蓝炭还原剂所导致的二氧化碳排放。工业生产过程排放主要源于白云石煅烧分解产生的二氧化碳。

我国主要采用皮江法生产金属镁。2020年国内镁生产量85.83万吨，皮江法产量占比96.27%。皮江法吨镁生产碳排放量约为24.33吨二氧化碳当量。皮江法炼镁仍属间断工序。一直以来，镁生产节能主要侧重单个工序和装置的节能。镁生产过程的功能和效率与流程结构相关，并且受硅铁生产等外部条件影响。为在整体上实现镁冶炼过程温室气体减排，需要促进流程产品制造功能和能量转化功能协同优化。

2.3 "双碳"背景下钢铁行业面临的机遇与挑战

2.3.1 钢铁行业面临的机遇

2.3.1.1 构建更高水平供需动态平衡

在"双碳"要求下推动形成一个更高水平、更高质量的供需平衡。一是需要控制产量过快增长，利用环保、碳排放、能耗等约束手段，借助信息技术加强预警，防止粗钢产量过快释放；二是发挥政策导向作用，控制钢坯等初级产品、普通钢材出口，扩大钢铁再生料、钢坯等初级产品的进口，缓解国内粗钢供应压力；三是以创新驱动持续提升有效供给水平，创造并引领新需求，与用钢行业密切协同，大力发展具有轻量化、长寿命、耐腐蚀、耐磨、耐候等特点的绿色低碳产品，引导建筑、机械、汽车、家电、造船等下游行业绿色低碳消费，鼓励政府工程优先选用绿色低碳钢铁产品，通过提高消费质量和档次实现下游行业减量用钢，促进全社会低碳发展。

2.3.1.2 助推工艺流程结构优化

废钢是可无限循环使用的绿色载能资源，是目前唯一可以逐步代替铁矿石的优质原料。增加废钢供应能力是缓解铁矿石供应压力的重要途径。每用1吨废钢，可相应少消耗1.7吨铁精矿粉，从而少开采4.3吨铁矿石原矿，同时也有利于降低焦化、烧结、炼铁等高能耗工序的生产压力。每用1吨废钢，也可以节约0.4吨焦炭或1吨左右的原煤，比用铁水节能60%、节水40%。推动工艺流程调整，加大废钢的应用对钢铁工业节能降碳具有重要意义。

从不同钢铁生产工艺来看，含有烧结的长流程生产工艺二氧化碳排放量最大，含有球团的长流程生产工艺次之，采用废钢的短流程工艺二氧化碳排放量最低。长流程的吨钢碳排放相对于短流程高1.2~1.4吨。

2.3.1.3 推动行业技术革命

当前，我国钢铁企业中高炉–转炉长流程炼钢占据主导地位。一般来说，传统高炉工艺生产1吨生铁需要消耗350千克焦炭和150千克煤粉，化石能源的使用造成炼铁、炼钢过程中二氧化碳和一氧化碳大量排放。低碳冶金技术被认为是未来钢铁行业碳减排的重要抓手，我国钢铁行业在推进绿色低碳发展过程中，核心还是依靠技术革命，关键共性技术突破将是重要支撑。我国需要着力推动低碳冶金工艺技术攻关示范，有序发展电炉钢，促进废钢资源高质高效利用。最终实现深度减碳及碳中和，还需要全氢冶金和二氧化碳捕集、利用与封存/二氧化碳捕集与封存等技术实现突破。

近期，在"双碳"大环境下，我国碳达峰相关政策和配套实施方案陆续出台，进一步加大了对低碳技术创新发展的支持力度，加速推动了钢铁行业低碳技术的突破。中国宝武钢铁集团有限公司（简称中国宝武）、中国核工业集团有限公司（简称中核集团）与清华大学等开展核能制氢与氢能冶金合作，宝钢湛江钢铁有限公司（简称湛江钢铁）正建设国内首套百万吨级氢基竖炉，宝钢集团新疆八一钢铁有限公司（简称八钢）正突破富氧冶炼技术；河钢集团有限公司（简称河钢集团）与卡斯特兰萨—特诺恩拟建高科技的氢能源开发和利用工程，其中包括全球首座年产60万吨使用富氢气体的直接还原铁工业化生产厂；山西晋南钢铁集团有限公司（简称晋南钢铁集团）积极开展高炉喷氢工业试验；酒泉钢铁（集团）有限责任公司（简称酒钢集团）成立中国首家氢冶金研究院，建设世界上首套煤基氢冶金中试装置等。

2.3.1.4 促进行业智能化升级

（1）国家政策大力支持制造业数字化、智能化

《中共中央 国务院关于完整准确全面贯彻新发展理念做好碳达峰碳中和工作

的意见》明确指出，要提升数据中心等信息化基础设施能效水平，推动人工智能等新兴技术与绿色低碳产业深度融合。《"十四五"智能制造发展规划》提出，要推动制造业产业模式和企业形态根本性转变，减少资源能源消耗，畅通产业链供应链，助力碳达峰碳中和。可见，智能制造正成为新一轮工业革命、数字经济和实体经济融合的核心驱动力。

（2）新一轮科技革命和产业变革助力行业转型升级

随着5G、大数据、人工智能、区块链等新一代信息技术和传统制造业深度融合，企业生产效率和行业治理水平大幅提高。应用5G技术实现全生产要素、全流程互联互通、工厂全生产要素全生命周期的实时数据跟踪，通过人工智能技术实现行业在产品研发设计、生产计划和调度、生产过程控制等方面的智能升级。智能技术正成为经济增长的新动能、高质量发展的新引擎。

（3）智能制造加速赋能钢铁行业

钢铁行业作为流程型制造业的代表，实施智能制造可以提高效率、降低成本、提高产品质量和能源利用率、减少人员。因此，发展钢铁智能制造是行业转型升级的重要方向，也是实现我国钢铁工业由大到强转变的重要保障。

2.3.1.5 加快推动多产业协同

发挥钢铁生产流程能源加工转化功能，构建以钢铁生产为核心的能源产业链，因地制宜，选择经济合理供应半径，与钢铁生产企业周边石化、化工、建材、有色等工业企业、工业气体公司、居民及商业用户等实现煤气、蒸汽、氧氮氩气、水等能源互供，替代区域内能耗、污染物、碳排放较高的供应设施，实现区域能源、环境资源协同优化。

推动钢铁与建材、发电、化工等多关联产业协同发展，通过资源能源链接，实现全社会资源和能源高效循环利用。利用低温余热、废热为周边企业、园区、居民提供清洁能源，促进二次能源回收利用。与建材行业协同发展，进行冶金渣综合利用等。与电力行业协同发展，用钢铁副产煤气发电，实现钢企煤气"零排放"。与化工行业协同发展，鼓励实施钢化联产，打造钢铁、焦化间循环经济产业链。发挥钢铁制造消纳处理大宗废弃物功能，消纳社会废塑料、废轮胎等废弃物，进行循环利用。

2.3.1.6 协同促进环保治理

温室气体与大气污染物"同根、同源、同过程"，可实现协同减排。钢铁行业低碳转型推进工艺、流程、原燃料结构优化，从源头减少污染物的产生。同时，将促进环保更多地转向精益化源头减排，通过强化源头削减、严格过程控制、优化末端治理，实现精准治污，倒逼企业进行结构调整，实现由过去粗放型管理向集约化管理、由传统经验管理向科学化及数字化管理的转变,从而促进环保的协同高效治理。

2.3.1.7 深化产品全生命周期理念

生命周期评价是国际上通用的认定绿色产品的方法,是国际绿色发展领域交流的标准语言,也是工信部绿色设计产品申报的重要支撑技术。

《"十四五"工业绿色发展规划》提出引导产品供给绿色化转型、强化全生命周期理念,全方位全过程推行工业产品绿色设计,到2025年开发推广万种绿色产品。这为生命周期评价工作的进一步推广和深化提供了有力的政策支撑和路径保障。

近几年,中国宝武、包头钢铁(集团)有限责任公司(简称包钢集团)、河钢集团等钢铁企业开展关于生命周期评价技术研究的大量工作,应用于支撑生态产品设计、技术研发、协同创新、持续减排等研究工作。建设以产品全生命周期低碳为核心的上下游产业生态圈。积极推进产品生态设计,为下游用户提供绿色低碳钢铁产品,并积极开展生命周期评价、产品碳足迹核算和环境产品声明,从产业链协同角度降低碳排放、推进全社会低碳发展。

2.3.1.8 助力行业低碳标准化工作

碳排放领域标准作为钢铁企业生产活动的技术行为准则与依据,是与行政法规相辅相成的。钢铁行业实现降碳目标,标准必将发挥重要的指导与约束作用。在"双碳"背景下,为推动相关标准快速发展,充分发挥标准的支撑作用,国家层面出台了一系列标准化政策文件。《国家标准化发展纲要》指出,建立健全碳达峰碳中和标准,加快完善地区、行业、企业、产品等碳排放核查核算标准,制定重点行业和产品温室气体排放标准,完善低碳产品标准标识制度。《2021年全国标准化工作要点》提出要"研究起草碳达峰标准化行动计划,健全支撑碳达峰目标的标准体系"。2021年12月,工信部印发的《2021年碳达峰碳中和专项行业标准制修订项目计划》,提出钢铁行业首批碳达峰碳中和专项行业标准计划共21项,这些标准的制定对钢铁行业碳达峰目标的实现具有重要意义。

2.3.2 钢铁行业面临的挑战

2.3.2.1 时间紧、任务重

全球钢铁碳排放量占全球能源系统排放量的7%左右,其中中国占全球钢铁碳排放量比重超过60%,中国钢铁行业碳排放量占全国碳排放总量的15%左右,是制造业31个门类中碳排放量最高的行业。

从能源资源禀赋看,我国高炉-转炉长流程工艺结构占主导地位,能源结构

高碳化，煤、焦炭占能源投入近90%。我国粗钢产量大、钢铁企业数量多，具有冶炼能力的企业达500多家，且各企业之间结构、水平差异大。同时，碳排放机理复杂，涉及能源燃烧排放、工业生产过程排放、电力和热力消耗所对应的间接排放等多种碳排放机理，如何科学、准确和及时地计算碳排放量和碳排放强度面临巨大挑战。我国钢铁行业的低碳转型存在难度大且任务重的突出特点。

低碳发展将对钢铁行业产生深远影响，甚至带来广泛而深刻的生产、消费、能源和技术革命，进而重塑全行业乃至经济社会发展格局。钢铁行业作为碳减排的重点行业，未来将面临碳排放强度的"相对约束"、碳排放总量的"绝对约束"以及严峻的"碳经济"挑战。钢铁行业从实现"碳达峰"到"深度脱碳"乃至"碳中和"仅有35年时间，留给我国钢铁行业低碳转型的时间非常有限。

2.3.2.2 技术、人才等基础能力薄弱

随着碳达峰碳中和"1+N"政策体系中的"1"，即《中共中央 国务院关于完整准确全面贯彻新发展理念做好碳达峰碳中和工作的意见》和国务院印发的《2030年前碳达峰行动方案》的陆续出台，标志着我国低碳发展由前期谋划阶段全面转入实质性推进阶段。

钢铁行业是制造业31个门类中碳排放量最大的行业，是落实碳减排目标的重中之重，是实现"双碳"目标的重要组成部分。面对如此严峻的碳减排任务，钢铁行业的技术创新能力不足。目前，钢铁行业尚无成熟可大规模应用的突破性低碳冶炼技术来有效支撑钢铁行业的碳减排目标。结合陆续发布的政策发展要求，钢铁行业目前配套的智能化、标准化等技术工具仍不完善，大多数钢铁企业缺乏完善的碳排放管理及考核评价体系。在摸清企业自身碳排放水平的基础上，需培养相关储备人才，进一步提升自身的碳排放管理水平。

2.3.2.3 绿色低碳发展水平参差不齐

我国钢铁企业数量多，各企业之间结构、水平差异大。不同企业的绿色发展水平不同，碳减排成本存在较大差距。处于行业略低水平的企业，面临风险与机会管理、构建目标体系、测算分析碳配额盈缺、最优减排策略分析、能力建设等挑战；处于行业平均水平的企业，面临构建全过程管控及评估平台、绿色供应链管理等挑战；处于行业较好水平的企业，面临碳资产管理、探索创新低碳技术及示范应用等挑战。

2.3.2.4 工艺流程结构优化面临障碍

（1）废钢资源是制约我国电炉钢发展的最大瓶颈

现阶段我国废钢供应远未达到充沛低廉的程度，加之我国转炉钢产量巨大，也要消耗大量废钢，因而对电炉炼钢的发展造成了较大制约。2021年我国废钢产

出量约 2.7 亿吨，钢铁行业废钢消费量 2.3 亿吨。按照我国转炉钢产量 9 亿吨、最大废钢单耗 300 千克/吨钢粗略估算，仅转炉用废钢需求就在 2.7 亿吨左右。因此，从目前废钢产出量来看，尚不足以支撑电炉钢快速发展。

（2）电价是我国电炉钢发展的重要影响因素

我国煤电价格联动机制不完善和交叉补贴持续存在造成我国工业用电价格相对较高。与转炉炼钢相比，全废钢电炉炼钢需增加 300 千瓦·时/吨钢左右的用电量，造成电炉炼钢成本偏高。按照 0.6 元/千瓦·时电价粗略估算，仅电费成本就高出 180 元/吨钢。

（3）电炉工艺装备水平仍需进一步提升

从 20 世纪 90 年代起，我国引进了一批电炉设备，在消化、吸收国外技术并不断改进基础上，目前国内已能够自主研发全套电炉装备，但近年市场普及度不如国外成套设备公司，仍需进一步加大支持力度。此外，近年来电炉钢企业不断提升电炉装备水平，尤其在装备大型化、提升生产效率方面的技改居多，但智能化水平仍有待提高。

2.3.2.5　绿色设计产品覆盖不足

近年来，为积极推进绿色制造体系建设，工信部相继发布了《工业绿色发展规划（2016—2020 年）》《绿色制造工程实施指南（2016—2020 年）》等政策文件。钢铁行业积极响应国家绿色制造体系建设要求，各企业、研究机构、高校院所联合开展绿色设计产品评价标准研制工作。根据 2021 年 5 月工信部发布的《绿色设计产品标准清单》，绿色设计产品相关标准共 192 项，其中钢铁行业仅有 26 项。截至目前，钢铁行业有 60 项绿色设计产品已通过工信部认定。

2.4　"双碳"背景下有色金属行业存在的问题与面临的挑战

我国有色金属行业已建立起较为完整的采选冶和材料加工体系，基本满足了经济社会发展和国防科技工业建设的需要。但与世界强国相比，在技术创新、产业结构、绿色发展、资源保障、循环利用等方面仍存在一定差距。

2.4.1　铝冶金行业

铝是"有色金属之首"，原铝产量与消费量均居所有有色金属之首。近年来，氧化铝和电解铝生产都处于平稳发展态势，变化幅度不大。根据中国有色金属工业协会统计，2020 年我国原铝产量达 3708 万吨，占全球原铝总产量的一半以上。

近 20 年来，我国电解铝技术与产业快速发展，达到国际领先水平，并成为世界上单槽容量最大、原铝能耗最低的国家。在普遍采用超大容量点式中间下料预焙阳极电解槽技术后，我国电解铝单元能耗持续降低，绿色节能成效显著，能效水平目前处于国际领先水平，而且随着冶炼技术以及环保技术的提高，铝冶炼单位污染物排放也在显著降低。

与国外先进水平相比，我国铝冶金产业低碳发展存在以下技术瓶颈：①全氟化碳气体消减效果不理想，与国外先进水平差距明显。铝电解过程是温室气体全氟化碳的主要产生源。面对气候变化的严峻形势，温室气体尤其是全氟化碳的减排成为铝电解行业生存和发展的基础。虽然目前我国电解铝已经普遍采用先进的点式中间下料预焙烧电解技术，但是全氟化碳减排效果并不理想，2018年全氟化碳排放强度远高于国际同工艺排放水平，甚至未达到"铝工业十二五发展专项规划"设定的2015年目标值。②用电用能清洁水平较低，上游发电累计碳排放负担重。电解铝单元为原铝生产的主要用能过程，吨原铝综合交流电耗约为13000千瓦·时。在我国以燃煤发电为主的电力结构下，上游发电累计碳排放较高。③污染控制与环境保护措施有待加强。我国铝冶炼高产量的同时也带来了大量固体废物的产生，其中赤泥的年产量已超过1亿吨，但一直处于不到10%的低位利用水平。当前的主流处置方式还是直接堆放，已经成为氧化铝冶炼厂最大的污染源。此外，电解铝生产过程中产生的废槽衬、铝灰、碳渣等固体废物中含有氟、氰化物等强毒性组分，不但物相结构繁杂，而且高效转化难度大，在无害化处置技术方面与国外大型铝冶炼公司差距明显。

2.4.2 铜冶金行业

2012年，我国成为世界第一大精炼铜生产国和消费国，精炼铜产量与消费量分别占全球总份额的29%和38%。2020年，我国精炼铜产量为1002万吨，首次突破千万吨，约占全球产量的36%，同时消费量占世界总量一半以上。

近年来，由于铜工业技术不断发展，企业越来越注重绿色节能低碳生产，无论在铜矿采选还是冶炼方面，节能减排的成效十分明显，单位产品的综合能耗持续下降。2016年，我国铜冶炼阶段单位产品综合能耗从2016年的269千克标准煤下降到2020年的214千克标准煤，降低了近28%。其中，云南铜业股份有限公司等部分企业能耗已居世界领先水平。

在排放方面，我国铜行业环境排放显著降低，基本实现达标排放。通过持续的技术进步与严格化管理，主要铜冶炼企业均基本实现了废水和废气达标排放。2019年不少企业的排放达到特别排放限值标准，其中新投产的中铝东南铜业烟气二氧化硫、颗粒物浓度均远低于国家最新排放标准。

与国外先进水平相比，我国铜冶金产业低碳发展存在以下技术瓶颈：①协同冶炼回收刚刚起步，单位产出与国际先进水平有明显差距。主要冶炼企业仍奉行"规模取胜，扩产增效"的传统策略，重心仍在扩产增效，对国内迅速增长的城市矿产（电子废物、废旧电池）等高价值二次资源明显关注不够。②部分特征污染物排放因子明显高于国外优秀企业，污染控制与环境保护有待进一步加强。③工厂智能化建设刚刚起步，落后的运行管理方式导致能耗及排放较高。

2.4.3 铅冶金行业

目前，国内原生铅冶炼厂主要分布在河南、湖南和云南三省，三省产能之和占全国比重的近70%。另外，再生铅回收已经成为国内铅冶炼的重要组成部分，再生铅占铅产量的40%。2017年88家再生铅企业处理废铅酸蓄电池产能超过1000万吨/年。

近年来，我国原生铅产量呈逐渐减少趋势，产能增长主要来自现有铅冶炼厂的技术升级改造。铅冶炼企业通过富氧底吹熔炼－液态高铅渣直接还原技术升级改造，节能减排效果明显，铅冶炼综合能耗明显下降。铅冶炼行业主流企业的废气（二氧化硫）、废水（铅、镉、砷、汞等重金属）基本实现达标排放，其中少数先进企业单位产品的污染物排放量（二氧化硫、重金属）已经达到国际先进水平。

与国外先进水平相比，我国铅冶金产业低碳发展还存在以下技术瓶颈：①污染控制与劳动防护仍然任重道远。虽然主流冶炼企业基本实现达标排放，但是离国际先进水平与当地人民生活实际需要还有明显差距。②再生铅冶炼及综合回收水平有待提高。再生铅冶炼脱硫－还原熔炼、直接脱硫富氧还原熔炼、原生/再生混合富氧熔炼技术的发展明显推动了再生铅冶炼行业的发展，但行业采用竖炉、鼓风炉等落后工艺较多，仍然面临能耗大、运行成本高等问题，需进一步转型升级。③过程自动化/智能化水平不高，智能工厂建设亟待启航。

2.4.4 锌冶金行业

2020年我国锌产量达到642万吨，占全球总产量的50%以上。经过一系列技术改造，国内代表性锌冶炼企业的工艺装备水平明显提升，生产技术经济与世界同类企业不相上下，甚至达到了世界先进水平。在节能减排方面，2016年我国电锌（湿法工艺）冶炼综合能耗为840千克标准煤/吨，2020年下降至812千克标准煤/吨。锌冶炼行业主流企业基本实现烟气（二氧化硫）、废水（重金属）达标排放，其中少数先进企业单位产品主要污染物（二氧化硫、重金属）排放已达国际先进水平。

与国外先进水平相比，我国锌冶金产业低碳发展存在以下技术瓶颈：①湿法冶炼渣的清洁无害化、资源化亟待加强。目前国内湿法浸出产出的浸出渣（除铁渣仍主要采用回转窑焙烧还原工艺处理回收锌铟）虽然有着不错的回收效果，但是能耗高、烟气收集治理难度大，而且无法综合回收铜、银等有价金属。富氧强化还原熔炼是国外先进企业的成功经验，我国亟须强化此方面的技术发展和应用。②铅锌混合精矿冶炼技术需进一步发展。国内产出的铅锌混合精矿主要采用帝国熔炼法工艺处理，但此工艺仍需低温烧结，环境污染严重，亟待发展铅锌混合精矿的强化熔炼工艺技术，实现冶炼过程低碳化。③过程管理数字化/智能化与国外有明显差距。加拿大特雷尔冶炼厂采用机器学习分析技术，优化设备运行管理已经多年。2019年加拿大泰克资源公司启动了业务数字化转化的RACE21TM计划。与之相比，我国锌冶炼企业过程管理数字化/智能化还刚刚起步，差距明显。④污染控制和治理与国际先进水平仍有明显差距。

2.4.5 镁冶金行业

2020年我国原镁冶炼产能达到162万吨、原镁产量达到85.83万吨、镁合金产量达到33.4万吨，原镁产量占全球原镁产量的76.6%，已成为世界上最主要的原镁生产大国。随着我国皮江法工艺技术的进步，冶炼成本不断降低，各项技术指标趋于稳定。但皮江法工艺属于高能耗、高污染行业，属于国家限制类发展领域。

我国镁工业低碳化发展的技术瓶颈主要有以下几方面：①行业清洁水平有待进一步提升。电解法炼镁使用清洁能源，污染排放明显优于皮江法。开展电解法炼镁关键技术，特别是氯化炉尾气和电解槽阴极气体处理等关键环保技术研究，有助于提升我国镁冶炼行业的整体清洁生产水平。②镁冶炼过程自动化程度不高，应全面提升炼镁工艺。③循环经济产业链亟待发展。构建循环经济产业链条，以低能耗低污染为基础，以低碳循环技术为支撑，促进绿色低碳技术创新应用、企业绿色化改造提升、工业园区和先进制造业集群绿色发展、地区优化调整产业结构和布局、构建完善绿色供应链。④污染控制与治理有待加强。研究开发高效回收白云石中二氧化碳的煅烧技术，改变二氧化碳直排大气的现状。另外，研究开发以蛇纹石为原料的新型炼镁工艺，实现镁冶炼碳减排。

2.5 本章小结

在钢铁工业产量和规模方面，我国已经连续26年居世界第一。与世界其他先进国家或地区相比，我国钢铁工业节能降耗技术整体达到世界先进水平。由于我国钢产量大、生产流程以高炉-转炉长流程为主、能源以煤炭为主，导致排放总量大，在碳中和背景下面临巨大挑战。与此同时，碳中和的要求对钢铁工业的发展也带来了新的机遇，可进一步推动钢铁工业的流程结构优化、能源结构调整、智能制造升级和绿色产品拓展等，从而推动我国钢铁工业的高质量转型发展。

在有色金属产量和规模方面，我国已经是世界有色金属生产第一大国。与世界先进国家或地区相比，我国有色金属行业能耗水平整体处于世界先进水平。许多节能技术不断显现并投入工业生产应用，且逐渐达到国际领先水平。

参考文献

[1] 蒋禹恒，曾攀，韦能链. 我国有色金属材料现状及发展战略[J]. 世界有色金属，2022（7）：181-183.

[2] 周鹏，刘磊，袁彦婷，等. 推进我国金属镁冶炼行业绿色转型发展的对策建议[J]. 有色金属（冶炼部分），2020（6）：24-29.

[3] Yanmin Shao. Analysis of energy savings potential of China's nonferrous metals industry[J]. Resources Conservation & Recycling，2017（117）25-33.

[4] 中国有色金属工业年鉴编辑委员会. 2011—2020年中国有色金属工业年鉴[M]. 北京：中国有色金属工业协会，2020.

[5] BP p. l. c. BP world energy statistical yearbook[EB/OL]. （2019-07-30）. https://www.bp.com/content/dam/bp/country-sites/zh_cn/china/home/reports/statistical-review-of-world-energy/2019/2019srbook.pdf.

[6] Yuwei Zhang，Yingjie Zhang，Hengxi Zhu，et al. Life cycle assessment of pollutants and emission reduction strategies based on the energy structure of the nonferrous metal industry in China[J]. Energy，2022，261：1-21.

[7] Feng Gao，Yu Liu，Zuo-Ren Nie，et al. Variation Trend and Driving Factors of Greenhouse Gas Emissions from Chinese Magnesium Production[J]. Environmental Science & Technology，2015，49（21）：12662-12669.

钢 铁 篇

第 3 章 钢铁行业清洁低碳发展技术路径及关键技术

钢铁工业实现碳中和，根本的解决途径在于清洁低碳技术，核心是技术创新、技术推广和技术突破。中国钢铁工业协会集行业专家智慧，制定了《钢铁行业碳中和愿景和低碳技术路线图》，并于 2022 年 8 月正式向社会发布。该技术路线的确定对钢铁全行业绿色低碳转型有着重要的导向意义和指导作用。本章重点介绍钢铁工业清洁低碳发展的技术路径以及共性关键技术。

3.1 钢铁行业清洁低碳发展技术路径

钢铁工业实现"双碳"愿景规划需要多方面技术的有机组合。考虑到我国资源禀赋、能源结构和钢铁工业发展现状，我国钢铁工业低碳发展的技术路线主要有六大途径，包括系统能效提升、流程优化再造、资源循环利用、冶炼工艺突破、产品性能升级及二氧化碳捕集、利用与封存。

3.1.1 系统能效提升

钢铁行业全流程系统能效提升是现阶段行业减少碳排放的首要选项，是指通过节能技术与装备的升级、能源精细化管理、余热余能资源应收尽收，做到全系统能效持续改进并实现能效的极致提升。

系统能效提升重点是研究、推广、应用钢铁制造全流程节能降耗的先进技术和装备；通过数字化、智能化、网络化提升系统能源管控水平；提高能源转换效率，把焦化、烧结、球团、炼铁、炼钢、轧钢等全工序余热余压余能的回收利用发挥到极致；打通并缩短钢铁工序界面流程，创新关键界面技术，提高物质流、能量流的运行效率，显著降低钢铁生产运行的能耗损失等。

3.1.2 流程优化再造

流程优化再造是通过优化再造原料结构、工艺结构和能源结构等钢铁生产流程，使钢铁制造更加高效，实现较大幅度降低能耗和减少二氧化碳排放。

流程优化再造重点是开发高炉大比例球团冶炼技术、微波烧结技术、节能环保型电炉炼钢短流程技术等，优化传统工艺流程，减少过程能源消耗，实现减碳；积极布局和加大太阳能、风能、天然气等绿色能源、清洁能源对化石能源的替代，实现与企业自发电调峰自供结合，在加热、冶炼、运输等生产流程持续提高非化石类能源使用比例；打破传统工艺流程，采用近终形全连续制造、无头轧制、控温控轧等技术，进一步突破均质化凝固、高效轧制成型等核心制造技术，实现铁钢铸轧简约紧凑化，减少反复加热与反复成型。

3.1.3 资源循环利用

资源循环利用是将钢铁生产全流程副产的含铁含碳资源、钢铁循环材料和其他一切可循环利用的固体废物、废水、废气等资源，通过再回钢铁或相关产业循环高效再利用，实现资源价值最大化，推动钢铁行业及全社会的减污降碳。

资源循环利用重点是以钢铁生产为核心工业生态圈的有机链接，有序统筹钢铁与石化、建材、化工等多产业链协同互为资源化的高效循环利用；加强废钢、废渣、含铁含碳固体废物等再生资源回收和开发利用技术的研究、推广和应用，通过废钢判定、分选和加工技术，钢渣热焖回收技术等科技创新，提升、稳定冶金固体废物资源化利用后成品质量和性能；建立全流程废水资源的综合处理与回收利用技术框架，梯级利用水资源，加强废水高效循环利用；结合超低排放改造，加强烟气处理副产物高效循环利用，大力开展钢铁生产各类炉窑、工艺流程产生废气资源的综合回收利用。

3.1.4 冶炼工艺突破

冶炼工艺突破是通过工艺及装备颠覆性的科技创新，实现传统高炉、转炉冶炼向低碳、零碳冶炼的跨越性突破。

冶炼工艺突破重点是围绕研究推进高炉富氢碳循环、富氢直接还原、生物质冶炼等炼铁技术，开发等离子冶炼、闪烁熔炼等熔融还原技术，实现低碳冶炼；探索全氢直接还原炼铁新技术，建立新型的 DRI-EAF 工艺路线，实现近零碳冶炼；积极跟踪碱性溶液电解、熔融氧化物电解法等"绿电代碳"冶炼新工艺，彻底突破炼铁–炼钢的工艺路线，实现零碳冶炼。通过冶炼工艺突破，寻求更多减煤降焦、大幅替代化石资源的冶炼工艺，实现钢铁生产过程的大幅降碳。

3.1.5 产品性能升级

产品性能升级是基于钢铁产品全生命周期，通过开发更高性能绿色钢铁产品，使钢铁材料更高效能、更高强度、更高寿命，实现下游产业、全社会二氧化碳综合排放最小化的目标。

产品性能升级重点是从钢铁产品设计、使用和全生命周期碳排放评估等入手，开发更高效能的功能性钢铁材料，如更高磁感、更低铁损的硅钢，更具硬度、更加耐磨、更抗冲击的耐磨钢等；开发更高强度的建筑、汽车、机械等用钢材料，实现轻量化、减量化用钢；开发更加耐蚀、更加长寿的耐蚀钢、耐候钢、涂层钢等。通过产品性能升级，实现更少资源、更久使用，合力构建低碳产业生态圈。

3.1.6 二氧化碳捕集、利用与封存

二氧化碳捕集、利用与封存是将二氧化碳从钢铁制造排放源中分离、回收和利用，实现钢铁行业碳中和的保障性技术。

二氧化碳捕集、利用与封存重点是研究在低成本、高效率的前提下，将二氧化碳从钢铁制造各类排放源中富集、分离、提取的技术和工艺；开发将提取的富集二氧化碳在钢铁生产流程中资源性循环再利用的技术等；通过跨行业合作，研究推进将二氧化碳在石油行业封存驱油的技术，将收集的二氧化碳通过生物发酵法制乙醇、化学催化法制甲醇、矿化固定法制建筑用材等技术，打造零排放冶金生态系统。

3.2 钢铁行业清洁低碳生产关键技术

3.2.1 系统能效提升

3.2.1.1 钢铁长流程系统能流/碳素流特征

我国是世界第一能源消费和二氧化碳排放大国，2020年全国单位GDP能耗约500千克标准煤/万元，工业领域约970千克标准煤/万元，比世界平均工业单位GDP能耗高50%。节能使"第一能源"逐渐成为全球共识，美国将先进能源与工业能效技术作为国家十大关键战略技术之一；欧盟高度重视能效提升，预计通过节能技术创新使2050年能源消费量比2005年下降32%~41%；日本大力推进全社会节能，是目前世界上人均能耗最低的发达国家。

能源从源头产生到终端消费经历了开采、转化、运输等系列中间过程，造成不可避免的能源损失/耗散。图3.1（a）所示为我国能源从生产端经转化到消费端的过程，其中约30%的能量损失发生在到达用能终端部门之前。因此，提升终

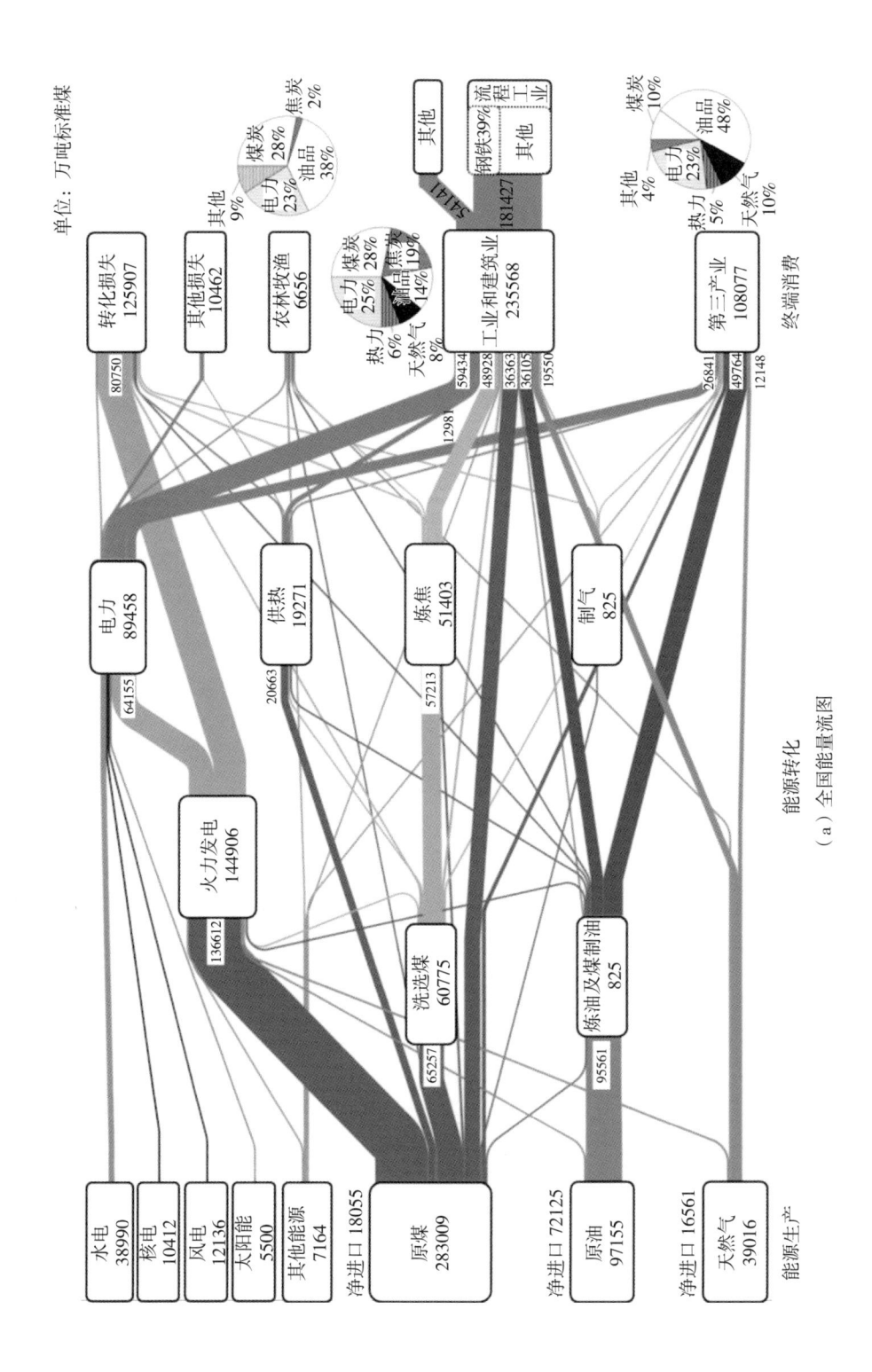

钢铁与有色金属行业清洁低碳转型 导论
Introduction to Clean and Low-carbon Transition of Steel and Non-ferrous Metal Industries

单位：万吨标准煤

（a）全国能量流图

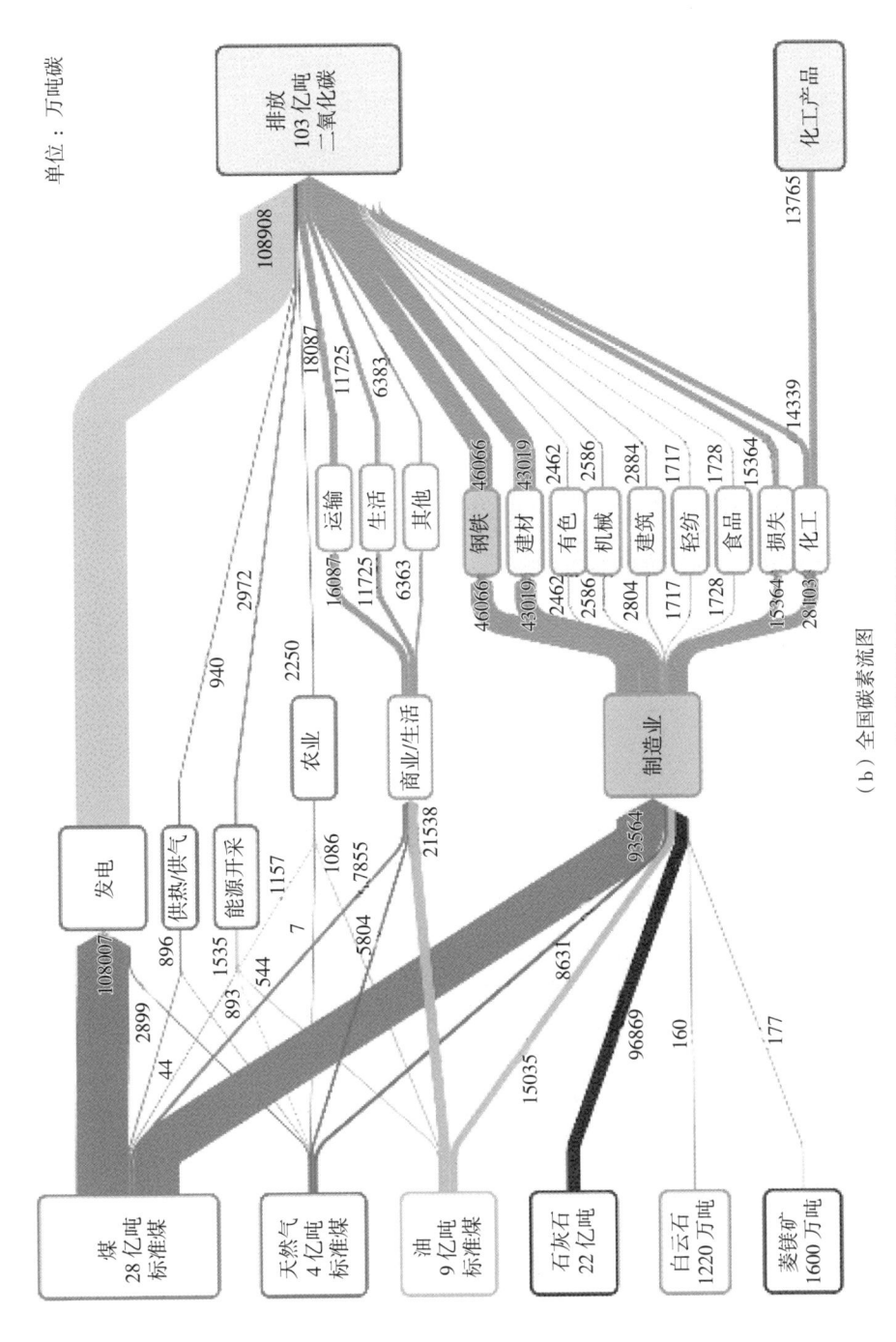

图 3.1 我国能量流及碳素流追踪

(b) 全国碳素流图

端用能效率不仅可以直接减少能源终端消费量，还可以进一步减少能源在转化等中间过程的投入与损失。可以说，用能终端节能对缓解能源源头供给压力具有效益放大的"杠杆作用"。据估计，目前我国终端节能效益杠杆率约为1.4，未来随着电力在能源终端消费结构占比的上升，该估值在2060年将达到1.8。面对严峻的能源安全形势和二氧化碳减排压力，终端能效提升是实现我国碳中和目标和可持续发展的最佳途径之一。

钢铁行业是我国终端用能大户，每年能源消耗量达7亿~8亿吨标准煤，占我国能源消费总量的15%~17%。同时，钢铁行业也是二氧化碳排放大户，每年化石能源、含碳资源等直接二氧化碳排放约占我国二氧化碳排放总量的15%，仅次于电力行业，如图3.1（b）所示。值得说明的是，电力行业是能源转化部门而非终端用能部门，其二氧化碳排放实际是由终端用能行业的电力需求引起的。因此，提高钢铁等终端用能行业的能源利用效率，减少化石能源与电力消耗，不仅可以降低该行业直接二氧化碳排放，还可以有效减少向发电行业的碳排放转移，是节能减碳的首要突破口。

改革开放以来，我国钢铁工业发展迅速，粗钢产量呈指数增长，2020年首次突破10亿吨（图3.2）。随着转炉和连铸炼钢替代平炉以及模铸、短流程电炉炼钢、高炉喷煤、高温烟气/散料/熔渣余热回收和系统节能管理等技术的推广应用，吨钢综合能耗从1980年的2吨标准煤降低至2021年的0.55吨标准煤，产生了显著的节能和社会经济效益。

目前我国钢铁生产总体能源利用效率仅约38%，仍有进一步节能提效的潜力，并且考虑到终端节能具有效益放大的杠杆作用，若能使钢铁行业总体能效提升约15%，预计每年可产生2.5亿吨标准煤的终端直接节能量，相当于每年可缓解

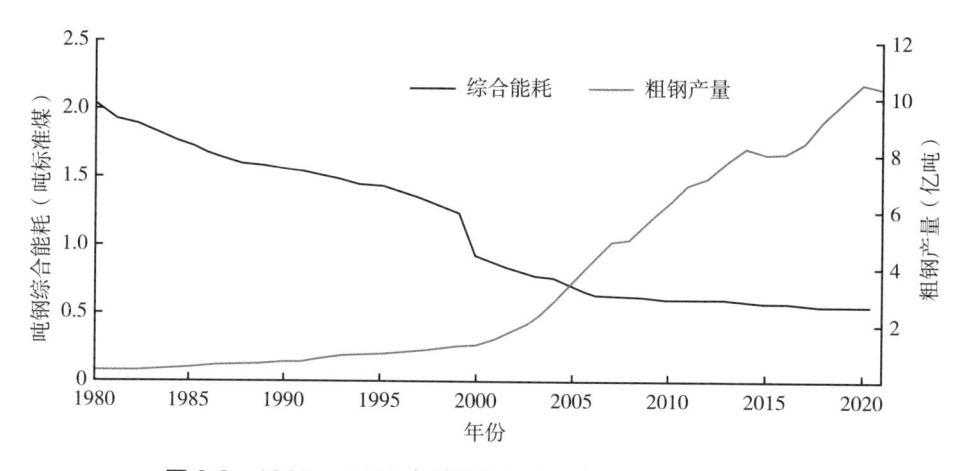

图3.2 1980—2020年我国粗钢产量与吨钢综合能耗变化

3.5亿~4.5亿吨标准煤的能源源头供给压力或产生9亿~12亿吨二氧化碳减排效益。

高炉-转炉长流程是我国钢铁生产主体工艺，约占全国粗钢产量的90%，而短流程电炉钢仅占10%，远低于世界平均水平。未来，随着社会废钢量的逐渐累积，增加短流程电炉钢占比是钢铁行业低碳发展的必然趋势。在发展氢还原铁、电炉炼钢等低碳冶金新流程的同时，提高传统高炉-转炉长流程能效将发挥显著的协同节能降碳作用。

高炉-转炉流程复杂，主要装备和工序包括烧结/球团、焦化、高炉炼铁、转炉炼钢、连铸、热轧/冷轧等，2020年我国重点钢企各工序单位产品能耗分别为49千克标准煤、25千克标准煤、98千克标准煤、385千克标准煤、15千克标准煤、57千克标准煤。焦煤等化石能源是高炉-转炉长流程的主要原/燃料，年消耗量达5亿吨标准煤，是二氧化碳排放的主要来源。此外，石灰石等碳酸盐是烧结/球团等工序重要熔剂，年消耗量约3亿吨。通过对2019年我国钢铁行业高炉-转炉长流程能源/资源中碳素流（图3.3）进行追踪，预估长流程直接二氧化碳排放量每年约16.7亿吨；以长流程粗钢产量每年约9亿吨计，吨钢直接二氧化碳排放强度约1.86吨二氧化碳/吨粗钢；进一步考虑电力消耗的间接碳排放转移，吨钢综合二氧化碳排放强度约2.2吨二氧化碳/吨粗钢。

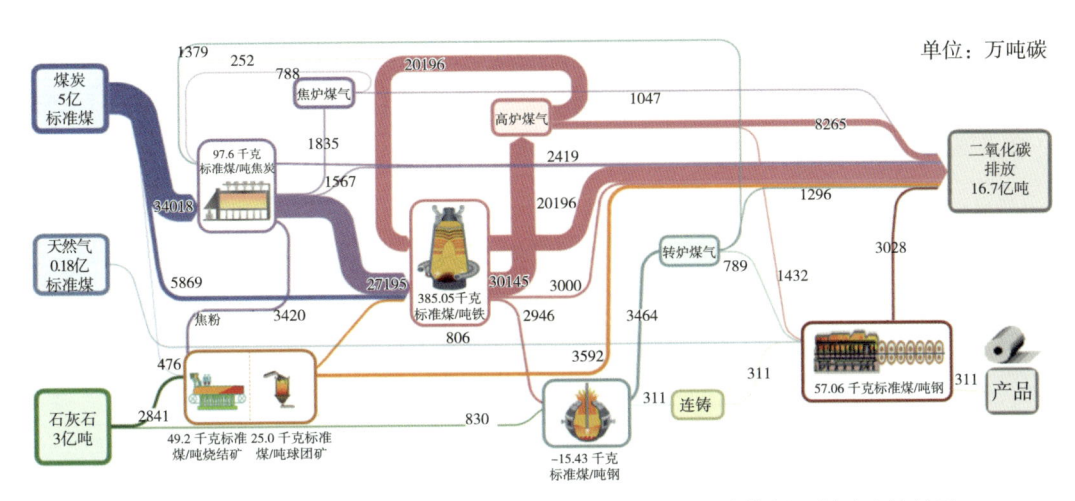

图3.3 2019年我国高炉-转炉长流程炼钢炼铁主要工序能耗及其碳素流追踪

高炉是高炉-转炉长流程中能源消耗和二氧化碳排放的主要工序，二氧化碳排放约占全流程的60%以上，是钢铁清洁低碳生产的关键突破口。下面重点介绍烧结、焦化过程节能降碳技术，以及适用于全流程的气体制备与富氧清洁燃烧技术、余能高效回收利用技术等。

3.2.1.2 高效烧结及烧结矿冷却技术

烧结是以铁（精）矿粉、溶剂、固体燃料等为原料，通过高温加热实现铁（精）矿粉造块的工艺，所得产品为非规则多孔块状材料——烧结矿。烧结矿是高炉炼铁的重要原料，在高炉炉料中的占比约75%，是影响高炉炼铁技术经济性的关键。

我国第一台烧结机于1926年在鞍钢集团建成投产，经过近百年的发展，烧结技术和质量取得了长足进步。特别是21世纪以来，随着厚料层烧结、多级布料和强化制粒、节能高效点火、烧结矿余热回收等工艺技术的开发和应用，我国烧结工序能耗显著下降，与2000年相比降低了30%，产生了显著的节能和经济社会效益。

（1）厚料层烧结技术

煤粉、焦粉等固体化石燃料占烧结工序能耗的80%~90%，降低固体燃料消耗是节能降碳的关键。厚料层烧结通过发挥料层的蓄热功能，充分利用烧结矿和燃烧烟气余热，是降低固体燃料消耗的有效手段。据宝山钢铁股份有限公司（简称宝钢股份）生产经验数据估计，烧结料层厚度每增加100毫米，固体燃料消耗降低1千克/吨、煤气消耗下降0.6立方米/吨。目前，我国烧结料层厚度普遍可达700毫米，与21世纪初期相比增加了约50%。相关先进技术可使烧结料层厚度达1000毫米以上，如天津市新天钢联合特钢有限公司与北京科技大学合作开发形成"高效低耗1000毫米超厚料层烧结关键技术及应用"，可使固体燃料单耗下降至42千克标准煤/吨烧结矿以下。

（2）燃料分级技术

烧结通过固体燃料和原料、熔剂等预混实现内燃式加热。在抽风烧结过程中，点火器在料层表面点火，燃烧产生的高温烟气自上而下进入料层，加热料层内固体燃料至着火温度形成燃烧区。空气自料层顶部不断吸入，使燃烧区逐渐下移，最终完成烧结。在燃烧区之上，烧成的高温烧结矿通过气固换热预热常温空气；燃烧区之下，燃烧高温烟气通过气固换热预热未烧结物料。因此，下层物料可获得比上层物料更多的热量。

为充分利用烧结过程这一蓄/传热特性节约固体燃料，并且防止上层欠烧和下层过烧，料层中的固体燃料采用多层分级布料的方式。此外，燃料分加也是降低固体燃料消耗的有效途径。传统混料方式可能造成固体燃料被矿粉包裹，难以与助燃空气直接接触，阻碍燃烧过程。可采取分步加燃料的方式，在制粒过程中掺混一部分，制粒完成后在颗粒之间再掺入一部分，通过内/外混结合的方式改善燃烧条件。

（3）节能高效点火技术

烧结点火的目的是在混合料表层供给足够的热量，使表层固体燃料着火燃烧。烧结点火可采用焦炉煤气、高焦混合煤气、天然气等气体燃料或燃料油等液体燃料，点火能耗占烧结工序能耗的5%~10%。点火是高温烧结过程的起点，直接影响烧结能量消耗、温度场分布以及烧结品质。点火强度、温度过低或时间过短，会使表面欠熔，影响着火；强度、温度过高或时间过长又会造成表面过熔，影响透气性。因此，开发应用高效节能点火器以及优化点火控制技术，保证适宜的点火强度、点火温度（1050~1150℃）、点火负压（6.0~8.0千帕）、点火时间（60秒）以及合理的空燃比是烧结点火的关键。

（4）烧结矿余热回收技术

烧结矿显热是烧结过程最大的能源输出项，占总量的30%以上，烧结矿余热的高效回收利用可有效提升烧结工序整体能效。目前，烧结矿余热回收以环冷机为主，余热利用包括环冷烟气中高温段余热发电、中低温段热风烧结或产生热水和低压蒸汽等。然而，由于传统环冷机存在漏风严重、气固传热不充分等问题，烧结矿实际余热回收率仅为30%~40%且温度品位较低。为解决此问题，全国钢铁企业和科研院所广泛研究和应用新型烧结矿余热回收装备和技术，典型技术包括烧结矿显热竖式回收工艺等。

3.2.1.3 高效焦化及干熄焦技术

焦化是以焦煤为主要原料，通过隔绝空气加热实现焦煤干馏制备焦炭的工艺。焦炭是高炉炼铁的重要燃料和还原剂，并且在熔炼过程中起到支撑料柱的重要作用。

现代蓄热式焦炉主要由三室两区组成，"三室"即炭化室、燃烧室、蓄热室，"两区"为斜道区和炉顶区。炭化室与燃烧室交替排列，燃烧室数量比炭化室多一个，两者长度、高度均相等。为保证炭化室内沿长度方向受热均匀，燃烧室内分成许多立火道。蓄热室一般位于炭化室下方，经斜道与燃烧室相通。

21世纪以来，随着焦炉大型化、焦煤调湿、高效干熄焦、焦炉煤气分离与化产利用等技术的开发和应用，我国焦化工序能耗显著下降，与2000年相比降低了30%，产生了显著的节能和经济社会效益。在现代化工业发展的今天，焦化工序的产品不仅仅局限于冶金焦炭，其产生的煤气、焦油等也是重要的化工产品原料，将成为钢化联产驱动"双高"工业集聚区低碳发展的潜在增长点。

（1）焦炉大型化及其均匀加热

焦炉大型化是提高单炉产能、降低能耗和污染物排放的必由之路，其关键在于解决由于炉体尺寸增大带来的炭化室受热不均、焦炭品质受损等问题。沿焦炉长度方向一般采用增加立火道数量，同时结合双联式或四联式立火道结构，保证炭化室温度均匀；沿焦炉高度方向一般采用高低灯头、废气循环、分段燃烧等措施拉长火焰，以提高加热温度均匀性。

（2）换热式两段新焦炉

炼焦煤的品位和水分含量是影响焦炉热效率的关键因素。目前炼焦煤水分含量普遍偏大，造成焦化能耗上升。据估计，水分含量为7%的非捣固干煤相当炼焦耗热量为2845千焦/千克；而当煤料水分大于7%后，每增加1%相应地非捣固干煤相当耗热量增加67千焦/千克；若装炉煤水分为10%，则干燥这部分水分所需热量约占焦化过程总能量输入的18%。

为进一步提高焦化效率和能源利用率，北京华泰焦化工程技术有限公司联合北京科技大学开发了换热式两段新焦炉，通过充分利用燃烧室烟气余热进行炼焦煤调湿和预热，降低焦化能耗，同时提升焦炭品质。换热式两段焦炉生产所得的焦炭气孔率低、抗碎强度高、平均粒径增大，有效改善了焦炭品质。同时，通过炼焦煤预热，一方面可将弱黏煤等劣质煤的配用量从目前的20%增加到50%，从而扩大炼焦煤源、降低炼焦成本；另一方面可缩短干煤在炭化室的结焦时间，进一步考虑干煤堆密度的增加，则焦炭生产能力预计可提高35%~40%。

（3）高效干熄焦技术

出炉"红焦"携带的余热约占焦化工序余热排放总量的40%。湿法熄焦不仅造成大量水资源消耗和污染，并且造成熄焦余热浪费。干熄焦则通过采用氮气等惰性气体为冷却介质，利用气固直接接触换热对高温"红焦"进行冷却降温，换热效率可达80%，并且熄焦后惰性气体余热可进行产蒸汽发电等回收利用，是焦化工序节能降碳的有效手段。

干熄焦技术装备的国产化极大促进了我国干熄焦技术的应用和推广，提升了焦化乃至钢铁全流程能效水平。2020年中国钢铁工业协会会员企业干熄焦率约93%，干熄焦吨焦蒸汽发生量约1.5吉焦。目前，干熄焦技术继续向大型化、超高温超高压余热发电等方向发展。2021年中冶焦耐工程技术有限公司自主研发的260吨/小时干熄焦装置在山西美锦建成运行，采用高径比小于0.9的干熄炉（传统高径比大于1），结合组合式高效冷却技术，进一步降低了干熄焦的建设投资与运行成本，提高了焦炭的冷却效率。

与湿熄焦相比，干熄焦技术具有焦炭品质改善、环保无污水排放、余热回收利用等优势，但同时也存在投资成本高、运行能耗大、余热回收利用效率低等不足。未来，干熄焦及余热回收利用技术的发展应综合考虑"取热""用热"效率及品位高效提升方法。

(4) 钢化联产技术

以单一焦炭产品输出为目的的焦化生产过程存在严重能源、资源浪费，无法满足我国工业清洁低碳的可持续发展需求。若能在产出焦炭的同时，合理利用焦炉煤气余热、余能，副产苯、甲醇、乙二醇等化工产品，形成能/质协同利用的钢化联产系统，将是实现"双碳"目标的有力抓手。

焦炉煤气成分复杂，除含 55%~60% 氢气、20%~30% 甲烷等主要成分，还含有少量一氧化碳、二氧化碳、甲基和烷烃类及苯类化合物，具有潜在的利用价值。国内各大钢铁企业和科研院所纷纷探索以焦炉为核心的钢化联产新途径。目前，焦炉煤气的资源化利用主要有变压吸附制氢、生产合成气、制备化工原料等。

目前，焦炉煤气制氢在钢铁联合企业应用较广泛，包括膜分离提氢、深冷分离提氢与变压吸附分离提氢等，其中变压吸附提氢以其能耗低、纯度高等优势成为目前主流工艺。变压吸附制氢利用具有微孔的选择性固体吸附剂，在加压条件下对焦炉煤气中的氢气进行吸附；而后通过吸附床减压对氢气进行解吸，使吸附剂再生，并获得高纯度氢气；对提氢后的尾气深冷液化，实现甲烷分离可获得液化天然气产品。1995 年至今，鞍钢集团建立了 6 套焦炉煤气变压吸附制氢装置，并于 2021 年启动焦炉煤气制液化天然气联产氢气项目。

焦炉煤气直接净化分离可获得苯、甲苯等，或在制备合成气的基础上进一步加工成甲醇、甲醚、合成氨、尿素等化工产品。例如，北京科技大学提出了一种利用冶金废气生产液氨、尿素及甲醇的生产方法（图 3.4），从焦炉煤气中提取纯度大于 90% 的氢气作为原料气，与来自氧气厂的污氮混合送入合成氨系统；二氧化碳则来自石灰石/白云石焙烧工序，提纯后与氨经汽提工艺生产尿素。

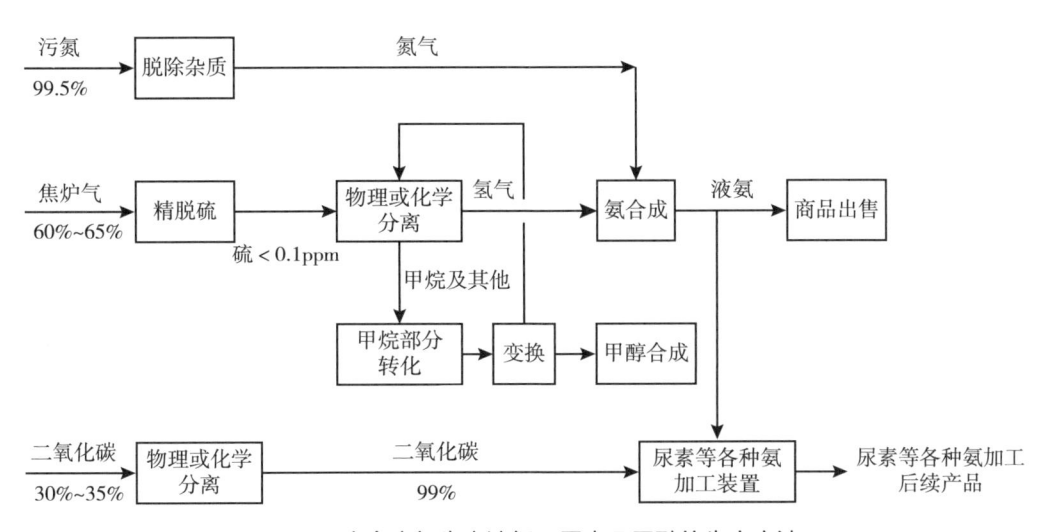

图 3.4 冶金废气生产液氨、尿素及甲醇的生产方法

3.2.1.4 富氧清洁燃烧与气体制备技术

钢铁生产是典型的能源密集型行业，燃烧是化石燃料的主要供能形式，开发清洁高效的燃烧技术并将其与生产工艺耦合是实现节能和源头减排的有力手段。富氧燃烧等技术的兴起促进了化石燃料的清洁利用与低碳排放，并且由于钢铁行业均配有专门的空分（制氧）厂，可为富氧燃烧提供所需的纯氧，使富氧燃烧为钢铁行业节能低碳发展提供了新的可能。

（1）宽燃料适应性的火焰加热炉内富氧无焰温和燃烧技术

坯材加热等火焰炉内燃烧供热是钢铁行业化石燃料的主要利用形式。传统空气燃烧在燃烧过程中引入大量氮气，不但增加了热量损失，而且造成污染物氮氧化物生成。燃烧后烟气中二氧化碳浓度为3%~15%，如果要实现二氧化碳的利用或封存，还需额外增加烟气二氧化碳捕集装置，成本高、效率低。

富氧/纯氧无焰温和燃烧的技术原理是采用纯氧作为碳氢燃料燃烧的氧化剂，避免在燃烧过程引入氮气，不仅减少烟气量，从而降低余热损失；而且烟气成分只有二氧化碳和水蒸气，易于二氧化碳富集回收；还可避免燃烧中出现高温、高氧、高氮区，从而抑制热力型氮氧化物的形成。此外，在富氧/纯氧燃烧中，可通过辅配再循环烟气（二氧化碳）或者水蒸气，实现燃烧的合理组织和温度场的设计。该项技术自2010年开始实验室基础研究和共性关键技术研究，已完成了兆瓦级中试试验验证，在燃烧过程中实现了干烟气中二氧化碳富集浓度达到90%以上。该项技术可广泛应用于钢铁与有色金属各类火焰炉的化石燃料燃烧过程，为冶金行业清洁低碳转型提供了技术支撑。

（2）碳酸盐原料煅烧窑内富氧燃烧与节能提质技术

原料煅烧工序是钢铁冶金等行业生产工艺流程中最基本的工序，包括石灰石、白云石、菱镁矿、镁质耐火材料等碳酸盐原料。以规模最大的石灰石煅烧为例，传统煅烧工艺存在能耗高、热效率低、二氧化碳排放严重（尽管石灰石煅烧烟气中二氧化碳浓度比其他燃烧烟气略高，但二氧化碳直接分离回收成本高、经济性差，几乎都是无组织排放至大气中）等问题。因此，石灰石等碳酸盐原料煅烧过程二氧化碳减排的关键在于煅烧工艺创新。

北京科技大学联合钢铁研究总院等开发了基于富氧燃烧的石灰石煅烧与二氧化碳资源化回收新工艺。该工艺已完成工业中试和工业示范，实现了石灰石原料分解和化石燃料燃烧反应产生的全部二氧化碳炉内富集和资源化回收，回收后的二氧化碳纯度理论可达100%，实际过程中由于不可避免的漏气等因素影响，二氧化碳浓度≥96%。除可以经济高效地实现二氧化碳富集与资源化回收，该工艺还具有两大优势：一是充分利用炉顶产物气和高温石灰产品余热，可有效降低单位产品能耗至130千克标准煤,达到国际先进水平;二是窑内石灰石在含有过热蒸汽的环境下煅烧,可有效提高石灰产品活性度≥400,达到冶金特级石灰标准。

(3)基于"液空+空分"的分布式大规模储能工艺

自转炉代替平炉实现规模化炼钢以来,空分成为钢铁生产过程制备纯氧的重要工序。随着我国冶金和化工等传统工业去产能、降成本、优结构发展态势的逐渐深入,空分行业的发展也进入了"新常态",冶金空分行业普遍面临减产、停产和设备闲置等多重危机,部分化工领域的空分设备也普遍降负荷运行,致使设计产能普遍大于实际气体需求,空分气体耗散量严重。

北京科技大学提出了一种具有储能和物质能量资源高效回收的内压缩空分工艺/流程。在常规空分内压缩工艺流程的基础上,设置低温液空储存单元和释能与物质回收单元,形成集气体分离、液空储存和物质能量资源回收为一体的空分新工艺流程,实现空分设备和技术的规模化储能。该工艺流程既适用于新建空分设备,也适用于对现有空分内压缩工艺流程的升级和更新改造。通过利用廉价的谷电资源将过剩的电能储存于液态空气中,释能过程通过回收储存物质及其气化过程释放的冷能降低系统对峰电期电能的需求,有效提高空分系统的能量转换效率和运行经济性。

3.2.1.5 余能高效回收利用技术

以高炉-转炉长流程为主的钢铁生产过程存在大量余能、余热损失。余能、余热是指在钢铁生产过程中由于燃烧等化学反应释放出的、未被利用而直接排放到环境中的能量。按余能载体的介质种类可分为气体、固体、液体;按温度范围可分为高温(>600℃)余热、中温(300~600℃)余热、低温(<300℃)余热。

随着余能、余热回收技术的发展和应用,目前气体余热(特别是中温段洁净烟气)已经得到了有效的回收利用,进一步提高余热回收效率的难点在于突破高温或高温高含尘烟气、烧结矿等固体散料余热、高炉/转炉熔渣等熔渣余热以及低温段余热回收技术瓶颈。

(1)高温高含尘烟气余热极限回收与净化一体化技术

高温高含尘烟气是目前国内外烟气余热回收领域有待最后攻克的技术堡垒之一。若先换热后除尘,大量粉尘会附着在换热器表面,阻碍传热过程,使换热器无法维持高效长周期运行;若先除尘后换热,高温气体的高黏度特性以及微细尘粒在高温下的软化粘连性会使常用的惯性力法(旋风法、折板法等)和电场力法(电除尘)难以实现气固分离,而高精度的过滤法(布袋法、颗粒层滤料法等)则由于粉尘的高温黏附性造成滤布和滤料的快速堵塞而无法正常运行。高温高含尘烟气既难以先换热后除尘,也难以先除尘后换热,是目前国际上节能环保领域的一个重大研究热点和难点。为此，日本、美国、英国、德国等发达国家都致力于开发集蓄热、换热、净化于一体的高温含尘烟气处理技术。

北京科技大学等研究团队发明了具有超大三维拓展表面的金属蜂巢体，开发了基于对流-辐射转化的烟气侧强化传热方法，形成了高温高含尘烟气余热极限回收与净化一体化技术。该技术突破了高温高含尘烟气净化和余热回收难的技术瓶颈，解决了目前传统换热器易堵塞、振打/反吹等频繁清灰效率低、换热器工作不连续等问题，温度范围高达1000~1200℃，处理烟气的含尘量高达约2万毫克/标准立方米；应用后除尘效率≥99%，余热回收率≥70%。该技术在太钢不锈钢精炼炉上完成工业示范运行，可广泛应用于钢铁冶金、建材等流程工业各类高温高含尘烟气余热回收。

（2）高温固体散料余热高效回收与品位提升技术

粉状固体物料堆积床内孔隙率细小，若采用固定床直接换热，气体难以直接穿透床层；若采用流化床直接换热，换热后气体将裹挟大量粉尘，严重阻碍后续余热的回收利用。相比之下，移动床间接换热以其可以获得清洁余热资源、灵活选择冷却介质等优势，成为散料余热回收技术的发展方向。但与气体相比，固体散料为离散介质，在传统堆积床内不能自由移动，散料内热量只能依靠导热逐个传递至换热壁面，相互之间接触热阻大、传热效率低。

为了从根本上解决远离换热壁面的高温固体散料和壁面换热不充分的问题，北京科技大学等研究团队发明了"小扭矩、大掺混"的散料掺混器，开发了基于颗粒掺混与定向迁移送热的散料侧强化传热方法，形成了高温固体散料余热高效提取技术。该技术突破了高温固体散料间接取热效率低的技术瓶颈，散料掺混可使换热过程强化3~5倍，高温固体散料的余热回收率可提升至70%以上，并且可以灵活选择空气、水等作为冷却介质，余热资源清洁易利用。该技术在河钢集团承钢公司钒钛回转窑上成功完成工业示范运行，可广泛应用于钢铁冶金、建材等流程工业各类高温固体散料余热回收。

（3）液态熔渣高效热回收与资源化利用技术

以高炉渣、转炉渣为代表的高温液态熔渣是钢铁行业余热回收的世界难题，目前行业内普遍采用水淬急冷等方式进行降温处理，造成大量余热浪费和废水污染。风淬法、滚筒法、机械搅拌法、离心粒化法等熔渣干式处理技术受到广泛研究和关注，然而风淬法、滚筒法和机械搅拌法本身能耗高，而离心粒化法出渣品质及余热回收率较低。

重庆大学、北京科技大学等联合开发了基于高效离心粒化的高温熔渣余热回收和资源化利用技术，解决了变物性多组分液态熔渣离心粒化机制及相变传热与物相演化协同调控方法等关键科学问题，突破了液态熔渣离心粒化法余热回收技术瓶颈，粒化出渣品质高，颗粒平均直径小于 2 毫米，渣粒玻璃体含量高于 92%，可用于水泥等建材生产原料；粒化高炉渣系统余热回收率可达到 70% 以上，具有很好的工业化应用和推广前景。

（4）低品位余能回收技术及高效热泵装备

低品位余能 / 余热没有严格统一的定义，一般认为温度在 250℃ 以下的烟气、120℃ 以下的液体或 400℃ 以下的固体等属于低品位余热。由于此部分余热与环境温差较小（温度㶲有限）或余热介质传热性能较差等，低品位余热难以进行深度回收和有效利用。压缩式热泵、吸收式热泵和化学热泵等是余热品位提升的主要途径，均已得到一定程度的发展和应用，但存在热泵容量小、能效比低、温升与可靠性难以兼得等问题。

上海交通大学开发出了效率高、容量大、热负荷适应性强的"超级"热泵，形成了工业余热高效压缩式热泵、吸收式热泵和化学热泵成套技术装备。在实现低品位余能温度提升至少 30℃ 的前提下，压缩式热泵的性能系数 ≥ 6.0，热输出功率 ≥ 1000 千瓦；吸收式热泵的性能系数 ≥ 1.75，热输出功率 ≥ 50 兆瓦，达到国际领先水平。

（5）全温域 / 全品位多模式余能回收与网络化利用技术

在高温高含尘烟气、高温固体散料、熔渣、各类低品位余能等难回收余热高效取热技术取得突破后，目前我国已形成钢铁行业全温域 / 全品位余热高效回收的技术原型。未来需进一步考虑如何针对已回收的余热进行合理高效的利用，以实现余热回收利用综合效率最大化。

目前余热回收利用方式主要有热－热直接回收利用、热－电转化储存利用、热－质转化储存利用。热－热直接回收利用包括各类换热器，在突破高温高含尘烟气、高温固体散料、熔渣等高效取热技术瓶颈之后，可通过热直接回炉利用有效提升工序能效，但回收后余热品位（温度）降低。此外，钢铁行业余热资源的产生具有波动性，余热产生侧与用能侧在时间或空间上不能完全匹配。采用传统换热器（热－热直接回收）的余热若不能及时就地消纳，则余热品位将进一步降低或直接耗散。热－电转化储存利用、热－质转化储存利用等方式不受时空限制，并且可有效提高余热品位。目前普遍采用的余热锅炉等热－电转化储存利用受朗肯循环热力学效率的限制，转化效率低且设备复杂、成本高。热－质转化储存利用是通过热化学的方法回收余热，将余热直接作为化学反应热源，使热能转化为化学能储存在产物（如燃料气等）中，在余热高效回收的同时提升余热品位。通过余热资源温度与热化学反应热的能级匹配，直接利用高温烟气、固体散料、熔渣等余热作为甲烷与水蒸气或二氧化碳化学反应的热源，将热能转化为反应产物一氧化碳和氢气的化学能，一方面实现余热的灵活存储利用，另一方面提升余热品位。

在强化各点余热回收的基础上，通过余热供应端和能量需求端的统筹规划，以温度对口、梯级利用、品位提升为原则构建余热利用网络是系统能效进一步提升的关键。余热利用网络通常以热输运管网和余热利用能量系统为基础，结合热、电、冷转化或规模化储能等组成的余热利用能量系统，可解决余热利用在时空利用上的不匹配性。

3.2.2 流程优化再造
3.2.2.1 全废钢电弧炉冶炼技术

随着中国钢铁蓄积量和废钢资源量的增加，在未来20年内，中国废钢资源短缺的局面将会彻底改变，废钢资源总量将非常充足。初步估算，到2025年废钢资源的年产出总量预计达到2.7亿~3.0亿吨；到2030年废钢资源的年产出总量达到3.3亿吨以上。未来，充足的废钢资源将为全废钢电炉流程的发展提供资源保障，对国际铁矿石资源的需求量也将逐渐下降。

（1）新型绿色电弧炉系统

1）Consteel水平连续加料电弧炉：可实现炉料连续预热，而竖炉仅为炉料半连续预热。水平连续加料电弧炉连续炼钢工艺的主要优点有：①节约投资和操作成本；②金属收得率提高；③钢中气体含量适当；④对原料的适应性强；⑤烟气处理简便。

2）FastArc^{TM}高技术电弧炉：采用炉顶和炉壁长寿节能水冷壁，可达到很高的比功率水平，配备有全套化学能熔炼系统，其中包括侧壁氧枪、燃气和碳粉喷枪、石灰喷吹系统，设有高效除尘和环保系统。FastArc^{TM}高技术电弧炉对炉体形状和炉壳设计进行了大的改造，炉壁和炉顶均采用达涅利专利技术——长寿节能炉壁，并设有单点升降系统以提高电弧炉工作可靠性。

3）ECOARC环保型高效电弧炉：是由日本NKK公司开发的，其电耗低于250千瓦·时/吨（目标值是200千瓦·时/吨）。ECOARC将熔化室与预热竖炉直接连接，并在熔化室和预热竖炉连续保有废钢的状态下进行熔化，其特征和优点如下：①废钢预热效果好；②高效率；③烟气氧化度控制；④对供电质量要求低。

4）量子电弧炉：是由德国西门子奥钢联集团公司（Siemens VAI）研发的，其废钢连续预热系统在热循环期间，利用炉内烟气可对所有待熔化的废钢进行均匀预热，可节约大量能源（电能≤280千瓦·时/吨），缩短冶炼周期（<33分

钟）和降低生产成本。

5）SHARC 电弧炉：是由西马克集团研制的一种新型竖式直流电弧炉，其属于改进型竖炉式电炉，最大的特点是 SHARC 炉上有两个半圆形竖井，让 SHARC 炉整个炉体位于两个竖炉的上方并有利于传递能量。高温废气在预热竖炉中的停留时间更长，热传输效率更高，能保证使用低密度废钢（堆重比 0.25~0.3 吨/立方米）且没有额外预热时生产也能高效经济进行，具有废钢熔化均匀的优点。

6）CISDI-Green EAF 电弧炉：是由中冶赛迪集团有限公司成功研发的新型节能环保型电弧炉，该炉针对废钢尺度宽容性要求和废钢预热装置维护困难等问题，采用独特的电弧炉差动密闭阶梯扰动连续加料和侧顶斜槽加料技术，配合烟气废钢预热技术，可显著降低电弧炉冶炼过程的运行电耗。

（2）电弧炉炼钢绿色供能技术

1）电弧炉炼钢供电优化技术。①电弧炉合理电气运行。电弧炉电气运行必须满足的约束条件包括电弧稳定燃烧、变压器容量限制、变压器二次端电流的限制和能量的合理利用。②制定合理供电曲线。一般来说，制定供电曲线主要从三个方面考虑，分别是能量匹配、能量的有效利用和弧长控制。③电极调节技术。针对电弧炉冶炼两个时期的复杂非线性、时变性等特征，采用神经网络和模糊控制与传统 PID 相结合的控制方法，使冶炼的各个时期都能达到满意的控制效果。

2）泡沫渣操作优化。电弧炉采用泡沫渣冶炼，热效率可由 30%~40% 提高到 60%~70%，节省 50% 的补炉料，炉龄提高 20 余炉，功率因数由 0.6~0.7 提高到 0.8~0.9，电极消耗降低 20% 左右，每炉冶炼时间缩短 30 分钟，每吨钢节电 20~70 千瓦·时。此外，炉渣的性能对泡沫渣的形成也有重要影响。通常炉渣碱度在 2.0 左右，渣中氧化铁含量在 20% 左右，且炉渣温度在 1570~1580℃ 是炉渣发泡最适宜的条件。

3）集束射流供能技术。其原理是在拉瓦尔喷管的周围增加燃气射流，使拉瓦尔喷管氧气射流被高温低密度介质所包围，从而减缓氧气射流速度衰减，在较长距离内保持氧气射流的初始直径和速度。

4）氢氧集束射流技术。氢氧集束射流氧枪所采用的燃烧介质完全不涉及碳元素，利用的是清洁能源——氢能，因此在氢氧集束射流氧枪熔化废钢过程中无二氧化碳排放。研究表明，由于氢氧集束射流采用的氢气燃烧是无碳化学能的来源，相比传统使用甲烷和乙烷的集束射流，氢气点火能量低、火焰稳定性好、可燃流速高，满足炼钢生产提速及冷区热量补充的要求。

（3）电弧炉洁净化冶炼技术

1）电弧炉熔池内气-固喷吹脱磷技术。将电弧炉喷吹方式从熔池上方移至钢液面以下，采用熔池内氧气-CaO喷吹模式，利用粉剂颗粒提高氧气射流穿透深度，同时降低喷枪出口温度，保护喷吹元件。此外，氧化钙粉剂可实现高效脱磷，显著提升钢液质量。

2）电弧炉二氧化碳-Ar底吹控氮技术。由于电弧炉炼钢高温电弧电离氮气使钢液易吸氮，特别是在全废钢冶炼条件下熔清碳含量低、熔池内缺乏碳氧反应，难以有效脱氮。采用二氧化碳-Ar动态底吹技术后，终点钢液碳氧积明显改善，终点钢液氮含量明显降低，钢液洁净度进一步提升。

3）出钢过程在线喷粉脱氧技术。是将喷粉技术应用于电弧炉出钢阶段的技术。该技术可实现降低脱氧剂消耗、稳定电弧炉出钢后的钢液成分，提高脱氧效率的冶金功效。该项技术是在冶炼过程中根据终点钢液成分、温度和钢液重量等相关参数，并结合精炼环节所需目标钢液成分及温度要求，在线对所需脱氧粉剂成分进行计算并完成配比，动态调整脱氧粉剂和载气喷吹参数，实现炼钢出钢过程在线喷粉脱氧。

（4）电弧炉炼钢智能化冶炼技术

1）电弧炉炼钢炉况实时监控技术：包括自动测温取样技术、泡沫渣在线监控技术、炉气在线分析技术、自动判定废钢熔清技术、电气特征在线监测技术。

2）电弧炉整体控制智能化技术：德国西门子奥钢联集团公司开发的电弧炉Simental EAF Heatopt整体控制方案，通过烟气检测分析系统、温度监控系统、泡沫渣检测系统的实时反馈，在线控制电弧炉炼钢过程的能源输入，实现对电弧炉炼钢过程的整体智能控制。达涅利Q-MELT系统集成过程控制监视器和管理器，可自动识别电弧炉炼钢过程预期行为偏差，并使其自动返回预定的冶炼过程。意大利特诺恩公司（Tenova）开发的iEAF智能控制系统是在实时、连续测试工艺和在线模拟工艺的基础上，为实现电弧炉动态控制和最优化而建立的一套自动化系统。它依靠各种传感器反馈的工艺信息（如废气分析、电谐波、电流和电压）和可控参数（氧气和燃料流量、氧气喷吹、碳粉喷吹和电极管理）实现对电弧炉的全面控制。

（5）展望

近年来，电弧炉炼钢在绿色化、智能化及洁净化方面取得了长足进步，支撑了短流程炼钢的发展，对我国钢铁工业工艺流程再造和低碳高质量发展具有重要战略意义。未来，电弧炉炼钢技术的发展将主要聚焦以下几个方面：①重视全废钢电弧炉冶炼过程中残余元素脱除与控制方法的研究；②开发近零碳排放电弧炉炼钢工艺，从能量来源碳近零、冶炼过程碳近零、原料生产碳近零三个层面开展技术创新，以实现炼钢工序碳近零；③开发基于氢基直接还原铁的电弧炉炼钢技术。加速布局和开展基于氢基直接还原铁的电弧炉炼钢前沿技术创新，解决氢基直接还原铁少渣冶炼、氢基直接还原铁的"冰山"熔化、氢基直接还原铁的热装热送等冶炼难题。

3.2.2.2 近终形制造技术

近终形制造是指在保证产品性能的前提下更接近最终成品尺寸和形状的制造技术，降低了制造过程的能耗和碳排放，清洁低碳效果显著。近终形制造的主要技术类型如图 3.5 所示。下面主要介绍薄板坯连铸连轧和薄带铸轧技术。

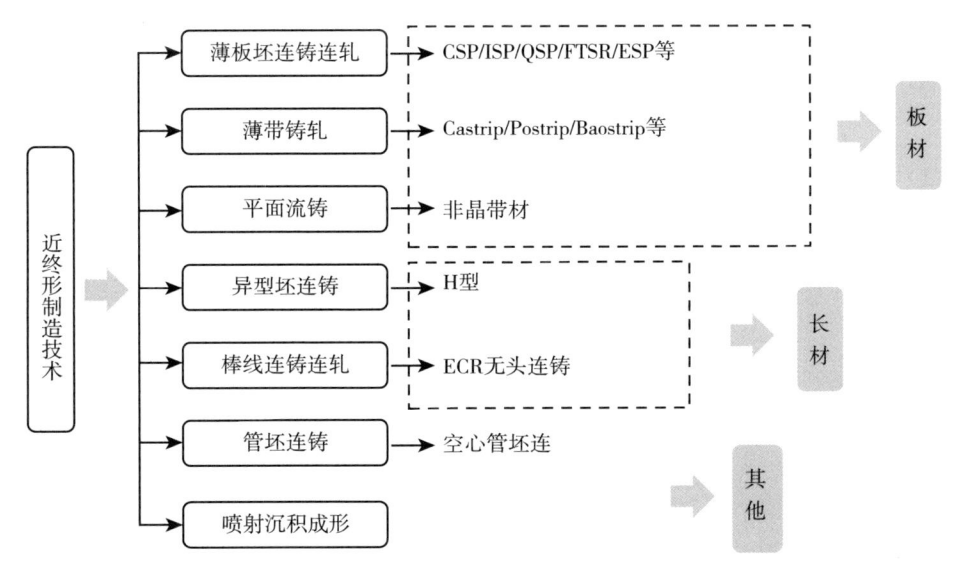

图 3.5 近终形制造技术类型

（1）薄板坯连铸连轧技术

薄板坯连铸连轧将传统钢铁制造流程中相对独立分散的铸造、加热、轧制等工序融为一体，工序简约、生产高效，节能减排效果显著，是继氧气转炉炼钢、连续铸钢之后，世界钢铁工业取得的又一项带来钢铁工业技术变革的新技术。薄板坯连铸连轧有多种技术形式，包括 CSP、ISP、CONROLL、QSP、FTSR、ASP、ESP、CEM、MCCR、DSCCR 等。据不完全统计，截至 2021 年全球已建成不同类型的薄板坯连铸连轧产线 73 条，年生产能力超过 137.37 万吨（表 3.1）。其中，我国已建薄板坯连铸连轧产线 23 条（表 3.2），年产能接近 54.57 万吨。

表 3.1 全球已建薄板坯连铸连轧产线

国家	CSP	ISP	FTSR	QSP	CONROLL	TSP	ESP/无头	ASP	合计	年生产能力（万吨）
中国	7		3				9	4	23	54.57
美国	9			2	1	5			17	29.70
印度	4								4	11.40
意大利	2	1					1		4	4.30
韩国	1	1	1				1		4	8.60
其他国家	11	1	5	1	3				21	28.8
总计	34	3	9	3	4	5	11	4	73	137.37

表 3.2 我国已建薄板坯连铸连轧产线

序号	企业名称	技术类型	铸坯厚度（毫米）	成品厚度（毫米）	年生产能力（万吨）	投产时间（年）
1	珠钢（厦门）管业有限公司	CSP	50~60	1.2~12.7	1.80	1999
2	河钢集团邯钢公司	CSP	60~90	1.2~12.7	2.50	1999
3	包钢集团	CSP	50~70	1.2~12.0	2.00	2001
4	鞍钢集团	ASP	100~135	1.5~25.0	2.40	2000
5	鞍钢集团	ASP	135~170	1.5~25.0	5.00	2005
6	马钢集团	CSP	50~90	0.8~12.7	2.00	2003
7	唐钢集团	FTSR	70~90	0.8~12.0	2.50	2002
8	涟源钢铁集团有限公司	CSP	55~70	0.8~12.7	2.40	2004
9	本钢集团有限公司	FTSR	70~85	0.8~12.7	2.80	2004
10	通化钢铁集团有限责任公司	FTSR	70~90	1.0~12.0	2.50	2005
11	济钢集团有限公司	ASP	135~150	1.5~25.0	2.50	2006
12	酒钢集团	CSP	52~70	1.2~12.7	2.00	2005
13	武钢集团有限公司	CSP	50~90	1.0~12.7	2.53	2009
14	鞍钢集团	ASP	100~135	0.8~12.7	2.00	2010
15	日照钢铁控股集团有限公司	ESP	70~110	0.8~6.0	2.22	2014
16	日照钢铁控股集团有限公司	ESP	70~110	0.8~6.0	2.22	2015
17	日照钢铁控股集团有限公司	ESP	70~110	0.8~6.0	2.22	2015
18	日照钢铁控股集团有限公司	ESP	70~110	0.6~6.0	2.22	2018
19	首钢集团	MCCR	110/123	0.8~12.7	2.10	2019
20	唐山东华钢铁企业集团有限公司	DSCCR	70~100	0.8~4.5	2.00	2019
21	日照钢铁控股集团有限公司	ESP	70~110	0.6~6.0	2.22	2021
22	福建鼎盛钢铁有限公司	ESP	70~110	0.8~6.0	2.22	2021
23	黎城太行钢铁有限公司	ESP	70~110	0.8~6.0	2.22	2021
合计					54.57	

薄板坯连铸连轧技术具有以下特点：①传统热轧流程铸坯需要经过冷装或热装进行再加热，薄板坯连铸连轧流程中由于铸坯不经过相变直接在奥氏体区轧制，进入精轧机的为粗大的原始奥氏体晶粒。②薄板坯连铸连轧流程的铸坯厚度由传统流程的210~230毫米减小到50~70毫米，其在结晶器内的冷却强度由每秒0.15℃提高到每秒2℃，使薄板坯二次枝晶间距由传统厚板坯的120~300微米减小到50~120微米。板坯的宏观及微观偏析也得到较大改善，极大程度细化了氧化物、氮化物等非金属夹杂物，可达到阻止奥氏体晶粒长大和通过细晶、沉淀强化提高材料强度的作用。③薄板坯在连铸后未进行冷却直接热装，大部分合金化元素以固溶的形式分布于基体中，可用于奥氏体晶粒细化和终态组织中的析出强化。此外，由于薄板坯连铸连轧流程避免了长时间高温加热，对于产品表面脱碳现象的控制非常有利。④薄板坯连铸连轧流程的总压下量相对较小，但由于其高速、大应变速率的轧制工艺（最大道次压下率可高达60%以上）及快速凝固引起的析出物弥散等特点，最终使产品本质细晶化，有利于高强钢产品的开发。同时，薄板坯连铸连轧流程紧凑，一般采用恒速轧制，铸坯及带钢全长温度可控制在±10℃以内，轧制过程更稳定、尺寸精度更高，更适合薄规格热轧产品的生产。总而言之，薄板坯连铸连轧流程具有铸态组织均匀、偏析小、析出物弥散、晶粒细小、性能均匀、板形良好和尺寸精度高等特点，特别适合生产薄规格、高强钢、特殊钢和硅钢。产品定位如图3.6所示。

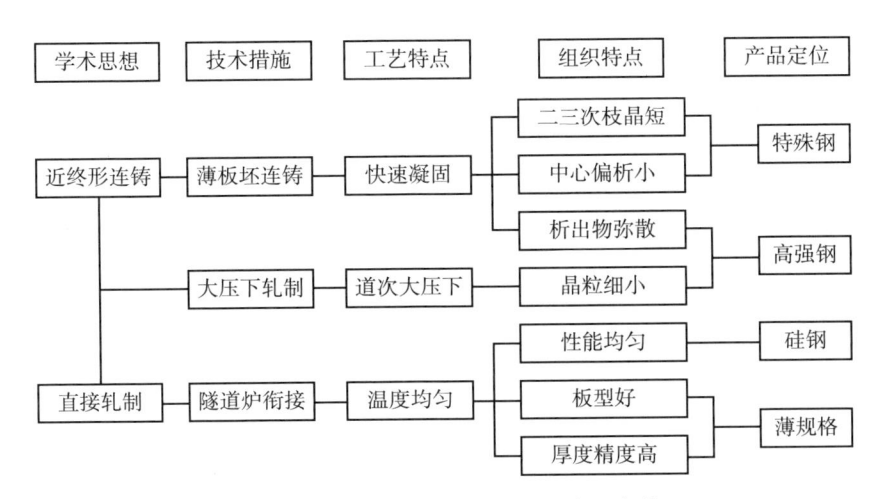

图3.6 薄板坯连铸连轧流程的产品定位

在减碳方面，薄板坯连铸连轧流程具有不同于传统热轧流程的热履历（表3.3）。与传统热轧流程相比，薄板坯连铸连轧流程在降低工序能耗上的效果较为显著，其节能幅度达到33.5%，碳排放可降低30%左右。此外，由于薄板坯连铸连轧轧制过程温度均匀性更好，使得带钢轧制过程更加稳定、尺寸精度更高，适合薄规格热轧产品的生产，实现"以热代冷"，从而省去后续冷轧退火工序，可进一步降低能耗，节能幅度达到51%~64%，碳排放也可降低50%以上。

表 3.3　两种流程的主要工艺参数对比

制造流程	坯厚（毫米）	入炉温度（℃）	加热温度（℃）	在炉时间（分钟）
传统流程	230~250	室温/300~600	1200~1250	≥160
薄板坯流程	50~100	850~1050	1100~1150	25~35

（2）薄带铸轧技术

薄带铸轧是一种典型的近终形制造技术，其技术的提出最早可追溯到1857年英国发明家贝塞麦提出的双辊铸带法。如图3.7所示，贝塞麦申请的专利提出，在两个旋转辊上方浇铸金属液，通过一对内部具有循环冷却作用的铸轧辊缝间隙，结晶、凝固、变形后从下方引出铸轧带坯。

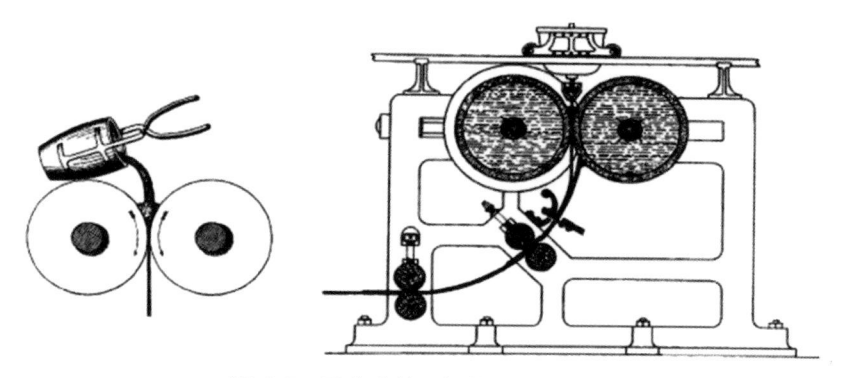

图 3.7　贝塞麦的双辊铸带法示意图

薄带铸轧技术可以将钢水直接铸轧成厚度1.4~2.1毫米的带钢，生产出尺寸和形状接近于成品要求的薄规格产品，极大缩短热轧带钢的生产流程。与传统热轧流程、薄板坯连铸连轧流程相比，薄带铸轧流程省去了加热炉、简化了轧制道次，主线长度仅50米左右。

在工艺方面，亚快速凝固、单道次轧制是薄带铸轧流程区别于其他流程最主要的工艺技术特点，由此也带来了独特的化学和物理冶金特征。钢水凝固过程冷却速度高达每秒1000℃以上，比传统流程高2~3个数量级，快速凝固有利于改善元素偏析、细化凝固组织和夹杂物尺寸等。

薄带铸轧技术从诞生至今已有160多年，发展出了多种技术形式，根据结晶器的结构特征及布置方法，可将其分为轮带式、单辊式和双辊式（图3.8）。其中研究最多、发展最快的是单辊式和立式等径双辊式薄带铸轧工艺。轮带式薄带铸轧机主要分为水平单带、喷射单带、斜双带式和垂直双带式四种形式；单辊式薄带连铸又分为立式单辊、水平单辊，目前主要用于非晶合金带材制备；双辊式薄带连铸技术是以转动的铸辊为结晶器，依靠双辊的表面冷却液态钢水并使之凝固生产薄带钢的技术，其特点是液态金属在结晶凝固的同时承受压力加工和塑性变形，在很短的时间内完成从液态到固态薄带的全过程。

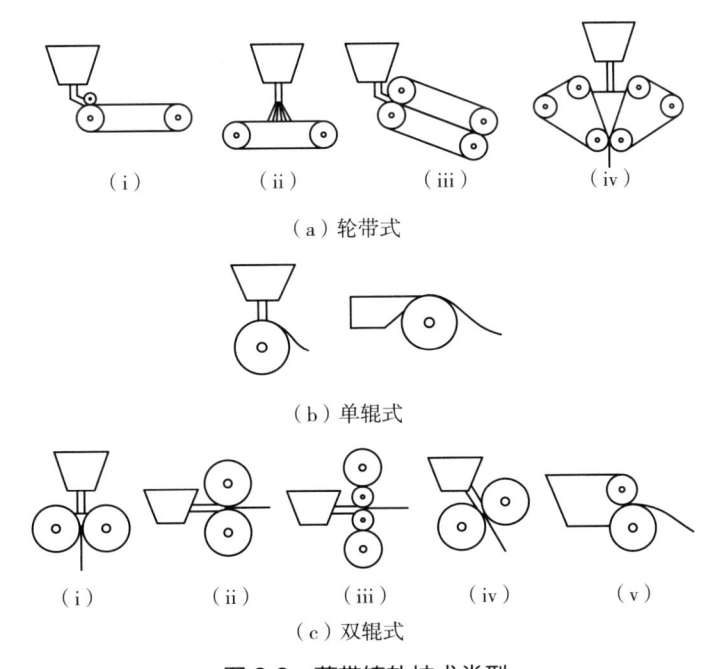

图 3.8 薄带铸轧技术类型

在应用方面，1998年新日本制铁公司光钢铁厂建成投产世界上首条双辊薄带连铸连轧工业化产线DSC，主要用于生产不锈钢，生产线设计年产能46万吨。1999年奥地利奥钢联集团、德国蒂森克虏伯公司和法国于齐诺尔钢铁公司将各自早期的研究项目合并为Eurostrip项目，该项目建成德国蒂森克虏伯公司的克莱菲尔德厂和意大利AST钢铁公司的特尼尔钢厂两条生产线，主要用于生产不锈钢。2002年美国纽柯钢铁公司建设投产世界首条碳钢薄带连铸连轧商业生产线，年设计产能为54万吨。2008年在美国阿肯色州新建第二条Castrip生产线，江苏沙钢集团引进Castrip技术并于2019年建成投产，目前已经实现批量化生产。2006年韩国浦项制铁公司建成投产了双辊不锈钢薄带连铸连轧生产线poStrip，设计年产能60万吨，主要生产1.5~2.5毫米厚的不锈钢热轧板，已开展了TWIP、PosSD

STS、硅钢等钢种试验。

在减碳效果方面，与传统流程相比，薄带铸轧流程省略了铸坯再加热工序，不热轧或者只进行一道次热轧，流程简约高效，可大幅降低制造过程能耗和碳排放。更重要的是，由于薄带铸轧具有亚快速凝固的特点，可以有效抑制残余元素的偏析，在一定程度上避免了常规流程大废钢比条件下残余元素含量过高导致的产品质量问题，甚至实现"变废为宝"，与电炉流程具有更好的适应性。采用再生钢铁原料＋电炉＋薄带铸轧流程替代传统的铁矿石＋高炉＋转炉＋连铸＋热轧＋冷轧＋连退工艺流程，大幅简化了制造工序、缩短了制造流程，能耗和碳排放均显著降低。

3.2.2.3 免加热直接轧制技术

免加热直接轧制技术可使连铸坯不需要或只需短时间补热后直接轧制，避免传统加热工序，紧密结合连铸和轧钢，缩短工艺流程，显著降低生产能源消耗和温室气体排放。

（1）免加热直接轧制技术配套关键技术

1）高温连铸坯生产技术。为实施免加热工艺，高温连铸坯生产技术需保证铸坯质量，提高铸坯出机温度并利用铸坯内温度。

2）无缺陷连铸坯生产技术。为保证连铸坯表面与内部质量，生产中需采用多种技术，如铁水预处理、钢水二次精炼、中间包冶金、无氧化保护浇注、下渣检测等，提高钢水洁净度；如采用抛物线或多级锥度结晶器、结晶器振动、液面自动控制、电磁制动、合理二冷制度等，改善铸坯表面质量；同时降低有害元素含量、低过热度、恒拉速浇注、电磁搅拌、优化二冷工艺、动态轻压下等，改善连铸坯内部质量。

3）铸坯保温技术。采用保温罩是一种简单有效的铸坯保温方法，使用保温罩可使铸坯表面温度提高50~70℃，投入少、效果显著。

4）炼钢连铸－轧钢一体化生产管理技术。直接轧制技术将炼钢和轧钢紧密联系起来，其特点是物流和时间缓冲余地小，但抗干扰能力较低。为了使系统有效运行，需要严格控制各工序产品的温度和质量，并采取一系列技术和管理措施来保持各工序间计划和操作的高度一致，以达到预期效果。

5）头尾温差与组织均匀性控制技术。铸坯在切断时，头尾自然冷却时间相差3~5分钟，导致铸坯头尾出现温差，对产品尺寸精度和组织性能均匀性产生不利影响。解决这个问题的关键技术包括变水量冷却控制头尾温差、变功率感应加热、变长度覆盖保温罩等。

（2）免加热直接轧制技术的发展与现状

1979年，美国诺福克钢厂开发了方坯的直接轧制工艺。该工艺采用在线感应补热装置替代加热炉，连铸机与轧机之间距离为22米，感应加热器距轧机1.5米，该生产线直接轧制率可达85%~90%。

2000年，意大利达涅利公司为生产优质特殊钢棒材和线材，在ABS厂开发了ECR生产流程，其中包括两机两流的高速方坯连铸机、125米长的辊底隧道式均热炉、17架连轧机、控制冷却、冷床和卷取机，连铸机与轧机相距150米。

日本神户制钢所于2004年开始研究免加热直接轧制技术。该生产线采用四机四流连铸机，辊速配比合理化控制，铸坯温降控制在50℃以内。铸坯切断后120秒送到粗轧机前，轧机前配备感应加热装置，连铸坯的边角补热由控制器自动控制，该产线直轧作业率为95%。

2012年，鞍山兴华钢厂实现免加热直接轧制技术，连铸机与轧机相距46米，表面温度在850℃以上。2013年，陕西钢铁集团有限公司联合湖北立晋钢铁集团有限公司进行生产线技术改造，从2013年开始采用免加热直接轧制技术，直轧率为95.8%。2015年，中天钢铁集团有限公司采用免加热直接轧制工艺，连铸机采用五机五流生产，铸坯规格为150毫米×150毫米和160毫米×160毫米，连铸坯二冷区出口温度为1190~1220℃，开轧温度为950~1010℃。2015年，钢铁研究总院和广东粤北联合钢铁有限公司联合建成一条年产50万吨棒材直接轧制工艺生产示范线，主要生产HRB400和HRB400E螺纹钢筋。示范线采用三机三流连铸机并取消了加热炉，铸坯规格为150毫米×150毫米，开轧温度为900~1100℃，直轧率达到99%。2017年，广西盛隆钢铁有限公司棒材生产线采用五机五流连铸机，铸坯规格为160毫米×160毫米，定尺长度为10.5米。输送辊道全程采用保温罩，中间无补热装置，连铸坯开轧温度大于960℃。

3.2.3 资源循环利用

3.2.3.1 资源循环利用现状

钢铁工业作为典型的资源能源密集型工业，钢铁生产过程中需要消耗大量的铁矿石、煤炭、水等资源，并产生大量不同种类的固体废弃物，主要有高炉渣（包括水渣和干渣）、钢渣、钢铁尘泥（包括烧结、炼铁、炼钢及轧钢等系统收集的除尘灰泥）、铁水预处理渣、废弃耐火材料和钢铁冶金脱硫灰等。钢铁工业固体废弃物的处理及利用涉及机械设备、资源、环境等众多领域，目前来看，其整体的综合利用率较低。

(1) 高炉渣

高炉渣作为高炉炼铁过程的副产品,其化学组成来源是矿石中的脉石、焦炭中的灰分、熔剂氧化物以及侵蚀的炉衬等。根据目前钢铁工艺流程,吨铁排渣量大约为 350 千克,2020 年我国的高炉渣排放量达到 3.683 亿吨。由于铁矿石品位以及炼铁过程的差异,高炉渣的成分变化很大。

在现代高炉炼铁生产中,高炉渣的处理主要采用水力冲渣方式。我国大部分高炉渣采用水淬工艺加工成水渣,水渣具有潜在的水硬胶凝性,可以作为优质的水泥原料制成矿渣硅酸盐水泥、石膏矿渣水泥、石灰矿渣水泥等。水淬时,一种是将炉渣直接水淬,另一种是将炉渣机械破碎后再进行水淬,主要处理工艺有图拉法、因巴法、底滤法等(表 3.4)。

表 3.4 几种高炉渣水淬方法的指标

指标	因巴法	图拉法	底滤法	拉萨法
吨渣耗电量(千瓦·时)	约 5	约 2.5	约 8	15~16
吨渣循环水量(立方米)	6~8	约 3	约 10	10~15
吨渣新水耗量(立方米)	约 0.9	约 0.8	约 1.2	约 1
渣含水率(%)	约 15	8~10	15~20	15~20
国内钢厂应用情况	多	较多	最多	很少

由于高炉熔渣温度为 1300~1500℃,每吨熔渣的显热约为 60 千克标准煤,这些余热的利用对整个冶金行业实现"双碳"目标具有重要意义。现阶段利用熔渣余热的方式主要有干式粒化法和直接制备材料方法,但技术还不成熟,未得到大规模应用推广。

(2) 钢渣

钢渣是炼钢过程中排放的熔渣,相比于高炉渣,钢渣成分由于炼钢工艺的不同变化更大(表 3.5)。与高炉渣相比,钢渣中一般含有丰富的铁氧化物(25% 左右),主要是低价 Fe^{2+},也有少量的高价 Fe^{3+}。另外,钢渣碱度(一般为氧化钙与二氧化硅的质量比)更高,其结晶性能更强,因此其利用也与高炉渣大为不同。特别是迅速结晶导致钢渣黏度迅速增大,因此其破碎与粒化难度更大。从矿物组成来说,高温下钢渣为液态,而常温下则根据冷却速度的不同,包括部分玻璃相以及铁尖晶石、钙硅石、镁橄榄石等矿物。此外,由于钢渣中富含氧化硅与铁氧化物,钢渣常温下矿物相中一般存在游离的氧化钙与铁氧化物。

表 3.5 我国钢渣的化学组成

单位：wt.%

种类		氧化钙	二氧化硅	氧化铝	氧化镁	氧化亚铁	氧化铁	氧化锰	五氧化二磷	游离氧化钙
转炉钢渣		40~49	13~17	1~3	4~7	11~22	4~10	5~6	1~1.4	2~9.6
平炉钢渣	初期渣	18~33	9~34	1~2	5~8	27~31	4~5	2~3	6~11	—
	精炼渣	42~55	10~20	2~5	6~12	10~20	5~11	1~2	3~8	—
	出钢渣	50~60	10~18	2~3	4~7	6~10	4~6	1~2	3~7	—
电炉钢渣	氧化渣	29~33	15~17	3~4	12~14	19~22	—	4~5	0.2~0.4	
	还原渣	44~55	11~20	10~18	8~13	0.5~1.5	—	—	—	

炼钢是高温冶炼过程，炼钢结束后排放的钢渣温度在 1500~1650℃，高温排放的钢渣需要预处理才能进行资源化利用。钢渣的预处理主要经过热态钢渣冷却和冷渣破碎磁选工艺，以实现回收 10%~15% 的具有经济价值的铁质组分。目前，我国钢渣的预处理方法主要有水淬法、风淬法、热泼法、浅盘法、滚筒法、粒化轮法和热焖法等（表 3.6）。相比之下，热焖法对于钢渣的适应性强，固态钢渣、液态钢渣均能够得到有效处理，而且工艺简单、投资成本低，钢渣中的游离氧化钙和游离氧化镁的消解充分、安定性良好，能够为钢渣的建材资源化利用提供良好的质量保证。

表 3.6 不同钢渣处理工艺流程及优缺点

处理方法	工艺流程	优缺点
水淬法	熔融液态钢渣在流出过程中采用一定压力的水将其打碎并冷却，形成碎小钢渣粒	工艺简单，排渣快，占地少；但钢渣粒的均匀性较差，仅适于处理液态钢渣
风淬法	熔融液态钢渣经高压空气吹散，破碎的液渣滴因表面张力收缩凝固成微粒	排渣快，占地少，钢渣粒度小，稳定性较好，仅适于处理液态钢渣
热泼法	熔融液态钢渣分层泼到渣床上，喷淋适量水冷却，钢渣在热胀冷缩和游离钙镁水化作用下破裂成微粒	工艺简单，排渣快，处理能力大；但占地多，不利于环保和余热利用，且粉化不彻底，渣铁分离效果较差
浅盘法	熔融液态钢渣均匀倒在渣盘上，喷淋适量水使其急冷破裂，再将碎渣倾倒在渣车中喷水冷却，最后倒入水池中进一步冷却	占地少，钢渣冷却速度快，处理量大；但工艺较复杂且渣盘易变形，运行和投资费用较大，钢渣安定性差
滚筒法	熔融液态钢渣经溜槽流入滚筒中，再以水为冷却介质，钢渣在高速旋转的滚筒中急冷、固化和破碎及渣铁分离	排渣较快，占地少，污染小；但钢渣粒度较大、均匀性差、活性较低，投资费用较高，且只能处理液态钢渣
粒化轮法	熔融液态钢渣经溜槽流入粒化器中，被高速旋转的水冷粒化轮击碎，在沿切线方向抛出的过程中，粒化轮四周向碎渣喷水进一步冷却	排渣快，适用于流动性好的高炉液态钢渣；但设备磨损大、寿命短、钢渣粒度的均匀性较差
热焖法	将冷却至 300~800℃ 的钢渣倒入热焖装置中，喷淋适量的水使其产生饱和蒸汽，与渣中游离钙镁发生反应，产生膨胀应力使钢渣破碎粉化	钢渣的粉化效率和渣铁分离率高，安定性好，节能并能处理固态渣；但钢渣粒度不均匀，后续需破碎加工

（3）钢铁尘泥

钢铁尘泥主要由不同冶金工序中随着煤气气流或在氧化过程中随烟气排除冶炼设备形成，通过干式收集的称为尘，湿式收集的称为泥。钢铁尘泥主要包括烧结机头除尘灰、球团工艺灰、高炉槽下灰、高炉炉前灰、高炉重力灰、高炉布袋灰、高炉瓦斯泥、转炉OG泥、炼钢二次灰、电炉除尘灰、轧钢铁鳞等。冶金尘泥来源不同，成分差别较大，图3.9显示了某钢铁厂尘泥的来源。据统计，2020年我国钢铁尘泥的总产量超过1亿吨，大量钢铁尘泥若不能得到妥善处理，将会对环境造成很大污染，同时造成资源浪费。

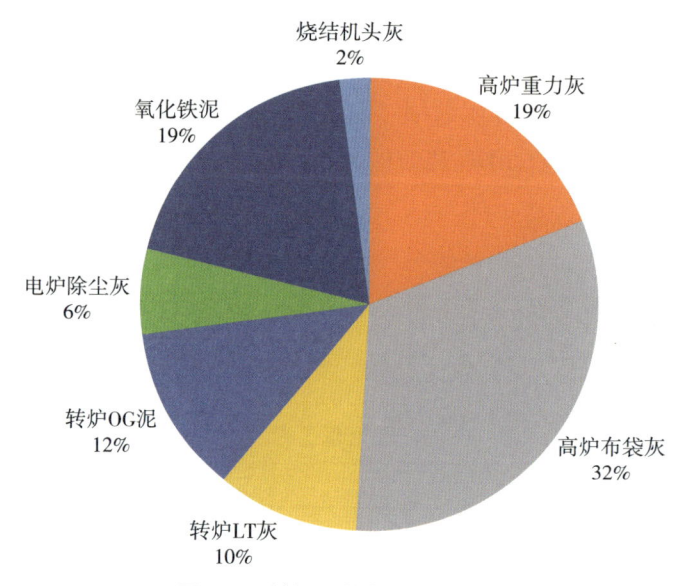

图3.9 某钢厂的各种尘泥比例

目前，针对钢铁尘泥的回收利用主要分为以下几个方面：①将钢铁尘泥制备成各种烧结配料、炼铁配料和炼钢配料，对其进行钢铁厂内部循环利用，这一利用方式主要针对钢铁尘泥中丰富的氧化铁资源，同时还可以利用其中的碳和氧化钙资源；②钢铁尘泥中除铁资源外，还有很多有价元素，如锌、锰、镍、钼、钒、钾和铬等，目前对于钢铁尘泥中有价元素的回收主要为锌元素的回收利用；③固化处理方法，实际上是一种处理含有重金属危废的传统处理方法，基于烧结固化或者玻璃化固化工艺过程对重金属离子进行固结，针对难以处理的钢铁尘泥，将其作为陶瓷活微晶玻璃类材料，实现尘泥的材料化利用；④利用冶金尘泥制备其他材料，从而实现高附加值利用的方法，如制备氧化铁红、还原铁粉、锂离子电池正极材料、载氧体和絮凝剂等，但是这些方法或者产品市场量小，或者对杂质成分要求严格，导致目前应用较少。

（4）铁水预处理渣

铁水在进入炼钢工序之前需要进行脱除杂质元素环节，主要包括铁水脱硅、脱硫、脱磷以及铁水提钒、提铌、提钨等。铁水预处理渣根据处理元素的不同，可以分为脱硫渣和脱磷渣，其中脱硫渣为主要成分。脱硫渣根据工艺制度，其成分主要由高炉渣和铁液或铁珠组成，其典型成分如表3.7所示。脱硫渣铁含量高且硬度大，不易破碎，主要矿物相为硅酸二钙、铁酸镁、金属铁、硅酸三钙和磁铁矿。

表3.7 脱硫渣典型成分

单位：wt.%

成分	氧化钙	二氧化硅	四氟乙烯	硫	氧化铝	氧化锰
含量	17.1	26.5	46.1	2.1	4.6	1.1

目前，钢铁厂铁水预处理渣的主要回收利用方式可分为冷态循环利用和热态循环利用两种。在冷态循环利用中，脱硫渣经过热焖处理后进行破碎、筛分、磁选，可实现渣铁分离，最终产品为粒铁、铁精粉和尾矿。热态循环利用是将脱硫渣在高温状态下直接再利用，其主要利用脱硫剂在脱硫过程中未能全部反应完毕，将其进行反复使用，有效利用未反应组分，最大限度发挥其脱硫能力，从源头上减少脱硫渣的排放，还可以回收排渣时释放的热量，有利于节约能源。因此，热态循环利用是目前脱硫渣减量化处理的发展方向。

（5）废弃耐火材料

钢铁冶金行业属于高温生产行业，需要消耗大量的耐火材料，同时也会产生大量的废弃耐火材料。据统计，我国耐火材料的年消耗量高达1600万吨，用后废弃耐火材料达到700万吨。

目前，国内钢铁企业开始重视对废弃耐火材料的回收利用，出现了再生镁碳砖、再生铝镁碳砖、再生滑板砖等。根据现有废弃耐火材料的使用方式，可以分为以下三个方面：①降级直接使用法，将耐火材料拆除后直接进行利用，可以使用在安全要求比较低或者不主要的地方进行二次利用；②加工处理后再利用，对废弃耐火材料进行加工处理，制备成不同的颗粒料进行使用，或在颗粒加入耐火材料的原料中进行替代；③新材料制备，将废弃耐火材料经过加工处理后，与其他原料一起制备新材料。

（6）钢铁冶金脱硫灰

钢铁冶金脱硫灰是在冶金烧结过程中烟气净化部分产生的一种固体废弃物，

主要包括湿法脱硫灰、干法脱硫灰和半干法脱硫灰。由于半干法烟气脱硫技术兼具湿法烟气脱硫技术和干法烟气脱硫技术的特点，所以钢铁厂大多以半干法脱硫技术为主，半干法脱硫灰排放量较多。表 3.8 显示了典型的脱硫灰成分，可以看出脱硫灰中除氧化钙外，还有少量的二氧化硅和氧化铝，这说明还有少量粉煤灰进入其中。

表 3.8 典型脱硫灰的主要化学成分

单位：wt.%

成分	氧化钙	二氧化硅	氧化铝	三氧化硫	氧化镁	氧化铁	氯化钠
脱硫灰	35.13	14.32	8.62	20.63	1.16	1.66	0.57

目前，针对钢铁冶金脱硫灰的回收利用方式主要有提取钙元素、作为水泥缓凝剂和生产建筑石膏以及改性制备胶凝材料等。

3.2.3.2 固体废物资源回收和高效利用技术

钢铁行业作为重度碳素燃料使用行业，其碳排放量占全国碳排放的 18% 以上。在碳中和新时代背景下，钢铁行业迫切需要寻求变革，统筹兼顾污染物治理、节能、副产物资源化进行技术创新与研究。

（1）冶金自身流程产生固体废物的回收与利用

1）钢渣预处理深加工制备新型胶凝材料技术。以高炉水渣、钢渣、工业副产石膏、粉煤灰、铁尾矿等固体废弃物为原料，经磨细加工后按一定比例配制成固废基胶凝材料。其生产过程不用煅烧石灰石释放二氧化碳，不需要高温过程，其核心是适当磨细和采用优化的配比。固废基胶凝材料可在所有场合作为水泥来使用，不仅能利用大量的固体废物，还能从根本上解决水泥混凝土产业链大量分解石灰石中碳酸钙和高温煅烧大量天然资源的难题。固废基胶凝材料中钢渣微粉的掺入量可高达 50%，并且能够 100% 保证其应用的安定性，不但可以解决钢铁行业钢渣大量堆存的难题，而且可以促进高炉水淬矿渣水化硬化潜力的发挥。

2）热态高温炉渣制备无机纤维材料技术。将炼铁后排放的含有高炉显热的高炉熔渣在可补热调质炉内与辅料（调质料等）通过液液或液固混合，在调质均匀且酸度系数符合成纤要求后，经喷吹或离心等方法制成矿棉纤维，再经收集器、集棉或摆锤铺棉、固化、切割、包装等工序制得不同性能和用途的矿棉制品（板、毡、带、管等）。总体来看，该工艺所需 80% 的热量来自熔渣显热。连续稳定的熔体需要经过成纤工艺才能得到矿物纤维，喷吹法和离心法是目前最常用的两种成纤方法，目前在规模化工业生产中普遍采用离心法。

(2)冶金工序环保系统所产固体废物的回收与利用

1)烟气脱硫灰改性处理制备建材技术。目前针对脱硫灰的改性处理主要有低温催化改性、高温焙烧改性等方法,改性后脱硫灰可用来掺作蒸养砖和生态水泥的制备原料,从而达到资源化利用半干法烧结烟气脱硫灰的目的,既减少了因脱硫灰堆放造成的土地资源浪费,又能提高废物利用率,同步实现环境、社会和经济发展的良性循环。其中,低温脆化改性期望在烧结烟气脱硫产生脱硫灰的过程中直接掺入催化剂,在脱硫的同时直接对脱硫灰进行转化,稳定成含有硫酸钙的脱硫灰后排出处理,目前该方法处于进一步研究中。高温焙烧改性主要是在不外掺催化剂的条件下,通过改变半干法烧结烟气脱硫灰的焙烧改性温度以及焙烧改性时间,对脱硫灰中的亚硫酸钙转化效果进行实时动态测定,并对经过高温焙烧的脱硫灰样品进行理化性能测定,通过多方面考察分析确定脱硫灰中亚硫酸钙改性的最佳条件,从而使半干法烧结烟气脱硫灰的性能能够满足综合利用条件。目前该方法还未有工业化大生产案例,但具有很大的应用前景。

2)钢铁尘泥提取有价金属及综合利用技术。目前针对钢铁尘泥的回收方法主要有火法、湿法和火法-湿法联合回收工艺等。但由于钢铁尘泥的成分组成差异较大,现有的工艺未能很好地进行大规模推广。鉴于不同钢铁企业尘泥组分的不同,火法-湿法联合回收工艺可以根据原料成分的特点选择合适的处理顺序,更适合推广应用。火法-湿法联合工艺(图3.10)主要使用回转窑或转底炉进行,其中进炉的原料主要是各类含锌尘泥和含碳材料,按照适量比例进行配伍调制而成,混合物进入窑炉中后进行高温氧化还原反应,其中尘泥中有价金属挥发出来;烟尘经冷却分离后得到富含有价金属的粉尘,并经过一系列工艺处理后可得到粗铋、粗锡、粗铟和铅精矿,窑渣水冷后可经过选矿分离得到铁精矿;尾渣可用于水泥、陶瓷、建材等行业利用。火法-湿法联合工艺可有效弥补火法工艺的弊端,避免有价金属资源的浪费,最终锌回收率可达90%以上、铅回收率可达85%以上、铟回收率可达70%以上。

(3)冶金窑炉共处置流程外的固体废物回收与利用

1)烧结共处置城市污泥技术。我国钢铁行业烧结工序的能耗指标落后于发达国家。根据中国钢铁工业协会的统计,2021年中国钢铁工业协会会员单位烧结工序能耗为48.50千克标准煤/吨,比2020年升高0.36%。在烧结工序能耗中,固体燃料消耗约占80%、电力约占13%、点火燃耗约占6.5%、其他约为0.5%,因此降低固体燃料消耗是烧结节能工作的重点。烧结配加含碳量较高的高炉除尘灰和轧钢氧化铁皮,可促进烧结固体燃料消耗的降低;采取热风烧结和烧结余热回收等措施,可促进烧结工序能耗的降低。随着污水排放量的逐年递增,污水处

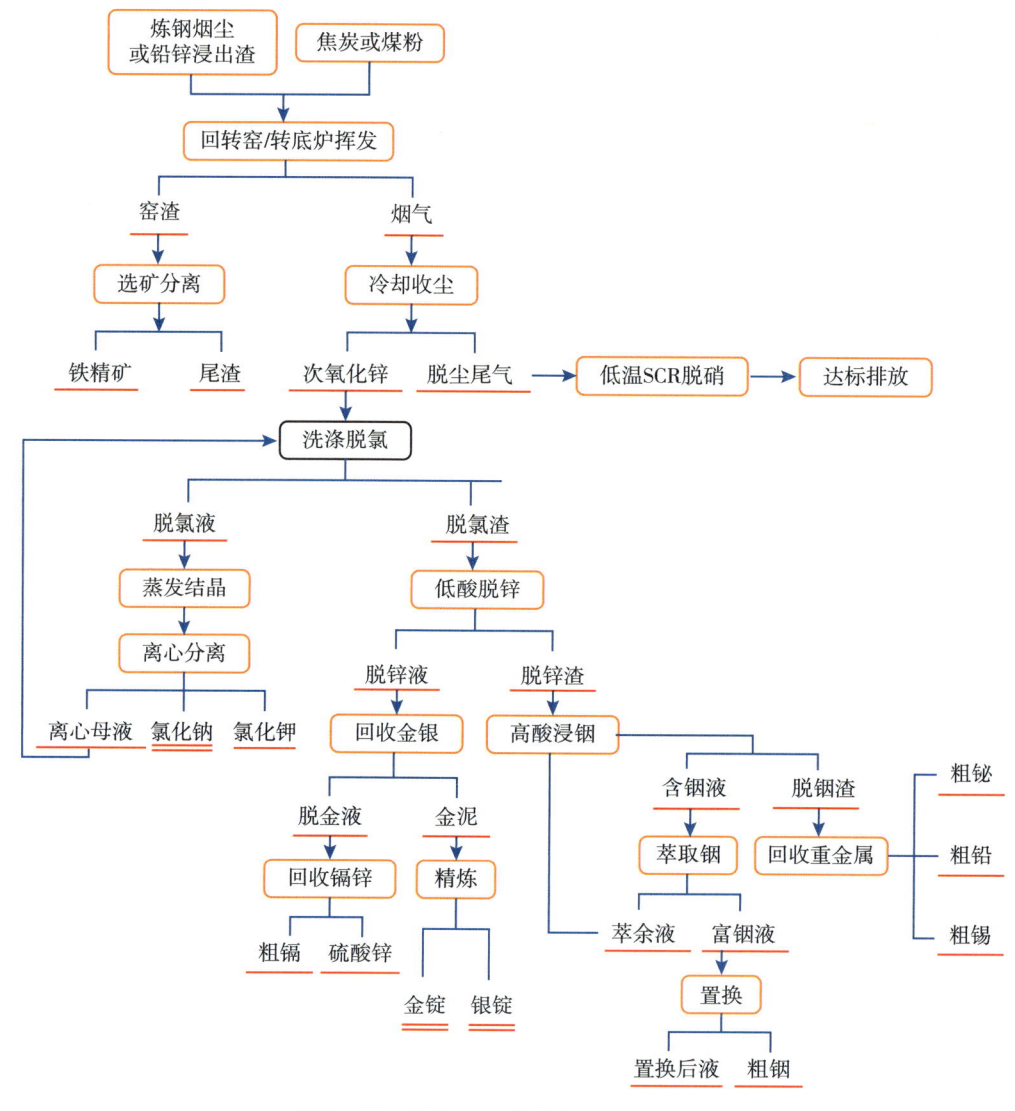

图 3.10 火法－湿法联合回收工艺流程

（图上"———"代表粗产品，还需进一步提纯处理；"═══"代表最终的产品）

理厂污泥的产生量也逐渐增多，而污泥中含有较高的有机物，具有一定热值，在冶金烧结领域可代替部分碳进行烧结。

2）高炉喷吹废塑料技术。以废塑料为原料制成适宜粒度喷入高炉中，替代焦炭或者煤粉作为燃烧物的一种新方法。相关研究表明，在高炉喷吹技术下可使废塑料的利用率超过80%。宝钢股份在充分借鉴日本高炉喷吹废塑料技术基础上开发了高炉喷吹废塑料相关技术，并于2007年进行了高炉喷吹废塑料工业化试验，成功实现喷吹废塑料100千克/吨，但后续未见工业化推广运用的报道。宝钢股份高炉喷吹废塑料工艺流程如图3.11所示。

第3章 钢铁行业清洁低碳发展技术路径及关键技术

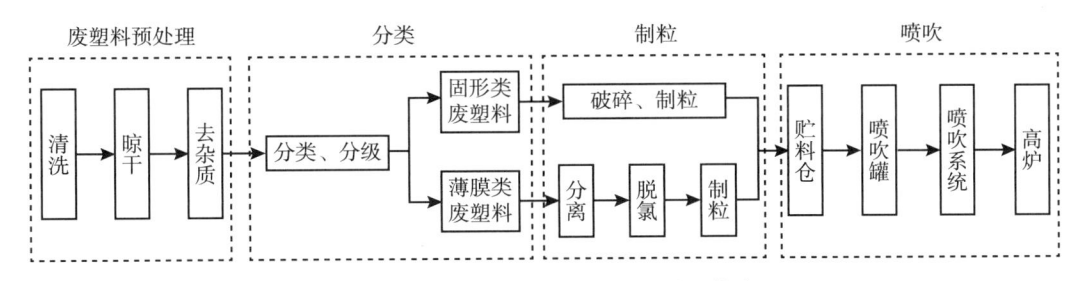

图 3.11 宝钢股份高炉喷吹废塑料工艺流程

3.2.3.3 废气资源的高效循环利用技术

1）烧结烟气选择性循环节能减排技术。该技术避开烧结机中部的高硫风箱，选取机尾高温、高氧风箱和机头高一氧化碳风箱混合，经除尘后返回到烧结机中部的烟气密封罩内再次参与烧结，混合后烟气温度大于200℃、氧含量大于17%，二氧化硫和水含量均低于设计值。同时，采用自动控制系统与烧结生产相联动，以防止烟气密封罩烟气外溢，保证循环系统运行的稳定性。该技术在河钢集团邯钢公司进行了很好的工程示范应用，截至2019年4月，已完成或进行中的烟气循环示范项目合计6项，共6台套烧结机，取得了明显的环境效益与经济效益。

2）焦炉上升管余热回收技术。①汽化冷却余热回收技术，即在上升管外壁焊接一个环形夹套，在夹套下部通入软水，在夹套内水与热荒煤气进行换热，煤气温度降到450~500℃，水则吸热变成汽水混合物，从夹套上部排出并通过管道送至汽包，在汽包内经过汽水分离后，低压饱和蒸汽（一般为0.4~0.7兆帕）外供，而饱和水通过管道自流送入上升管夹套下部循环使用，并按实际情况向汽包内补充水和排污。②导热油夹套余热回收技术，利用新型结构的螺旋管换热器，以导热油为热介质回收上升管中荒煤气的热量。使用熔盐作为螺旋盘管外的液体浴介质，盘管内流通W340型导热油作为循环热媒。③惰性气体夹套换热余热回收技术，即在上升管内套一个同心夹套，其夹套厚度与原有耐火砖层厚度相同，而夹套内的流体通道为螺旋式结构。选用氮气作为换热介质在螺旋通道内自上而下流动，与上升管内的荒煤气形成逆流换热。此装置在不改变荒煤气原有流通通道的情况下，使荒煤气中的煤焦油的可冷凝附着面较少，从而避免了因增加换热面导致结焦反应加剧的情况。同时，换热介质氮气在夹套内螺旋下降，可使氮气流程加长、流动时间延长，从而与换热面接触增长，有利于得到较高温度的氮气。④采用余热锅炉的上升管余热回收技术，即在上升管附近添加一台余热锅炉，且在水封盖处设置三通导出管引出750℃左右的荒煤气，由管道送入余热锅炉中。荒煤气加热余热锅炉给水，产生压力为3.82兆帕、温度450℃过热蒸汽，同时荒煤气温度降至300~500℃。

3）焦炉烟道气余热回收技术。①基于传统热管式余热锅炉的焦炉烟道气余热回收技术，即选用高效热管式余热锅炉将高温烟气中的热能进行回收，将常温软化水加热为蒸汽用于生产，以达到降低能耗、节能减排的目的；②基于新型套管式热管余热锅炉的焦炉烟道气余热回收技术，具备传统热管式余热回收的特点，并可进一步提高整个余热回收系统的安全性、效率和性价比；③基于旁路烟道+镍基钎焊热管+除垢装置的焦炉烟道气余热回收技术。

3.2.4 冶炼工艺突破
3.2.4.1 传统高炉流程富氢和新能源冶金新技术
（1）富氢高炉技术

近年来，高炉炼铁技术在各方面迅速发展并取得了较大的技术创新成果。未来，高炉炼铁的技术发展理念是低碳绿色、高效低耗、智能集约，同时实现生铁生产、能源转换和废弃物消纳三大功能。因此，通过新一代高炉炼铁工艺流程设计和优化实现整个炼铁工序的动态有序、协同连续将成为未来长流程炼铁工艺技术创新的重点课题。

低碳高炉炼铁技术，如高炉喷吹富氢气体技术、炉顶煤气循环技术和炉料热装工艺等，通过富氢还原实现减排、降低焦炭等还原剂消耗、改善高炉性能以达到钢铁企业的节能减排目标。当前，各国都在致力于发展低碳技术，例如，德国蒂森克虏伯公司已经开始高炉喷吹氢气炼铁试验；日本钢铁联盟提出的COURSE50项目，探索使用部分氢代替焦炭作为还原剂的氢还原炼铁法。相比之下，我国高炉富氢冶炼的研究与发展方向是在高炉内喷吹富氢气体（如焦炉煤气和天然气等）。焦炉煤气是我国冶金体系下适合作为优质富氢气体进一步高效合理利用的气体之一。早在20世纪60年代，本钢集团有限公司就进行了高炉喷吹焦炉煤气试验，效果显著。最近，上海梅山钢铁股份有限公司利用厂内富余焦炉煤气进行高炉风口喷吹，并与东北大学合作研发了基于上海梅山钢铁股份有限公司原燃料条件的高炉风口喷吹焦炉煤气技术。

宝钢集团新疆八一钢铁有限公司（简称八钢）对富氢气体喷吹技术在高炉领域的应用进行了一系列的研究和尝试。2020年3月，八钢启动了富氢碳循环高炉试验平台工程。2021年6月，成功完成高炉脱碳煤气的喷吹。2021年8月，富氢碳循环高炉成功喷吹焦炉煤气，开始实现富氢冶炼。2022年7月，八钢富氢碳循环试验高炉三期点火投运。

2020年10月21日，晋南钢铁集团与钢铁研究总院签订了2000立方米高炉规模化喷吹氢气项目协议，建设我国首座低碳富氢炼铁高炉，引领我国低碳炼铁技术的发展。

上述低碳技术和工艺的推广和实施，大多使用氢气或富氢燃料代替或部分代替高炉中的煤和焦炭等还原剂，从而实现二氧化碳减排和不可再生资源节约，同时达到高产节能的效果。

（2）高炉喷吹生物质新技术

合理利用生物质喷吹能够有效减少炼铁系统对化石燃料的依赖程度，提高高温燃烧效率，对拓宽钢铁企业节能降耗、减排二氧化碳具有重要意义。然而，生物质的组成和结构与煤粉有很大不同，其热值、固定碳含量、可磨性和能量密度较低，体积大，水分和挥发分含量较高，限制了其在高炉喷吹工艺上的应用。近年来，热解技术成为一种有前途的热化学技术，可以在惰性气体或缺氧条件下对生物质进行改质。热解得到的固体产物生物质半焦水分含量较低、碳含量较高、热值和能量密度较高，在一定的热解条件下可以达到高炉喷吹用燃料的要求。

目前，高炉喷吹生物质新技术存在一定的缺陷和限制，其中生物质热解炭化过程是关键环节：第一，为了保证炭化反应的效果，原料需要在炭化前进行烘干脱水处理，需要消耗大量热量，导致工艺能耗较高。第二，在炭化过程中，由于高温反应条件下大量的有机物进入气相，使得产率较低。第三，部分矿物质会残留在热解炭中，增加灰分含量，从而降低发热值，对生产造成一定影响。第四，生物质热解炭化过程中会产生大量烟气和废水，处理这些废气和废水的过程非常复杂，大大提高了生产成本。所以在选择可用于喷吹的生物炭时，需要考虑其相关参数，如燃烧特性参数、热值和燃烧率。此外，还要考虑生物炭中的硫和碱金属等有害元素对铁水品质的影响。

（3）高炉喷吹高氢燃料新技术

目前，工业用氢的来源主要分为两大类：一是通过化学方式制氢，包括电解水制氢和水热化学分解制氢这两种工艺；二是将化石燃料转化制氢，其中煤气化制氢成本更低，在经济层面上具有明显优势。我国是煤炭大国，利用煤气化制氢工艺比其他化石能源转化制氢更符合我国国情，且在资源利用上更占优势，因此在我国具有十分广阔的发展前景。

除了传统的制氢工艺，目前还有一种新型制氢技术——超临界水煤气化制氢技术。该技术使用无须干燥的原料煤，以超临界水为气化反应介质进行制氢。超临界水可溶解多数有机物和气体，能将煤中的碳溶解反应转化为高热值气体。此外，超临界水还可以将有机硫化物和氮化物转化为无机盐，有效减少含硫、含氮污染物的排放，符合我国的节能减排政策。

高炉喷吹高氢燃料新技术作为一项绿色生产工艺，在当今节能减排的工业时代越来越受到人们的关注与重视。相比传统的高炉喷煤工艺，高炉喷吹高氢燃料新技术可以有效提高氢还原的比例，使高炉内部产生的含硫化物和二氧化碳等污染物含量降低，减轻环境污染，符合可持续发展政策。

3.2.4.2 富氢直接还原炼铁新工艺

（1）Midrex 富氢新工艺

Midrex 工艺是典型的气体竖炉工艺，其工艺流程如图 3.12 所示。该流程主要由竖炉还原系统和天然气改制系统组成。

竖炉是将铁矿石转化为金属的地方，竖炉炉体由两部分组成：上部由预热带、还原带和过渡带组成，炉体内衬为保温材料与耐热材料，外部为钢板；下部为冷却带，为无炉衬结构，使用单独的冷却气循环。炉料由竖炉炉顶经多根加料管均匀布于炉内，以保证均匀布料，依靠加料管的料封作用及补充的氮气来密封煤气。煤气由竖炉中部均匀分布的煤气口进入炉内。当铁矿石通过重力下降经过炉体时，矿石被加热，并通过富含氢气和一氧化碳的逆流气体从铁矿石中去除氧原子。这些气体与铁矿石中的氧化铁反应并将其转化为金属铁，生成水和二氧化碳。

在天然气改制系统中，天然气和竖炉炉顶煤气经催化裂解后，形成 Midrex 竖炉还原气。竖炉炉顶煤气（300~400℃）的 60%~70% 与天然气混合后，经预热

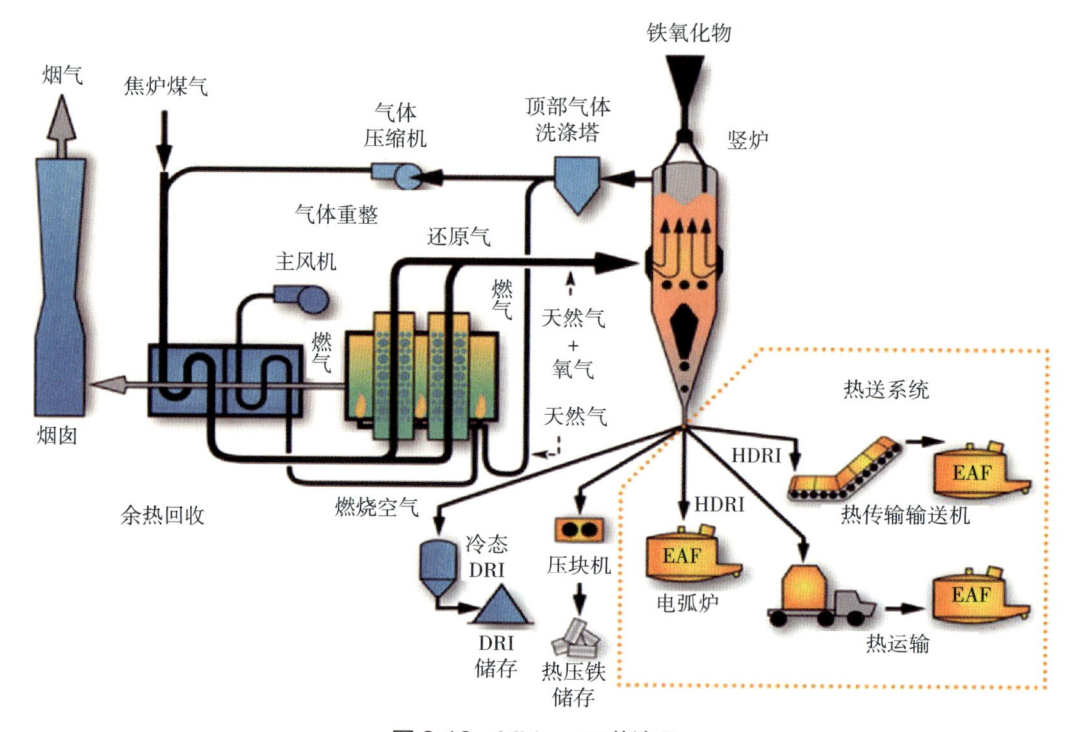

图 3.12 Midrex 工艺流程

器预热后送入煤气重整炉，转化成高质量煤气。

（2）Energiron 富氢新工艺

Energiron 工艺是 HYL 的 ZR 自转化工艺的发展，其目的是在竖炉中还原铁矿石而不需要外部气体转化设备。还原气体在还原反应器中就地生成，将天然气作为补气送入还原气体回路，并在反应器的入口处注入氧气，工艺流程如图 3.13 所示。

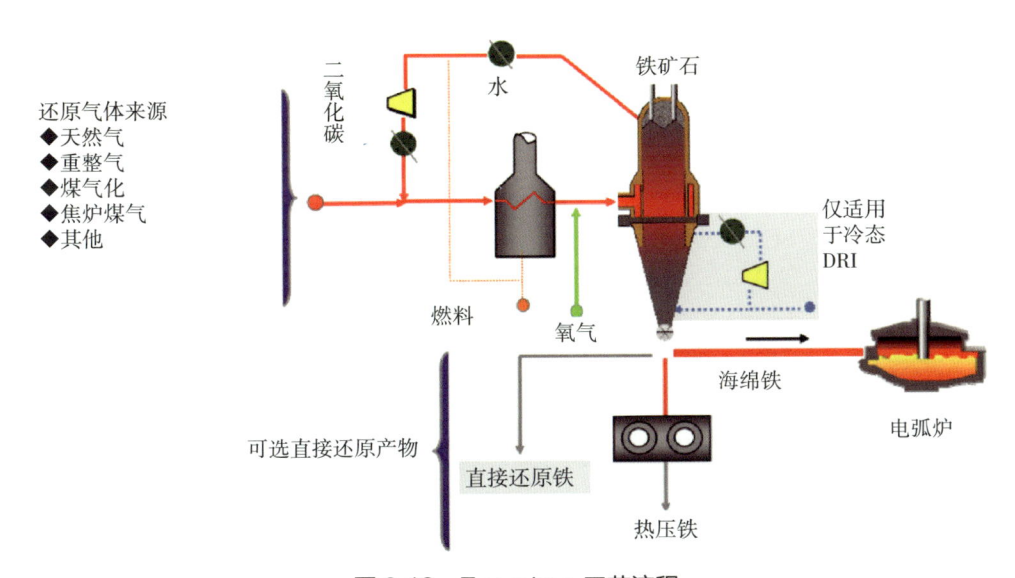

图 3.13 Energiron 工艺流程

（3）Hybrit 全氢工艺探索

Hybrit 是一个探索全氢工艺的计划。该计划选择无化石电力电解水产生的氢气在竖炉中还原铁矿石颗粒作为主要的替代方案。瑞典的 Wiberg 和 Edström 在 20 世纪 50 年代进行了开创性的调查，随后进行了大量研究。第一个基于流化床技术的商业规模的氢气直接还原铁矿石工厂 Circored 于 1998 年在特立尼达 Point Lisas 工业园区建成，该工厂虽然在商业上取得了阶段性成果，但没有获得最终的成功，因此在 2016 年关闭。

2016 年 4 月，瑞典钢铁公司、瑞典国有铁矿石公司（LKAB）和瑞典大瀑布电力公司联合成立合资公司（HYBRIT），旨在联合开发用氢替代炼焦煤和焦炭的突破性炼铁技术。HYBRIT 项目采用氢与球团矿直接还原生产直接还原铁，而氢由非化石能源制备。2018 年 6 月，HYBRIT 项目在瑞典 Lulea 建设中试厂，预计 2021—2024 年运行，每年生产 50 万吨直接还原铁，其目标是在 2035 年前形成无碳解决方案。

3.2.4.3 富氢熔融还原炼铁新工艺

（1）富氢熔融还原

熔融还原法是一种高温熔融状态下还原铁矿石的方法，其产品是成分与高炉铁水相近的液态铁水。目前，世界上采用的铁矿石高温熔融还原工艺包括铁浴式熔融还原（如HIsmelt、DIOS等）和COREX类熔融还原（如COREX、FINEX等），其中COREX工艺技术比较成熟并已形成工业生产规模。与传统高炉相比，铁浴式熔融还原工艺无须焦化和造块，直接用粉矿进行全煤冶炼，可处理廉价的高磷矿，大大节省了前期的铁矿预处理的消耗。但是，铁浴式熔融还原工艺在气氛和热量传递方面还存在一些问题：铁浴炉上部完成气体的二次燃烧，下部完成铁矿粉的还原与熔化，因此要求氧化气氛和还原气氛同时出现于熔炼炉的上下两部分内，这对实际生产中的控制要求很高；此外，铁浴炉上部二次燃烧产生的热量需要通过炉渣带进入下部还原区，否则高温尾气将带走大量热量。因此，高效地解决气氛和热量传递问题是工艺改进的关键。

为了解决这些问题，目前大多使用氢气代替碳作为还原剂的方式，这样不仅能通过鼓入氢气控制碳的燃烧率，还能使碳还原剂变为氢还原剂，在加快还原、降低碳消耗的同时减少碳热还原需要的热负荷。然而，氢气的吹入量对工艺的影响很大，包括碳溶解反应、一氧化碳和二氧化碳的形成、氢气－水－氢气的循环都会影响铁氧化物的还原，并对还原过程中顶部气体的组成产生显著影响。因此，我们可以根据氢气吹入量分为碳过剩、碳不足和全氢还原三种情况。

在少量氢气吹入的情况下，喷吹氢气不能减少下部还原区所需的热量，若想实现碳不足的喷吹条件，需要减少喷煤、增加喷氢量并改变现有的铁浴炉流程，才能达到减轻铁浴炉下部还原所需热负荷的目的。高温全氢冶金将是冶金领域未来的发展目标，但要实现该目标还需要解决如何低成本制氢、如何实现氢能高效冶炼等相关问题。目前最有可能实现全氢冶金的技术路线的技术是赛思普氢基熔融还原新工艺，该工艺相对于全氢冶炼而言更符合氢气当前生产储存的发展现状。尽管仍有许多技术难题需要进一步解决，但该工艺仍是实现氢冶金技术重大突破的可能路线之一。

（2）等离子氢冶金

在铁矿石冶炼中，氢等离子体可以作为一种替代方法，其高能量和高密度的H自由基和激发态有助于克服反应的活化障碍，将Fe_xO还原速率提高一个数量级，从而实现商业上可行的铁转化率。此外，氧化铁的熔点略高于铁，因此等离子体可以容纳细碎的铁精矿，无须预先团聚，也无须进行烧结或精炼处理，可以直接熔化和还原入炉的粉矿，从而使整个钢铁制造过程可以直接完成。

3.2.5 产品性能升级
3.2.5.1 高强度轻量化产品
（1）钢铁材料高强度轻量化的意义

钢铁在机械、交通、建筑、国防建设等关键领域有着广泛的应用，是社会消耗量最大的结构材料，全球每年的钢产量超过 18 亿吨，其用量超过全世界金属用量的 90%。随着资源、能源和环境压力的日益增大，高强度钢的开发越来越受到世界各国重视。

目前社会对高强钢的强度级别提出了更高要求。在满足相同承重能力的基础上，提高钢铁材料的强度可降低材料使用量，从而实现轻量化的要求。追求轻质结构材料始终是发展高强度钢的强大动力，这有助于节能和减少温室气体排放，同时促进钢铁工业的可持续发展。

（2）钢铁材料高强化的最新研究进展

基于对金属材料强化理论的理解，人们认为提高强度的同时必然导致塑性的下降。在大多数情况下，强度-塑性关系遵循倒置关系，如何同时保持超高强度、高塑性和高韧性是超高强度结构钢研究领域中的关键难题。

近年来，国内外在钢铁材料高强韧化方面取得了重要突破，虽然这些进展基于钢种的不同，在强化方式和机制上有所差异，但基本都是以钢铁组成相中最硬的马氏体相作为基体，辅以引入一定量的残余奥氏体作为韧性相。目前，钢铁材料的研究方向逐渐从单一组织调控转向微结构、界面和成分不均匀性的协同精细控制。新型高强韧钢铁材料的设计，通常是通过添加各种合金元素改变其微观组织结构，获得高强韧的力学性能，但此方法会导致钢铁材料成本提高，不利于推广应用。

多相多尺度非均质结构是钢铁材料进一步提高强韧化的最优路径。结合传统的金属强化手段（如细晶强化、固溶强化、加工硬化以及沉淀强化），在多相组织的基础上可发展多相多尺度非均质结构，获得优异的力学性能。多相组织的超细化可大幅提高钢铁材料的强韧性。

（3）典型行业钢铁材料高强度轻量化的应用实践与减碳效果

汽车产业是国民经济的支柱产业。据中汽数据有限公司统计，2019 年汽车行驶过程中的直接二氧化碳排放近 8 亿吨，占全国总排放量的 8%，因此汽车行业的节能减排对国家碳中和战略至关重要。

汽车轻量化是指在保证汽车安全性能的前提下，通过对汽车车体结构的优化和对轻质材料的大量应用来降低汽车自重的一种技术。与其他轻质材料相比，先进高强钢在开发成本、加工技术、材料性能等方面都具有不可比拟的优势，在目前及可预见的未来，其仍将是汽车轻量化材料领域的主角。因此，现阶段最有效的汽车轻量化途径主要还是建立在先进高强钢和先进制造技术应用基础上。

先进高强钢的用量直接决定了汽车轻量化的水平。自 20 世纪 80 年代以来，业界就不断研发和使用汽车高强钢。在减碳方面，车辆重量每减少 10%，油耗可减少 6%~8%、排放降低 5%~6%。

3.2.5.2 高耐蚀长寿化产品

（1）钢铁材料提高耐蚀性能的意义

材料腐蚀问题遍及国民经济的各个领域，从工程机械到国防军工，凡是使用材料的地方都不同程度上存在着腐蚀问题。2016 年，美国腐蚀工程师协会的一项独立评估指出，腐蚀对经济造成的损失每年约为 2.5 万亿美元，相当于世界国内生产总值的 3.4%。中国工程院的大规模调查结果表明，2014 年我国的腐蚀总损失约为 2.1 万亿元，为当年生产总值的 3.34%。全球每年因腐蚀导致的金属总损失超过其年产量的 10%。全世界每 90 秒就有 1 吨钢腐蚀成铁锈，而生产 1 吨钢所需的能源则可供一个家庭使用 3 个月，且碳排放达 1.9 吨。提升钢铁材料的耐蚀性能不但可以有效降低因腐蚀带来的经济损失，而且对于提高使用寿命、减少能源消耗和碳排放具有重要意义。

（2）高耐蚀钢铁材料的最新研究进展

从材料端解决腐蚀问题是最根本的防护手段。20 世纪初，美国、德国、英国和日本等开始进行耐候钢的研究，率先发现铜可以改善钢材在大气中的耐腐蚀性能。基于该发现，美国钢铁公司成功研制高强度耐腐蚀含铜低合金钢。经过大量自然腐蚀暴晒实验，提出了低合金耐候钢腐蚀性能的基础理论。随后，美国开发了以高磷、铜、铬、镍的高耐蚀 Corten A 系列钢和以铬、锰、铜合金为主的 Corten B 系列钢。我国耐候钢发展较晚，于 1960 年开展了国内首次耐候钢的研究工作，于 1965 年首次试制出 09MnCuPTi 系耐候钢。此后，08CuPVRE 系列、09CuPTi 系列、09MnNb 等新钢种先后研发出来，这些钢种的抗腐蚀性能为普通碳钢的 2~8 倍。随着国民经济的发展，耐蚀钢逐渐向高强化方向演变。近年来，众多国内外科研工作者在研发高耐蚀钢方面取得了巨大突破和较为丰厚的研究成果，如 MnCuP 系高耐蚀钢、含 Ni 高耐蚀钢。

（3）典型耐蚀钢铁材料的减碳效果

碳中和背景下，钢铁材料的生命周期评价至关重要。服役寿命也是生命周期评价的一项重要指标。服役寿命增加，可减少钢铁材料的使用量，减少钢材生产过程中的碳排放。据统计，不同类型钢铁材料在生产过程中的碳排放基本相当，但是通过提高其耐蚀性能，在相同服役寿命条件下，高耐蚀钢的相对碳排放将显著降低，表明提升耐蚀性可以大幅度节约生产成本、降低碳排放,对早日实现"双碳"目标意义重大。

3.2.5.3 高效能电工钢产品

电工钢是电力、电器工业不可缺少的重要软磁合金,广泛应用于电力和电信工业,用以制造发电机、电动机、变压器、互感器等设备,在电能的生成、传输与使用方面起到了关键作用。电机设备及家用电器的能效高低很大程度取决于电工钢电磁性能的优劣等。

(1)对电工钢的需求

能耗巨大的电机系统是国家节能减排的重点领域。目前我国电机保有量约17亿千瓦,年总耗电量约3万亿千瓦,占全社会总用电量的64%;其中工业领域电机总用电量为2.6万亿千瓦,约占工业用电的75%。虽然我国电机能效水平逐步提高,但总体能效水平仍然较低,工业领域电机能效每提高一个百分点,可年节约用电260亿千瓦左右。通过实施高能效限定值及能效等级标准,可从整体上提升电机系统效率5%~8%,年可实现节电1300亿~2300亿千瓦,相当于2~3个三峡电站的发电量。另外,我国输配电损耗占全国发电量的6.6%左右,而变压器损耗约占输配电损耗的40%。按2020年我国全社会用电量约7.5万亿千瓦计算,变压器损耗高达约2000亿千瓦,相当于三峡发电总量的两倍,对应的二氧化碳排放高达1.97亿吨。由此可见,提升取向硅钢牌号等级、降低变压器损耗对提升能源利用效率、助力国家碳减排潜力巨大。

(2)高性能电工钢的最新研究进展

2020年全球电工钢实际产量达到1597.3万吨,其中取向硅钢占比19.26%。2021年我国电工钢的产量达到1318.28万吨,其中取向硅钢占比13.7%。

研究表明,硅钢极薄化有利于减小涡流损耗,从而降低硅钢铁损,符合电力装备高频化、高功率化和轻量化发展的需要。长期以来,高性能超薄取向硅钢被日本金属公司垄断。我国超薄取向硅钢带材的研究起步较晚,早期钢铁研究总院采用全工艺流程制备超薄带,后采用武钢集团有限公司取向硅钢成品为原材料制备超薄带及铁心,成材率提高、成本大幅降低。近年来,北京科技大学和东北大学分别在实验室制备出超薄带。

含硅量6.5%的硅钢属于高硅钢,其磁导率、饱和磁通密度最大、铁损最小、磁致伸缩系数近乎为零,是软磁性能最佳的硅钢,是电机高效化、小型化和超低噪声化的理想材料。然而,高硅钢中因高硅含量而形成的有序相显著增加合金脆性,加工极其困难,制约了高硅钢在工业上的应用。而平面流铸工艺作为一种近终形制造技术具有流程短、成材致密和成本低廉等优点,可克服薄带铸轧工艺中控制难度大、不易连续生产的技术难题，为加速实用工业化进程提供保障。

（3）高性能硅钢的减碳效果

我国生产取向硅钢的一些钢厂与变压器企业联合设计，降低了变压器损耗。B18R060、B20R070、B23R070 等高等级取向硅钢应用在多个 110~500 千伏电力变压器项目中。与使用普通取向硅钢相比，使用以 B23R070 级高等级取向硅钢制造 140 兆伏·安 /110 千伏电力变压器，按负载率 51% 测算，全生命周期可节约能耗 1496 万千瓦·时。

3.2.6 二氧化碳捕集、利用与封存

3.2.6.1 二氧化碳捕集关键技术

二氧化碳捕集关键技术根据机理和流程不同，可分为燃烧前二氧化碳捕集、富氧燃料二氧化碳捕集、燃烧后二氧化碳捕集、吸附 / 溶解法二氧化碳捕集、膜分离法二氧化碳捕集和化学键分离法二氧化碳捕集等（图 3.14）。

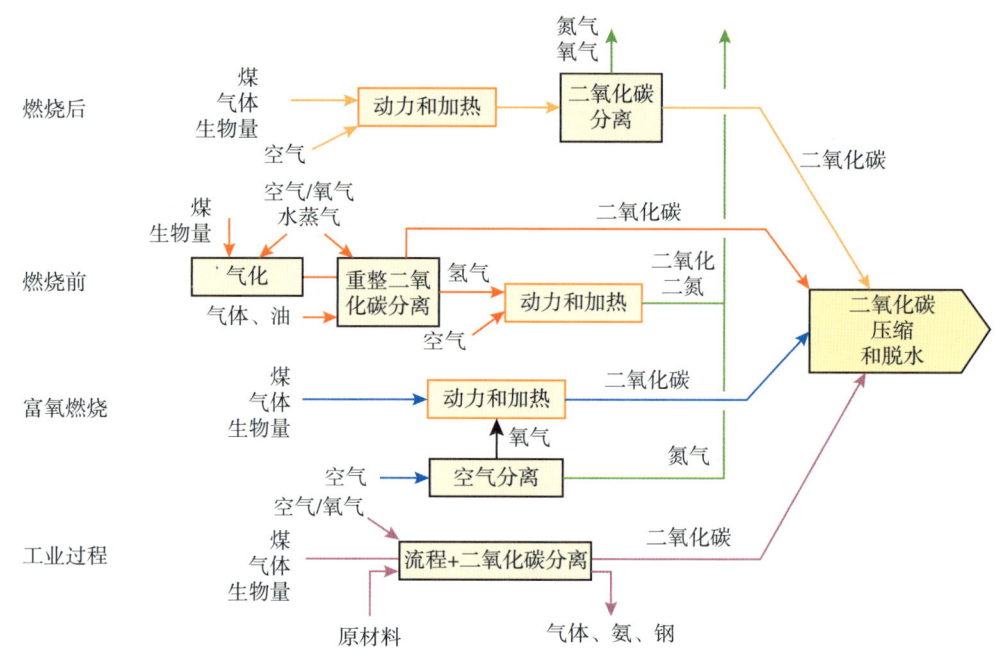

图 3.14 二氧化碳捕集关键技术流程图

（1）燃烧前二氧化碳捕集

燃烧前二氧化碳捕集涉及燃料与氧气、空气或蒸汽反应，主要产生合成气或燃料气，由一氧化碳和氢气组成。首先一氧化碳与蒸汽在催化反应器（称为换挡转换器）中反应生成二氧化碳和氢气，再通过物理或化学吸附将二氧化碳分离出来，最

终得到富氢燃料，该燃料可广泛应用于各领域，如锅炉、熔炉、燃气轮机、发动机和燃料电池等。

（2）富氧燃烧二氧化碳捕集

如图 3.15 所示，在富氧燃烧中，几乎纯氧代替空气用于燃烧，从而产生主成分为二氧化碳和水的烟气。若燃料在纯氧中燃烧将导致火焰温度过高，可将二氧化碳或富含水的烟气循环到燃烧室进行缓解。氧气通常通过低温空气分离、膜法富氧和磁法富氧等技术获取，富氧燃烧捕获系统的参考电厂系统与燃烧后捕获系统相同。

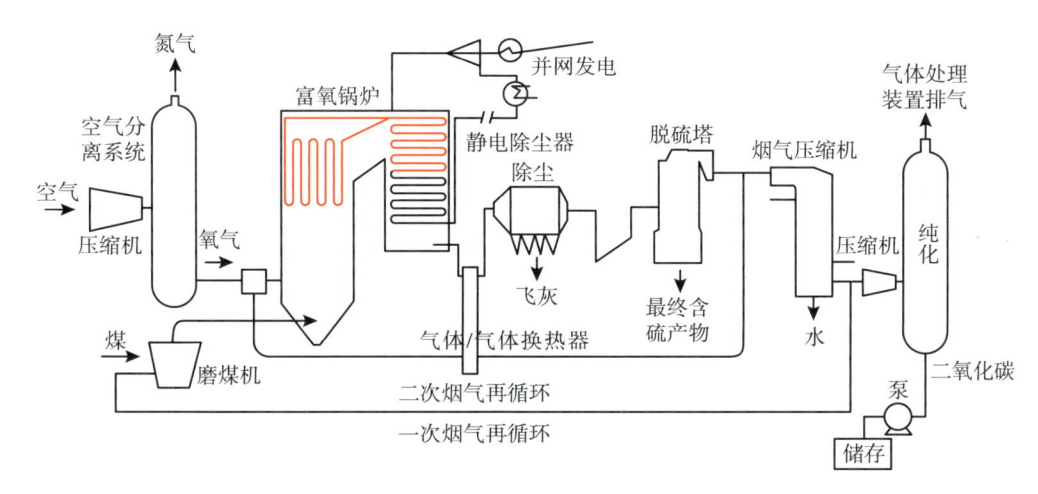

图 3.15 富氧燃烧示意图

（3）燃烧后二氧化碳捕集

从各类燃料燃烧过程产生的烟气中捕集二氧化碳称为燃烧后二氧化碳捕集。烟气中大部分的二氧化碳通过设备分离送入储存库，经过处理的烟气再被排放到大气中。由于其他技术还未发展到成熟阶段，通常使用化学吸附工艺对二氧化碳进行分离。

除工业应用外，燃烧后二氧化碳捕集的主要参考系统目前是 2261 吉瓦的石油、煤炭和天然气发电厂的装机容量，特别是 155 吉瓦的超临界煤粉电厂和 339 吉瓦的天然气联合循环电厂，这两种类型的高效电厂技术都可以应用二氧化碳捕集。

（4）吸附/溶解法二氧化碳捕集

吸附/溶解法二氧化碳捕集通过使含二氧化碳的气体与二氧化碳液体/固体吸收剂密切接触来实现，如图 3.16 所示。装载着捕集了二氧化碳的吸附剂被运送到各容器中，在降压、升温或吸附剂其他环境条件发生改变后，使吸附剂释放二氧化碳（再生），再生步骤后的吸附剂被送回循环过程中捕获更多的二氧化碳。

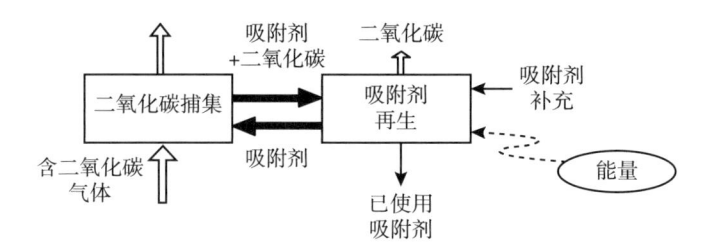

图 3.16　吸附/溶解法二氧化碳捕集

（5）膜分离法二氧化碳捕集

膜分离法二氧化碳捕集是依靠特殊制造的膜材料对气体进行选择性渗透，实现二氧化碳的分离。膜对不同气体的选择性与材料性质密切相关，二氧化碳捕获系统中有许多不同类型的膜材料（聚合物、金属、陶瓷），用于从燃料气体流中分离出氢气，从工艺流中分离出二氧化碳，或从空气中分离出氧气，分离出的氧气有助于产生高浓度的二氧化碳流。

（6）化学键分离法二氧化碳捕集

化学键分离法二氧化碳捕集主要包括二氧化碳催化氢化、电化学还原、光催化还原、光电催化还原以及饱和烃类氧化脱氢等二氧化碳还原技术。

3.2.6.2　碳循环及跨行业联产技术

（1）二氧化碳厂内循环利用技术

根据二氧化碳的特性，二氧化碳在钢铁冶金流程中可以起到搅拌、控温、覆盖保护以及稀释的作用，可在钢铁行业的各个工序发挥作用，在消纳二氧化碳的同时实现二氧化碳在钢铁冶金流程中的资源化应用，从而实现低碳排放，在节约成本的同时提高钢铁产品质量。目前钢铁企业回收二氧化碳的主要方法是液相吸收法、变压吸附法、化学循环燃烧法等。二氧化碳在钢铁行业内部资源化应用的场景如图 3.17 所示。

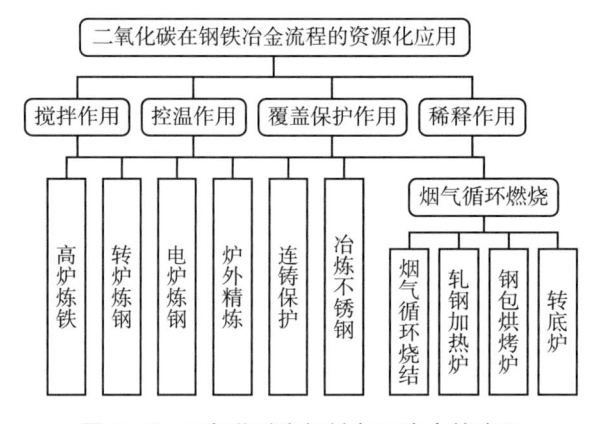

图 3.17　二氧化碳在钢铁各工序中的应用

（2）二氧化碳厂外跨行业联产技术

1）尾气生产醇类化工产品。一种是焦炉煤气制甲醇。钢铁企业在炼焦、炼铁、炼钢的生产过程中分别产生焦炉煤气、高炉煤气和转炉煤气三种副产煤气，是可利用的二次资源。其中焦炉煤气中含有氢气和甲烷，可通过化学变化生产合成气，进而合成甲醇。另一种是工业尾气生物发酵制燃料乙醇。该技术采用生物发酵技术，将工业尾气经过预处理后送至生物发酵装置，经过发酵后再进行蒸馏脱水，便可产出体积浓度达到99.5%以上的无水乙醇（即燃料乙醇），是可再生能源。

此外，还有合成气直接转化制乙醇。其原料主要从煤气化、焦炉煤气和钢厂尾气获得。根据钢厂工业尾气的组成与特点，合成气制乙醇技术以钢铁工业尾气为原料，经过处理变成合成气，一部分合成气用于甲醇生产，另一部分合成气通过气体分离装置分离出一氧化碳和氢气。甲醇经过脱水干燥后生成二甲醚，在合成气分解出的一氧化碳作用下发生羰基化作用，生成乙酸甲酯，之后乙酸甲酯在合成气分解出的氢气作用下发生氢化作用产生乙醇，具体工艺路线如图3.18所示。

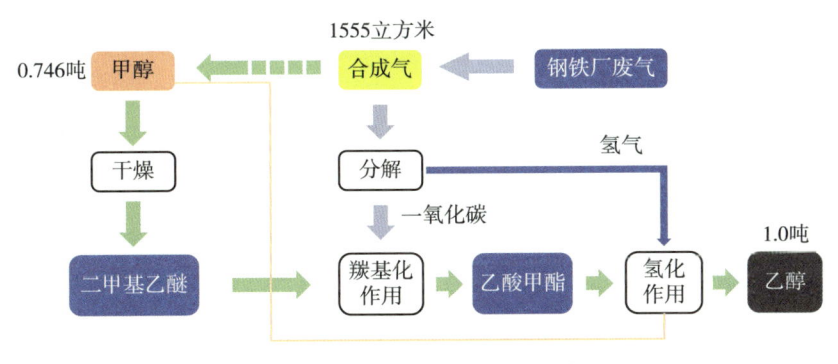

图3.18 合成气制乙醇技术路线图

2）二氧化碳矿化联产化工产品。主要包括：①氯化镁矿化利用二氧化碳联产碳酸镁。如用海水中的氯化镁对二氧化碳进行捕集吸收，不但会产出高附加值的化学工业产品碳酸镁，而且可减排二氧化碳总量达3.59万亿吨，相当于110年全球二氧化碳排放量的总量。②钾长石矿化二氧化碳联产可溶性钾盐。长石是地壳中储量最丰富的矿物，其质量约占到地壳的60%，也是自然界最为稳定的矿物之一。长石中的钾长石（$KAlSi_3O_8$）矿物含有大量的钾。若以长石的钾平均含量4%计算，地下5千米范围内钾长石的储量达到了95.7万亿吨。钾长石与二氧化碳矿化效率若按照50%核算，理论上可捕集吸收的二氧化碳将达到3.82万亿吨。国际能源署的有关报告显示，2020年全球二氧化碳排放量总计为322.84亿吨，根据上述理论核算结果，使用地球的全部钾长石来捕集吸收二氧化碳，矿化可捕集吸收的二氧化碳相当于127年全球二氧化碳排放量的总量。但由于钾长石的自身晶体结构优越的稳定性，它本身的碱性难以与弱酸性的二氧化碳进行反应。通过钾长石与二氧化碳矿化反应来捕集吸收二氧化碳达到大量减排的目的在短期范围内难以实现。③磷石膏二氧化碳矿化生产硫基复合肥。磷酸的生产过程会产生大量磷石膏，产出的磷石膏主要成分是硫酸钙，还会混合有少量分解不完全的磷矿粉以及洗涤不彻底的磷酸等杂质。多年来，随着农业生产对化肥的需求量增加，磷复合肥产量正在逐年提高，随之磷石膏固体废物的产量也逐年增多。到目前为止，我国累计堆存的磷石膏已高达1亿吨以上，在占用大量耕地的同时也对周围的环境造成严重威胁。目前，四川大学团队与中国石化集团在四川达州地区正在进行二氧化碳与磷石膏固体废物矿化联产硫基复合肥的中试和示范工程，并同瓮福集团针对达州的普光气田尾气中的二氧化碳与磷石膏固体废物矿化联产硫基复合肥的项目合作问题进行了深入探究与论证并提出了初步实施方案。预计该项目的成功实施，将在大规模减排和处理磷石膏工业固体废物的同时，产出多种高附加值的化工产品化肥。

（3）厂区"零碳"电源

1）厂区"风光"源网荷储一体化。推进钢铁园区非化石电能替代是清洁低碳转型的重要措施，不仅要减排减碳，还要针对现存的园区能源系统问题进行改造升级，"风光"源网荷储一体化系统方案是最优解决路径之一。钢铁厂耗能巨大、成本高、可靠性要求高，利用厂区占地面积大的优势，充分利用建筑光伏发电一体化、风能建筑一体化、储能建筑一体化技术形成局域微电网，配合大电网作为工业用电的可靠支撑，降低用电成本和温室气体排放，提高空气质量，是未来零碳钢厂的发展方向。"风光"源网荷储一体化系统结构见图3.19。

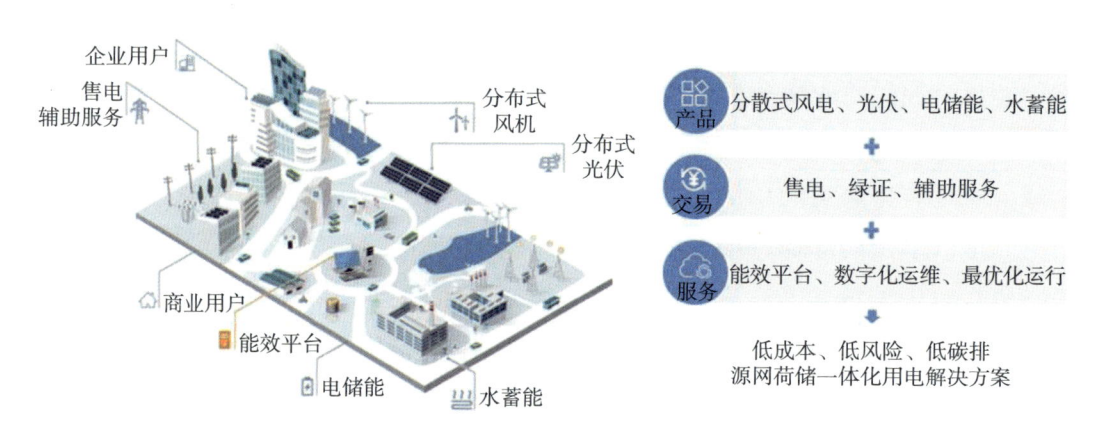

图3.19 "风光"源网荷储一体化系统结构

2)矿化二氧化碳联产发电。最深度、直接的二氧化碳能源化利用主要体现在二氧化碳自身的能量变化上，利用二氧化碳矿化反应（或碳酸化）热力学吉布斯自由能降低（$G<0$）这一特征，2014年我国提出利用二氧化碳矿化发电，将二氧化碳作为一种潜在的能源和资源，成功将二氧化碳矿化反应化学能直接转化为电能。二氧化碳矿化发电技术为二氧化碳能源与资源的双效转化利用提供了一种前景可期的新思路。据理论计算，中国每年排出的碱性固体废物可矿化二氧化碳约1.6亿吨，并对外输出约200亿千瓦·时电能。

3.2.6.3 碳利用与封存关键技术

（1）油气藏碳利用与封存

1）二氧化碳提高油气采收率。二氧化碳注入油气藏提高油气采收率，并通过溶解和吞吐实现暂时性封存，如图3.20所示。二氧化碳吞吐提高采收率机理主要包括原油降黏机理、原油体积膨胀机理、分子扩散作用、对流置换作用、萃取和混相等，二氧化碳通过扩散和溶解作用引起原油黏度降低与体积膨胀。在回采阶段，原油被二氧化碳带动采出，部分二氧化碳滞留于地下封存。在该技术中，绝大部分注入地下的二氧化碳最终还会被采出，因此称作二氧化碳驱油暂时性封存。

2）废弃油气藏碳封存。废弃油气储层是二氧化碳储存的主要选择。首先，原本聚集在圈闭（构造和地层）中的油气没有逸出（在某些情况下长达数百万年），证明了它们的完整性和安全性；其次，对大部分油气田的地质构造和物性已经进行了广泛的研究和表征；再次，石油和天然气行业已经开发了计算机模型来预测油气的运动、驱替和圈闭行为；最后，一些已经到位的基础设施和水井可以用于进行二氧化碳储存操作，且废弃的油田不易受到二氧化碳（含有碳氢化

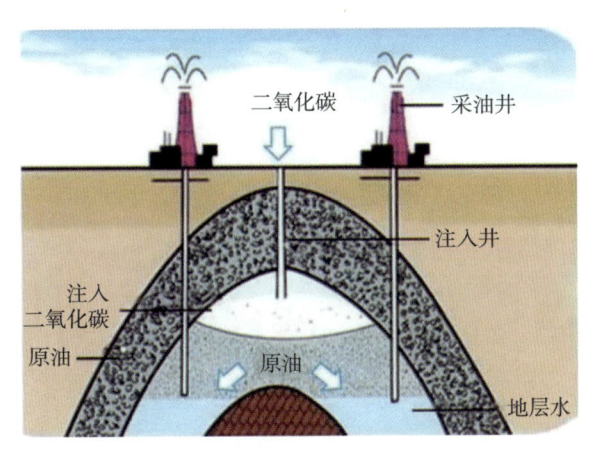

图3.20 二氧化碳提高原油采收率示意图

合物）的不利影响，若油田仍在生产，可以优化二氧化碳存储方案，以提高石油（或天然气）产量。

（2）矿化碳利用与封存

1）超基性矿山协同开采。矿山开采协同二氧化碳矿化存储技术，即在原有的开采流程中增加尾矿碳酸化流程。图3.21是矿山开采协同二氧化碳矿化存储技术的概念图。碳酸化流程包括二氧化碳捕集、压缩和运输，原料采矿、破碎和研磨，二氧化碳矿化存储和碳酸化产物处置等。在矿山开采协同二氧化碳矿化存储技术中，碳酸化流程与矿山共享相同的基础设施，不仅可以降低碳酸化成本，还可能通过增加金属镁的价值使边际项目变得经济可行。

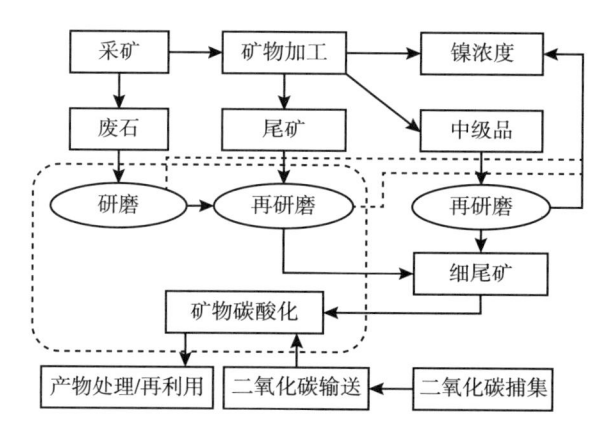

图3.21 矿山开采协同二氧化碳矿化存储技术的概念图

矿山开采协同二氧化碳矿化存储技术适用的采矿类型通常为露天矿，适用的矿山类型为赋存于超基性或基性围岩中的镍矿、钻石矿、铂族元素矿、石棉矿。这类矿山的采选流程产生大量的富含硅酸镁的废石和尾矿，具有巨大的二氧化碳封存能力。

2）钙镁基矿物碳酸化固结制备建筑材料。钙镁基矿物具有碳酸化固结特性。钙镁基矿物经过压制成型、碳化养护一段时间后强度大大增加，可制备成以碳酸盐为结合相的碳化材料（图3.22）。随着人们对碳管理的重视，该方法逐步得到科学界和工业界的认可。

（3）咸水层和海洋碳封存

在咸水层碳封存方面，神华集团有限责任公司自2009年开始在鄂尔多斯咸水层注入二氧化碳，截至2014年共注入二氧化碳约30万吨，建成我国首个咸水层二氧化碳地质埋存项目示范工程，至今尚未发现任何泄漏迹象。然而，当前储量距离实现我国"双碳"目标的实现还很远，亟须加快咸水层二氧化碳地质封存

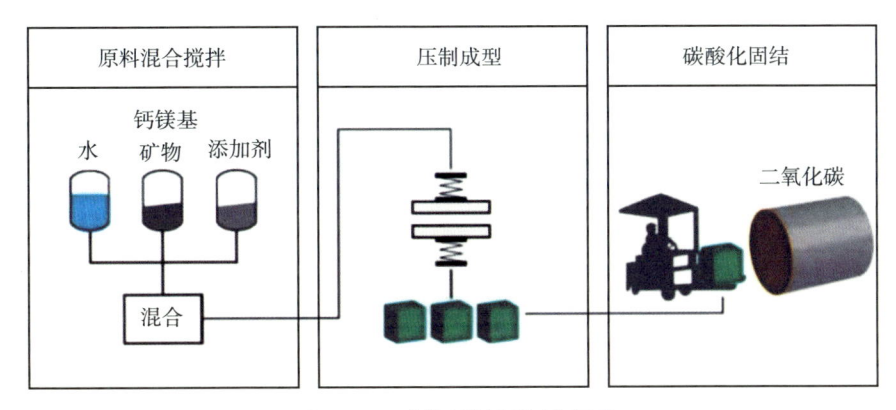

图 3.22 碳化材料制备流程图

技术工艺的提升与工程实施。

海洋碳封存是将捕集的二氧化碳注入海洋深处，随着海水深度的增加，压力不断增加、温度不断降低，使二氧化碳从气态逐渐过渡到液态水合态，并最终转化为固态封存深海，二氧化碳将与大气隔绝几个世纪。在过去的 200 年，海洋从大气中吸收二氧化碳约 5000 亿吨，而人类排放的二氧化碳总量约为 13000 亿吨。海洋吸收二氧化碳主要存在于海洋上部，迄今已导致海洋表面 pH 下降约 0.1，而海洋深处的 pH 几乎没有变化。

（4）煤层碳封存安全监测与评估

煤炭是二氧化碳的天然吸附剂，其对二氧化碳的吸附能力约为甲烷的 2 倍；且煤层封存二氧化碳的同时，可实现煤层气的高效采收，具有明显的经济优势。煤层安全储碳机理如图 3.23 所示。煤层作为储气层具有两方面显著特征：①在一定温度和压力作用下，煤层具有吸附和容纳气体的能力；②煤层在成煤作用及地

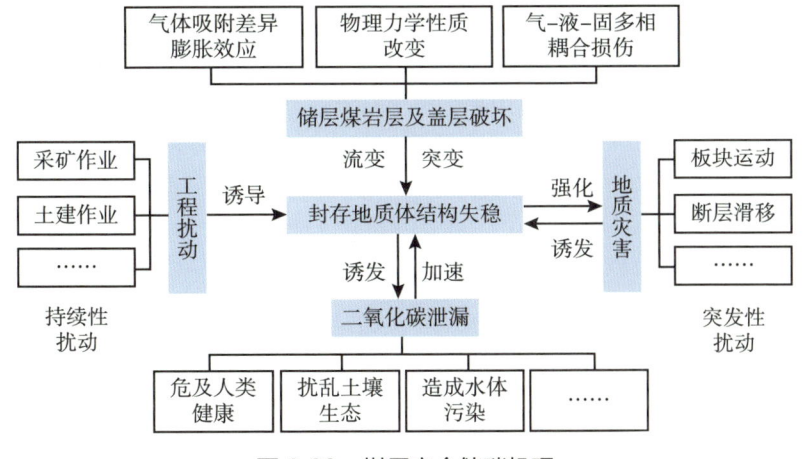

图 3.23 煤层安全储碳机理

质运动的作用下形成了双重孔隙结构介质，包含原生微孔结构和次生大孔隙、裂隙结构，该结构可为煤层气的储集和运移提供必要的场所和通道。

煤层二氧化碳封存安全性主要受封存地质体结构、地质灾害、工程扰动等因素影响。注入二氧化碳后，由于煤层对二氧化碳、甲烷吸附产生的差异性膨胀效应、气－液－固多相耦合损伤等引起区域应力场变化，易引发储层煤岩破裂、盖层破坏以及断层滑动等地质体结构失稳，导致二氧化碳泄漏。超临界二氧化碳注入还会降低煤体的力学强度，进而对煤层结构稳定产生影响。

目前，针对二氧化碳地质封存的安全监测，已经形成了以压力监测、电磁性能监测、热导性能监测、地球化学效应监测、微地震波扫描、偶极声呐成像等为代表的地下监测手段和以红外气体分析、涡量相关监测、激光雷达监测、同位素监测等为代表的地上监测方法。为了实现煤层安全储碳，在做好监测预警的同时，还需要配套的防控措施和应急处置，这也是当前煤层碳封存领域的研究空白。同时，煤层碳封存安全监测预警还需与多网融合、大数据及智能云技术进行有效结合，实现实时高效地远程诊断预警并为现场应急处置及灾害治理提供远程帮助。

参考文献

[1] 李新创. 中国钢铁绿色低碳发展路径［M］. 北京：冶金工业出版社，2022.

[2] 蒋滨繁，夏德宏，陈映君. 基于中国能流解析的钢铁工业终端节能重要性和潜力研究［J］. 冶金能源，2022（41）：8–13.

[3] 国家统计局能源统计司. 中国能源统计年鉴［M］. 北京：中国统计出版社，2021.

[4] 中国钢铁工业年鉴委员会. 中国钢铁工业年鉴［M］. 北京：冶金工业出版社，2021.

[5] 许满兴，何国强，张天启，等. 铁矿石烧结生产实用技术［M］. 北京：冶金工业出版社，2019.

[6] 蔡立军，张文政. 新天钢联合特钢实现超厚料层烧结高效低耗有妙招［N］. 中国冶金报，2021–09–07.

[7] 闫小卫. 烧结燃料分加工艺优化试验研究［J］. 山东冶金，2017，39（3）：23–25.

[8] 夏德宏，邹婕，高彦，等. 聚焦辐射式烧结机点火器的开发与应用［J］. 冶金能源，2002（3）：11–13.

[9] 张俊杰，裴元东，龙红明，等. 中天钢铁烧结富氧点火研究与应用［J］. 中国冶金，2021，31（8）：54–59.

[10] 张欣欣，张安强，冯妍卉，等. 焦炉能耗分析与余热利用技术［J］. 钢铁，2012，47（8）：1–4，12.

[11] 徐列，张欣欣，张安强，等. 换热式两段焦炉及其炼焦工艺[J]. 中国冶金，2013，23（7）：51-55.

[12] 谢克昌，张永发，赵炜."双气头"多联产系统基础研究——焦炉煤气制备合成气[J]. 山西能源与节能，2008（2）：10-12.

[13] Jiang B, Xia D, Zhang H, et al. Effective waste heat recovery from industrial high-temperature granules: A Moving Bed Indirect Heat Exchanger with embedded agitation [J]. Energy, 2020（208）: 118346.

[14] 王如竹，王丽伟，蔡军，等，工业余热热泵及余热网络化利用的研究现状与发展趋势[J]. 制冷学报，2017，38（2）：1-10.

[15] 上官方钦，殷瑞钰，李煜，等. 论中国发展全废钢电炉流程的战略意义[J]. 钢铁，2021，56（8）：86-92.

[16] 陈涛，钢水快速测温仪的设计与应用[J]. 科技创新与应用，2012，22（16）：44.

[17] 何春来，朱荣，董凯，等. 基于烟气成分分析的电弧炉炼钢脱碳模型[J]. 北京科技大学学报，2010，32（12）：1537-1541.

[18] 朱荣，魏光升，张洪金. 近零碳排电弧炉炼钢工艺技术研究及展望[J]. 钢铁，2022，57（10）：1-9.

[19] 刘庆超，杨畅，周正华. 光伏发电制氢技术经济可行性研究[J]. 电力设备管理，2019（11）：92-93.

[20] 毛新平，等. 热轧板带近终形制造技术[M]. 北京：冶金工业出版社，2020.

[21] 殷瑞钰，张慧. 新形势下薄板坯连铸连轧技术的进步与发展方向[J]. 钢铁，2011，46（4）：1.

[22] 汪水泽，高军恒，吴桂林，等. 薄板坯连铸连轧技术发展现状及展望[J]. 工程科学学报，2022，44（4）：12.

[23] 毛新平. 薄板坯连铸连轧微合金化技术[M]. 北京：冶金工业出版社，2008.

[24] S Xu, S Li, S Wang, et al. Research status and prospect of direct strip casting manufactured low-carbon microalloyed steel [J]. Iron Steel Res. Int., 2022, 29（1）: 17-33.

[25] H Gao, Z Xie, Y Yu, et al. Dynamic recrystallization behavior of twin roll cast low carbon steel strip [J]. ISIJ Int., 2009, 49（4）: 546-552.

[26] 范洪波，曹福洋，蒋祖龄，等. 铝基非晶态合金的制备方法及性能[J]. 材料导报，1997（2）：13-17.

[27] Doherty J A. Linking continuous casting and rolling [J]. Metals Technology, 1982, 9（1）: 34-36.

[28] 罗光政，刘鑫，范锦龙，等. 棒线材免加热直接轧制技术研究[J]. 钢铁研究学报，2014，26（2）：13-16.

[29] 李勇. 棒线材连铸无补热直接轧制技术分析[J]. 现代冶金，2017，45（6）：44-48.

[30] 徐斌，陈文勇，赵永勐，等. 长型材直轧技术应用实践[J]. 山东冶金，2021，43（6）：

59-61.

[31] 陈庆安. 棒线材免加热直接轧制工艺与控制技术开发[D]. 沈阳：东北大学，2016.

[32] 刘相华，刘鑫，陈庆安，等. 棒线材免加热直接轧制的特点和关键技术[J]. 轧钢，2016，33（1）：1-4.

[33] 刘令传. 我国钢铁工业固体废物综合利用产业发展现状及建议[J]. 中国资源综合利用，2021，39（1）：113-116.

[34] 王慧慧. 利用高炉渣制备堇青石的研究[D]. 马鞍山：安徽工业大学，2013.

[35] 汤鉴淮，于敬雨，马北越，等. 高炉渣的高附加值利用研究现状[J]. 耐火与石灰，2022，47（4）：24-29.

[36] Zhao D, Zhang Z, Tang X, et al. Preparation of slag wool by integrated waste-heat recovery and resource recycling of molten blast furnace slags: From fundamental to industrial application [J]. Energies, 2014, 7（5）: 3121-3135.

[37] 赵大伟. 热态高炉渣能质耦合利用的工艺研究[D]. 北京：北京大学，2015.

[38] 赵俊学，李小明，唐雯聃，等. 钢渣综合利用技术及进展分析[J]. 鞍钢技术，2013（3）：1-6.

[39] 魏瑞丽. 钢铁工业主要固体废弃物资源化利用的技术现状分析研究[D]. 西安：西安建筑科技大学，2010.

[40] 袁宏涛，贵永亮，张顺雨. 钢渣综合利用综述[J]. 山西冶金，2016，39（1）：35-37.

[41] 任奇，王颖杰，李双林. 钢渣处理与综合利用技术[J]. 钢铁研究，2012，40（1）：54-57.

[42] 庞才良，杨雪晴，宋杰光. 钢渣综合利用的研究现状及发展趋势[J]. 砖瓦，2020，387（3）：79-82.

[43] 孙永奇. 高温熔渣的余热利用基础研究[D]. 北京：北京大学，2017.

[44] 王晨宇. 从钢铁冶炼尘泥中选择性浸出铅、银、锌的研究[D]. 昆明：昆明理工大学，2020.

[45] 修春雨. 含锌尘泥材料化利用过程中铁和锌的利用率优化[D]. 马鞍山：安徽工业大学，2020.

[46] 高永鹏，孙文强. 耐火材料循环利用的意义与发展[J]. 冶金与材料，2020，152（1）：171-173.

[47] 王博. 典型硅铝酸盐工业固体废物制备氮氧化物耐火材料的研究[D]. 北京：北京大学，2014.

[48] 陈永瑞. 干法脱硫灰的理化特性及其综合利用现状[J]. 福建师大福清分校学报，2019（2）：15-20.

[49] 王强，黎梦圆，石梦晓. 水泥-钢渣-矿渣复合胶凝材料的水化特性[J]. 硅酸盐学报，2014，42（5）：629-634.

[50] 朱恩欢，林云腾，龚涵，等. 高炉镍铁渣粉对混凝土性能的影响[J]. 混凝土与水泥制

品，2017（12）：97-99.

[51] 侯景鹏，陈群，史巍，等. 钢渣和粉煤灰对重混凝土性能的影响[J]. 混凝土与水泥制品，2020（11）：92-95.

[52] 单昌峰，王键，郑金福，等. 镍渣在混凝土中的应用研究[J]. 硅酸盐通报，2012，31（5）：1263-1268.

[53] Ryu H G, Zhang Z T, Cho J W, et al. Crystallization behaviors of slags through a heat flux simulator[J]. ISIJ International, 2010（50）: 1142-1150.

[54] 唐续龙. 高炉渣和粉煤灰制备矿渣纤维物理化学基础研究[D]. 北京：北京科技大学，2011.

[55] 刘卫星. 高炉渣制备矿渣棉调质研究[D]. 唐山：河北联合大学，2013.

[56] Li J, Liu W X, Zhang Y Z, et al. Research on modifying blast furnace slag as a raw of slag fiber[J]. Materials and Manufacturing Processes, 2015, 30（3）: 374-380.

[57] 肖永力，李永谦，刘茵，等. 高炉渣矿棉的研究现状及发展趋势[J]. 硅酸盐通报，2014（33）：1690-1694.

[58] Li P, Yu Q, Qin Q, et al. Adaptability of coal gasification in molten blast furnace slag on coal samples and granularities[J]. Energy & Fuels, 2011, 25（12）: 5678-5682.

[59] Li P, Yu Q, Qin Q, et al. Kinetics of CO_2/Coal gasification in molten blast furnace slag[J]. Industrial & Engineering Chemistry Research, 2012, 51（49）: 15872-15883.

[60] Duan W, Yu Q, Liu J, et al. Characterizations of the hot blast furnace slag on coal gasification reaction[J]. Applied Thermal Engineering, 2016（98）: 936-943.

[61] Shatokha V I, Sokolovskaya I V. Study on effect of coal treatment with blast furnace slag on char reactivity in air[J]. Ironmaking & Steelmaking, 2012, 39（6）: 439-445.

[62] Cahyono R B, Rozhan A N, Yasuda N, et al. Integrated coal-pyrolysis tar reforming using steelmaking slag for carbon composite and hydrogen production[J]. Fuel, 2013（109）: 439-444.

[63] 夏文尧. 高炉喷吹改质焦炉煤气减少二氧化碳排放的技术发展[J]. 世界钢铁，2013，13（4）：5-9.

[64]《中国炼铁三十年》组. 中国炼铁三十年：1949—1979[M]. 北京：冶金工业出版社，1981.

[65] 田宝山. 八钢富氢碳循环高炉低碳冶炼技术研究与实践[J]. 新疆钢铁，2021（4）：1-3.

[66] 张淑会，邵建男，兰臣臣，等. 生物质能在炼铁领域应用的研究现状及展望[J]. 钢铁，2022，57（12）：13-22.

[67] Babich A, Senk D, Fernandez M. Charcoal behaviour by its injection into the modern blast furnace[J]. ISIJ international, 2010, 50（1）: 81-88.

[68] Wang C, Larsson M, Lövgren J, et al. Injection of solid biomass products into the blast furnace and its potential effects on an integrated steel plant[J]. Energy Procedia, 2014（61）: 2184-

2187.

[69] 杨小彦, 陈刚, 殷海龙, 等. 不同原料制氢工艺技术方案分析及探讨 [J]. 煤化工, 2017, 45 (6): 40-43.

[70] 朱国海. 高炉富氢还原研究 [J]. 钢铁, 2020, 55 (10): 1-14.

[71] 杨广庆, 张建良, 陈永星, 等. 炉腹煤气中氢气含量对炉料软熔性能的影响 [J]. 钢铁, 2012, 47 (9): 14-18.

[72] 李福民, 马明鑫, 李秀兵, 等. 氢气对高炉炉料低温还原粉化的影响 [J]. 河北理工学院学报, 2006 (3): 25-30, 39.

[73] 吕庆, 李福民, 李秀兵, 等. 高炉喷吹煤气后固体炉料的还原与变化 [J]. 钢铁, 2008 (1): 17-21.

[74] Duarte P, Becerra J, Lizcano C, et al. Energiron Direct Reduction ironmaking-Economical, flexible, environmentally friendly [J]. Steel Times International, 2010, 34 (3): 25.

[75] Edstrom J. The mechanism of reduction of iron oxides [J]. Journal of the Iron and Steel Institute, 1953, 175 (3): 289.

[76] Nuber D, Eichberger H, Rollinger B. Circored fine ore direct reduction [J]. Millen Steel, 2006: 37-40.

[77] 曹朝真, 郭培民, 赵沛, 等. 高温熔态氢冶金技术研究 [J]. 钢铁钒钛, 2009, 30 (1): 1-6.

[78] Vogl V, Åhman M, Nilsson L J. Assessment of hydrogen direct reduction for fossil-free steelmaking [J]. Journal of Cleaner Production, 2018 (203): 736-745.

[79] 张玉文, 丁伟中, 郭曙强, 等. 非平衡等离子态氢还原金属氧化物的实验 [J]. 上海金属, 2004 (4): 17-20.

[80] Rajput P, Bhoi B, Sahoo S, et al. Preliminary investigation into direct reduction of iron in low temperature hydrogen plasma [J]. Ironmaking & Steelmaking, 2013, 40 (1): 61-68.

[81] Bogaerts A, Neyts E, Gijbels R, et al. Gas discharge plasmas and their applications [J]. Spectrochimica Acta Part B: Atomic Spectroscopy, 2002, 57 (4): 609-658.

[82] D Raabe, C C Tasan, E A Olivetti. Strategies for improving the sustainability of structural metals [J]. Nature, 2019, 575 (7781): 64-74.

[83] B B He, B Hu, H W Yen, et al. High dislocation density induced large ductility in deformed and partitioned steels [J]. Science, 2017, 357 (6355): 1029-1032.

[84] L Liu, Q Yu, Z Wang, et al. Making ultrastrong steel tough by grain-boundary delamination [J]. Science, 2020, 368 (6497): 1347-1352.

[85] S Jiang, H Wang, Y Wu, et al. Ultrastrong steel via minimal lattice misfit and high-density nanoprecipitation [J]. Nature, 2017, 544 (7651): 460-464.

[86] M Niu, G Zhou, W Wang, et al. Precipitate evolution and strengthening behavior during aging process in a 2.5 GPa grade maraging steel [J]. Acta Materialia, 2019 (179): 296-307.

[87] Y Wang, J Sun, T Jiang, et al. A low-alloy high-carbon martensite steel with 2.6 GPa tensile strength and good ductility [J]. Acta Materialia, 2018 (158): 247-256.

[88] C Liu, R I Revilla, Z Liu, et al. Effect of inclusions modified by rare earth elements (Ce, La) on localized marine corrosion in Q460NH weathering steel [J]. Corrosion science, 2017 (129): 82-90.

[89] L Wang, Q Lin, J Ji, et al. New study concerning development of application of rare earth metals in steels [J]. Journal of Alloys and Compounds, 2006 (408): 384-386.

[90] X Cheng, Z Jin, M Liu, et al. Optimizing the nickel content in weathering steels to enhance their corrosion resistance in acidic atmospheres [J]. Corrosion Science, 2017 (115): 135-142.

[91] 李新创. 中国钢铁产品全生命周期评价理论与实践 [J]. 中国冶金, 2019, 29 (4): 1-5.

[92] 毛卫民, 杨平. 电工钢的材料学原理 [M]. 北京: 高等教育出版社, 2013.

[93] 江镇海. 我国首套燃烧前二氧化碳捕集装置建成投运 [J]. 化工装备技术, 2017, 38 (2): 5.

[94] 刘敦禹, 蔡雨阳, 金晶, 等. 富氧燃烧烟气净化工艺研究进展 [J]. 洁净煤技术, 2021, 27 (2): 79-91.

[95] 桂霞, 王陈魏, 云志, 等. 燃烧前二氧化碳捕集技术研究进展 [J]. 化工进展, 2014, 33 (7): 1895-1901.

[96] 李军, 崔凤霞, 李荣. 二氧化碳还原技术研究进展 [J]. 精细石油化工, 2017, 34 (2): 75-82.

[97] 朱荣, 王雪亮, 刘润藻. 二氧化碳在钢铁冶金流程应用研究现状与展望 [J]. 中国冶金, 2017, 27 (4): 1-4, 10.

[98] 郭占成. 煤基能源流程工业节能减排技术探讨: 钢铁-化产-电力-建材多联产 [J]. 中国基础科学, 2018, 20 (4): 61-69.

[99] 谢和平, 王昱飞, 储伟, 等. 氯化镁矿化利用低浓度烟气二氧化碳联产碳酸镁 [J]. 科学通报, 2014, 59 (19): 1797-1803.

[100] 谢和平, 王昱飞, 鞠杨, 等. 地球自然钾长石矿化二氧化碳联产可溶性钾盐 [J]. 科学通报, 2012, 57 (26): 2501-2506.

[101] 张丹, 王杰. 国内微电网项目建设及发展趋势研究 [J]. 电网技术, 2016, 40 (2): 451-458.

[102] 张羽. 光伏发电在城市钢铁企业中的应用 [J]. 产业与科技论坛, 2016, 15 (7): 85-86.

[103] 谢和平, 刘涛, 吴一凡, 等. 二氧化碳的能源化利用技术进展与展望 [J]. 工程科学与技术, 2022, 54 (1): 145-156.

[104] Xie Heping, Liu Tao, Wang Yufei, et al. Enhancement of electricity generation in CO_2 mineralization cell by using sodium sulfate as the reaction medium [J]. Applied Energy, 2017

(195): 991-999.

[105] Gale J, Freund P. Coal-bed methane enhancement with CO_2 sequestration worldwide potential [J]. Environmental Geosciences, 2001, 8 (3): 210-217.

[106] 田巍, 邓瑞健, 李中超, 等. 碳封存过程中溶蚀作用对岩石渗透性的影响 [J]. 陕西科技大学学报, 2018, 36 (6): 103-109.

[107] 程杰成, 朱维耀, 姜洪福. 特低渗透油藏二氧化碳驱油多相渗流理论模型研究及应用 [J]. 石油学报, 2008 (2): 246-251.

[108] 李子波, 刘连文, 赵良, 等. 应用超基性岩尾矿封存二氧化碳——以金川铜镍矿尾矿为例 [J]. 第四季研究, 2011 (31): 464-472.

[109] 周来, 冯启言, 李向东, 等. 深部煤层对二氧化碳地质处置机制及应用前景 [J]. 地球与环境, 2007 (1): 9-14.

[110] 张成龙, 郝文杰, 胡丽莎, 等. 泄漏情景下碳封存项目的环境影响监测技术方法 [J]. 中国地质调查, 2021, 8 (4): 92-100.

第4章 典型钢铁企业低碳发展目标及技术路线图

钢铁工业是世界各国关注的重点碳排放行业，也是落实碳减排的重要领域，推动钢铁的可持续发展以及二氧化碳减排是世界钢铁行业的共识。本章主要介绍了全球钢铁行业技术路线图、国内外钢铁行业碳排放现状和发展趋势，以及国内外典型钢铁企业低碳发展目标及技术路线图，以期为其他钢铁企业提供有益借鉴。

4.1 全球钢铁行业技术路线图

国际能源署于2020年10月发布《世界能源技术展望2020——钢铁技术路线图》，该报告重点表述了以下几点。

4.1.1 钢铁能源相互成就

钢铁是能源转型的一个不可或缺的组成部分，太阳能电池板、风力涡轮机、大坝和电动汽车在不同程度上都依赖钢铁。自1970年以来，全球钢铁需求增长了3倍多，并随着经济增长、城市化、消费更多商品和基础设施建设而持续增长。

在重工业中，钢铁行业二氧化碳排放第一。钢铁行业每年直接排放26亿吨二氧化碳，占全球能源系统排放总量的7%。钢铁行业目前是煤炭的最大工业消费用户，且约75%的能源需求来自煤炭。煤被用来产生热量和制造焦炭，而焦炭在生产钢铁所必需的化学反应中起着重要作用。

4.1.2 满足预期需求增长挑战巨大

预计到2050年，全球钢铁需求将增长1/3以上。新冠肺炎疫情对全球供应链产生了冲击，2020年全球粗钢产量比2019年下降约5%。中国逆全球趋势而动，其产量在2020年继续增长。在经历了短暂的全球衰退后，钢铁行业在我们的基线预测中恢复了强劲的增长轨迹。如果不采取针对性措施，在可能的地方减少钢铁需求，并对现有的生产企业进行全面改革，预计二氧化碳排放量将继续上升，到2050年将达到每年27亿吨。

4.1.3 提高极致能源与资源利用效率

为了实现全球能源和气候目标（1.5℃温控目标），到2050年钢铁工业的排放量至少下降50%，此后将继续向零排放迈进。国际能源署的可持续发展情景为能源系统在2070年前实现零排放提出了一个方案。与基准情景相比，到2050年钢铁生产平均直接二氧化碳排放强度下降60%，到2070年全球钢铁行业直接二氧化碳排放需减少90%。

更有效地使用钢材减轻了工艺技术转变所需的负荷。与基线预测相比，在供应链沿线实施一系列提高材料效率的措施，将使2050年的全球钢铁需求减少约1/5。节约源于在部门及其供应链内采取的措施（如提高制造产量）和在部门下游采取的措施（如延长建筑寿命），其中后一类贡献了大部分的材料节约。在可持续发展方案中，材料效率提升战略贡献了累计减排的40%。

改善现有设备的能源性能是重要的，但本身并不足以实现长期转型。最先进的高炉能源强度已经接近实际的最低能源需求。对于效率不高的设备，目前的能源性能和最佳性能之间的差距可能会大得多，但由于能源在生产成本中占很大比例，人们已经有动力替换效率最低的工艺装置。运行效率的提高包括强化过程控制和预测性维护策略以及可用的最佳技术的实施，在可持续发展情景下为将累计减排贡献约20%。

新的炼钢工艺至关重要，氢能，二氧化碳捕集、利用与封存，生物能源和直接电气化都是实现炼钢深度减排的途径，目前正在探索多种新的工艺设计。能源价格、技术成本、原材料的可得性和区域政策格局都是在可持续发展情景中决定技术组合的因素。在一些国家获得低成本的可再生电力为氢基直接还原铁路线提供了竞争优势，到2050年该路线将占到全球初级钢产量的15%以下。创新的熔融还原、基于天然气的直接还原铁和各种创新的高炉概念，都配备了二氧化碳捕集、利用与封存，在当地政策背景有利且廉价化石燃料丰富的地区盛行。在可持续发展情景中，氢能和二氧化碳捕集、利用与封存加在一起约占累计减排量的1/4。

如果没有近零排放炼钢技术的创新，就无法实现深度减排。在可持续发展情景下，到2050年的累计减排中有30%来自目前处于示范或原型阶段的炼钢技术。如果不继续通过创新推动这些技术，在可持续发展方案中利用二氧化碳捕集、利用与封存和低碳氢设施的快速部署就不会实现。快速创新情景探讨了将能源系统达到净零排放的日期提前到 2050 年的技术意义。在快速创新情景下，到 2050 年每年减少的排放中有近 3/4 来自目前尚未商业化的技术，而在可持续发展情景下这一比例约为 40%。

4.1.4 需要政府帮助加速转型

钢铁行业的可持续转型不会自行实现，政府将发挥核心作用。政策组合将是多种多样的，但以下建议可作为寻求实施变革和加速过渡的起点：①为减少二氧化碳排放建立一个长期且不断增加的信号；②管理现有资产和短期投资；③创造一个接近零排放的钢材市场；④支持近零排放炼钢技术示范；⑤加速材料的效率；⑥加强国际合作，确保公平的全球竞争环境；⑦发展近零排放技术的配套基础设施；⑧跟踪进度并改进数据收集。

2030 年是加速过渡的关键窗口，从现在开始应在三个短期优先领域制定切实和可衡量的目标：①技术性能和材料效率。为了减轻今后部署创新技术和促进基础设施的负担，必须抓住机会，通过一套现成的最佳技术和措施，更有效地利用能源和材料。②现有资产和新的基础设施。必须制订一项计划，以应对现有资产，即承认只需一个投资周期就可以实现生产二氧化碳强度的下降。与此同时，需要协同推进新的氢和二氧化碳运输和储存基础设施，为部署创新技术铺平道路。③研发和示范。未来十年的创新近零排放技术试点和示范项目必须与 2030 年以后的部署目标一致。

4.2 国内外钢铁行业碳排放现状和发展趋势

4.2.1 国外钢铁行业碳排放现状和发展趋势

钢铁工业是世界各国关注的重点碳排放行业，也是落实碳减排的重要领域，推动钢铁的可持续发展以及二氧化碳减排是世界钢铁行业的共识。自 2020 年下半年以来，欧洲钢铁工业联盟陆续发布了《钢铁绿色协议》的发展路径和具体要点，明确指出欧洲钢铁工业将在 2050 年前实现转型，成为低碳循环经济的核心，并承诺到 2050 年减少 80%~95% 的温室气体排放（相较于 1990 年）。目前，国际上对钢铁行业碳减排技术研究主要集中在二氧化碳捕集、利用与封存和氢冶金技术方面。

二氧化碳捕集、利用与封存技术是全球气候目标实现不可或缺的减排技术组合，被认为是有望实现二氧化碳大规模减排的技术，尤其适用于钢铁行业这种排放强度高的集中点源，因此该技术应用于钢铁行业减少二氧化碳排放的可行性及潜力巨大。安赛乐米塔尔公司在法国建立了一条二氧化碳捕集再利用生产线，将冶铁高炉中排放的二氧化碳捕集后，与天然气混合，利用来自可再生电力、生物质或废弃塑料燃烧产生的热量在高温下反应，转化成氢气和一氧化碳混合物，可再次进入高炉利用。德国也正积极开展高炉含碳废气的再利用研究，并开展了二氧化碳 Chem 项目，研究将高炉废气转化为合成燃料气，以减少化石燃料的使用。

氢冶金是近十年钢铁行业减少二氧化碳排放的全新前沿技术。氢冶金是氢能在工业领域的重要应用，是钢铁生产实现无化石能源冶炼的重要路径之一，是助力钢铁工业实现绿色低碳高质量发展的重要技术方向。以氢代替碳是当前钢铁行业低碳发展、能源变革的重要方向，也是钢铁行业实现高质量发展的重要出路。目前，国内外多家钢铁企业对氢冶金进行了深度布局，如安赛乐米塔尔公司建设的氢能炼铁工厂、奥钢联集团氢气 Future 项目、德国蒂森克虏伯公司的氢炼铁技术、日本 COURSE 50 项目等。安赛乐米塔尔公司已投资 6500 万美元在德国汉堡建设了一条利用氢气直接还原铁矿石冶铁的生产线（产能 10 万吨/年），氢气来源于可再生能源电力制备。无独有偶，德国蒂森克虏伯公司也于 2019 年 11 月正式开始用氢气作为还原剂的炼钢生产，并基于这一技术路径公布了吨钢碳排放强度 2030 年减排 30%、2050 年实现碳中和的行动目标。

除上述两种减排潜力巨大的技术，国外钢铁企业同时还在积极探索其他减排技术，包括：①使用天然气替代冶金焦煤，部分先进工艺的鼓风炉替代率可达到 50%；②使用生物焦炭（通过干馏废弃生物质得到），安赛乐米塔尔公司在比利时建设了一条生物炼焦生产线，每年可转化利用 12 万吨的废弃生物质；③电解冶炼，原则上铁矿石中的三价铁、二价铁（氧化铁或 Fe_3O_4）可通过电解被还原，电解用的电能来源于可再生能源，且研究发现同样产能条件下，电解冶炼工艺所耗用的电量小于氢气冶炼工艺中制备氢气所耗用的电能。安赛乐米塔尔公司目前正在开发电解冶炼的示范实验项目，使用的电力来自可再生能源。

4.2.2 中国钢铁行业碳排放现状和发展趋势

2020 年亚洲粗钢产量 13.511 亿吨，同比增长 1.6%。其中，我国大陆粗钢产量为 10.65 亿吨，同比增长 7.0%，占全球粗钢产量的份额从 2019 年的 53.3% 上升至 2020 年的 57.6%。作为世界钢铁生产和消费中心，我国粗钢产量占全球的一半以上，加之我国钢铁以高炉-转炉长流程生产工艺为主，碳排放量占全球钢铁行业的 60% 以上，占全国碳排放总量的 15% 左右。高效推进绿色低碳发展将是钢铁行业未来高质量发展的重要内涵之一。

低碳冶炼涉及节能降耗、流程优化和突破性低碳技术应用等诸多方面。冶炼过程节能降耗在碳达峰阶段仍然是钢铁行业降低碳排放的重点工作，采用精料方针、稳定原料质量、优化配煤配矿，实现固体燃料消耗进一步降低，仍是降低钢铁冶金工业碳排放的有力措施。电炉短流程炼钢工艺吨钢二氧化碳排放量远低于长流程工艺，但由于废钢资源和冶炼成本的限制，我国电炉炼钢发展缓慢，电炉钢占比远低于世界电炉钢占比47%（不含中国）。

总之，我国钢铁工业在保持企业活力的同时实施低碳发展面临着不小的挑战，主要表现为：①在能源结构方面，我国钢铁工业能耗目前以煤为主要能源介质，低碳发展对能源结构提出新要求，如清洁能源电力供应亟待进一步提升，氢能供应相关的制氢、储氢技术有待进一步突破；②在流程结构方面，我国钢铁生产以高炉－转炉长流程为主，电炉短流程炼钢和非高炉炼铁工艺的发展受到原料供应和生产成本两方面压力，如废钢资源短缺、价格高等；③在炼铁炉料结构方面，我国长期以来以高碱度烧结矿为主体，配加部分酸性球团矿和少量块矿，使用大比例球团矿减少碳排放面临含铁原料资源紧张、高炉冶炼技术变革等难题。

4.3 典型钢铁企业低碳发展目标及技术路线图

4.3.1 浦项钢铁

4.3.1.1 低碳目标

韩国浦项制铁公司的碳中和目标是以2017—2019年碳排放量平均值为基准（7880万吨），到2030年减少20%；2040年减少50%；2050年实现碳中和。

4.3.1.2 低碳路径

韩国浦项制铁公司积极布局技术创新，大力开发氢还原炼铁工艺，逐步推进阶段性转换，最终将建立基于绿氢和可再生能源的碳中和炼铁工艺，同时还将建立完善的氢生态系统（氢生产、供应、利用等）。2021年韩国浦项制铁公司新设"低碳工程研究Group"组织，致力于氢还原炼铁技术的研发和商业化，以引领碳中和时代。

第一阶段：提高能源利用效率和经济的低碳燃/原料替代等，到2030年减少20%碳排放。

第二阶段：在炼铁工艺中使用天然气和含氢煤气、新电炉工艺、直接添加废钢的炼铁工艺和二氧化碳捕集、利用与封存技术等，到2040年减少40%碳排放。

第三阶段：以原有的FINEX技术为基础开发氢还原技术，最终实现基于氢还原和可再生能源的碳中和炼铁工艺，到2050年实现碳中和。

韩国浦项制铁公司低碳战略包括三部分：绿色工艺、绿色产品、绿色伙伴。绿色工艺是一项旨在减少工作场所温室气体排放的技术开发和投资活动，主要包括提高钢铁和材料生产过程中的能源效率，进行低碳投资和技术开发，增加废钢使用，应用二氧化碳捕集、利用与储存技术和氢还原炼铁技术的商业化。绿色产品是指能够为社会温室气体减排作出贡献的低碳钢材、新材料和副产品。绿色工艺主要技术措施包括：①在减碳阶段Ⅰ，推进生产数字化、智能化，推进设备现代化和合理化，以提高能源效率，此类措施预计实现10%减排量。②在减碳阶段Ⅱ，一方面强化废钢用量，包括降低转炉铁水比至70%、新建电弧炉、增加炼铁过程直接利用等，其中低铁水比技术预计实现10%减排量、炼铁直接利用废钢预计实现5%减排量；另一方面部分采用氢还原技术，即高炉和FINEX喷吹焦炉煤气、FINEX煤气等富氢气体以及喷吹来自天然气重整的氢气和绿氢等，预计可实现10%减排量。③在碳中和阶段，采用氢气直接还原零碳炼钢技术——HyREX。韩国浦项制铁公司将在2050年前将浦项厂和光阳厂的高炉分阶段转为氢还原炼钢，以实现净零排放。

4.3.1.3 技术支撑

韩国浦项制铁公司以固有的炼铁技术FINEX工艺为基础，开发出了韩国浦项制铁公司氢还原炼铁技术HyREX。该技术与高炉炼铁不同，直接采用粉状铁矿石和煤炭，通过流动还原炉和熔炉生产铁水，其中流动还原炉技术可以说是实现氢还原炼铁工艺的关键技术；与FINEX的区别是，不再使用煤产生的25%的氢和75%的一氧化碳作为还原剂，而是100%使用绿氢。

此外，韩国浦项制铁公司开发氢能产业（图4.1）、制定氢能战略，提出成为

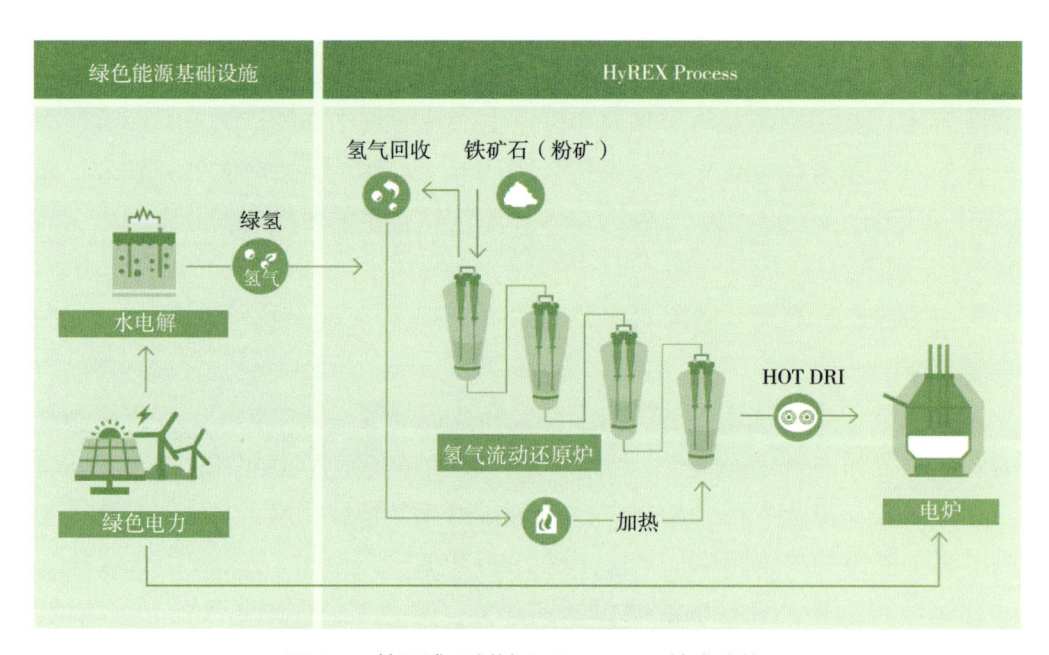

图4.1 韩国浦项制铁公司HyREX技术路线

推动全球绿氢经济发展的引领者，到2040年绿氢产能达到200万吨，并从制造、销售、集团投资等三个维度提出了行动措施。

4.3.1.4 具体实践

（1）成立碳中和战略组

2022年韩国浦项制铁公司创建了碳中和组织，加快向"环保钢铁生产－技术－销售－原料－投资体制"转型；新成立了负责系统实施碳中和路线图的碳中和战略组，以及推动电炉建设的电炉项目推进攻关组。通过对低碳工艺研究所的研究组织进行调整，加快HyREX和电炉工艺的研究。

（2）扩大可再生能源利用

韩国浦项制铁公司通过在钢铁厂停车场和工厂屋顶安装太阳能发电设施，同时通过直购电协议和可再生能源证书采购可再生能源，逐步扩大可再生能源的使用。

（3）上下游产业链协同降碳

韩国浦项制铁公司通过高强度钢板实现汽车轻量化、通过高效电工钢板提高电机和变压器的能效等扩大产品解决方案，有助于减少整个价值链的碳足迹。此外，通过水淬渣取代水泥黏结剂、减少稻田产生温室气体排放的硅酸质肥料、促进海洋森林修复的Triton人工鱼礁等实现副产品资源化。

4.3.2 中国宝武

4.3.2.1 低碳目标

2023年力争实现碳达峰，2025年具备减碳30%工艺技术能力，2035年力争减碳30%，2050年力争实现碳中和。

4.3.2.2 低碳路径

碳中和冶金技术路线图是中国宝武碳中和冶金六个技术突破方向的深层次融合，包含两条主要工艺路径：一是以富氢碳循环高炉为核心的高炉－转炉工艺路径，从微波烧结、新型炉料等技术生产的绿色化原料，进入富氢碳循环高炉进行炼铁，高铁水加入大量废钢进入多功能转炉炼钢，再通过近终形铸轧生产出高强、耐蚀、低功耗的绿色产品，富氢碳循环高炉煤气分离出来的一氧化碳进行资源化利用，从而形成完整的高炉转炉碳中和绿色产线；二是以氢基竖炉为核心的氢冶金工艺路径，通过可再生能源发电制氢，氢基竖炉还原铁矿石再接电炉，连同近终形铸轧，形成氢冶金碳中和路径。两条工艺路径可以在炼钢交汇，用于应对低品位炉料的挑战。这两条工艺路径加上碳资源综合利用、电加热等技术，形成了中国宝武碳中和冶金技术路线。

4.3.2.3 技术支撑

钢铁的碳中和绝对不是靠一两项技术就可以实现的，可能需要多项技术的有机组合。为了给中国宝武各基地选择实施技术的空间，中国宝武给出了6个技术方向的减排潜力预测。

（1）极致能效

之所以要把提升能源效率、实现极致能效放在首要位置，是考虑到成本、技术成熟度、资源可用性及政策部署，在变革性大幅减碳技术没有完全成熟之前，全流程能源效率提升将成为钢铁行业节能减碳的优先工作。

2018年以来，宝钢股份能源与环保委员会组织专业技术骨干，系统梳理出包含数百项可适用技术在内的节能低碳技术库，部分采用后，仅宝山基地就可能形成30万吨标准煤节能减碳举措，并据此制定了宝山基地的能效提升三年行动方案。

（2）富氢碳循环高炉工艺

这是中国宝武历经数年开发的独门绝技之一，也是最有希望在世界冶金史上留下宝武印迹的技术。我国废钢保有量和循环量较少，采用电炉短流程低碳工艺不足以保障国民经济对钢铁产品量的需求。高炉流程短时间内还将是中国钢铁工业的主流流程，中国宝武近94%的流程都是高炉长流程，总资产以数千亿计。

高炉之所以碳排放高，是因为高炉需要以煤制备成的大块焦炭作为骨架、还原剂和热源，以保障将铁矿石冶炼成金属铁的高效过程。由于受化学反应平衡限制，气相中需要保持过剩的一氧化碳，因此碳的利用率有限。在当前工艺中，煤气中的这些一氧化碳浓度太低，只能用来燃烧放热，不能用于还原。在碳中和背景下，煤气中的一氧化碳就成了宝贵的资源，应该发挥更重要的作用。

中国宝武正在探索的富氢碳循环高炉技术可以有效解决这个问题。富氢碳循环高炉技术特点的关键是全氧和煤气提质循环，高炉实现全氧鼓风后，避免了大量氮气进入高炉炉顶煤气，有利于一氧化碳和二氧化碳分离，分离得到的高浓度一氧化碳煤气被送至风口和炉身，用于还原铁矿石，这就是碳循环，可实现碳化学能的完全利用。同时，煤气循环也使煤气中的氢气在高炉内循环，解决了高炉使用大量富氢物质后氢利用率下降的问题，为富氢物质在高炉内的大量使用提供了先决条件，从而降低高炉流程对化石能源的消耗。以富氢碳循环为主要技术手段，最大限度利用碳的化学能，以降低高炉还原剂比为方向，加上绿色电加热和原料绿色化技术措施，完全具有实现高炉流程大幅减碳的潜力，有望继续延续高炉辉煌。

（3）氢基竖炉

用氢气还原氧化铁时，其主要产物是金属铁和水蒸气，还原后的尾气对环境没有任何不利影响，可以明显减轻对环境的负荷。使用清洁能源制取氢气，使用氢气还原铁矿石炼铁,有望实现近零碳排放的钢铁冶炼过程,是钢铁行业走向碳中和的重要路径之一。

采用绿色氢冶金虽然清洁,但由于氢气是最轻的气体、体积能量密度太小,发热量只有碳的72%,在还原铁矿石的过程中热量不足,不适合用来冶炼液态金属铁。因此,从冶金原理出发,中国宝武确定的氢冶金路径是开发氢基竖炉直接还原炼铁工艺,生产固态金属铁。

(4)近终形制造

与传统工艺相比,近终形制造技术流程更短、生产过程更加高效、能耗及排放更低,被认为是近代钢铁工业发展中的一项重大工艺技术革新。中国宝武已经开发出薄带连铸连轧技术,连同全球冶金技术工作者已经探索出的薄板坯连铸连轧技术、棒线材连铸连轧技术,将是轧制区域碳中和的重要工艺路线。在未新建产线的情况下,中国宝武正在推进棒线生产线的直接轧制,在重庆钢铁(集团)有限责任公司一条棒线产线上实现了直轧,同时正筹划在新疆建设一座全新的、极致短流程的薄带连铸零碳工厂。

(5)冶金资源循环利用

将循环资源在冶金领域有效、充分利用是实现循环经济的重要手段,充分利用好含铁含碳固体废物、钢铁循环材料和有机生物质资源是实现钢铁绿色低碳发展的关键路径。选择经济合理的内部循环路径,充分利用厂内固体废物中的铁、碳资源,可以减少矿煤资源消耗和实现固体废物零排放。以废钢为代表的钢铁循环材料是充分还原后的金属,属于载能和环保资源,大比例使用钢铁循环材料将是未来低碳冶金的重要发展方向,可以节约高炉铁水使用,从而大幅减少二氧化碳和污染物排放。我国有机固体废物资源丰富,其中仅农林生物质废弃物产量就达数亿吨,生物质生长时吸收的二氧化碳和燃烧时排放的二氧化碳构成平衡,不会增加大气中的浓度,因此被视为碳中性物质。冶金过程可使用生物质作为化石燃料的替代物,从而减少二氧化碳排放。

(6)二氧化碳回收及利用

清洁地使用碳的化学能,建立内外部的碳循环,过程中再加入适当的绿色能量,对碳和氢进行科学组合,实现碳、一氧化碳、二氧化碳循环及产品化利用,在热力学和动力学方面更有利于冶金过程,最终形成冶金工业中完整、可行的碳中和路径,也更利于目前钢铁行业的顺利转型。中国宝武从2015年开始的低碳冶金探索就是冶金煤化工耦合,试图把冶金过程产生的煤气制成化Ⅱ产品,以减少向大气排放二氧化碳。二氧化碳资源化利用的前提在于低成本捕获和净化冶金煤气中的二氧化碳,然后向清洁燃料、有机原料和化工产品制备方向拓展,业内已有多家企业在尝试,中国宝武也进行了二氧化碳分离的试验,已稳定运行了一年多。中国宝武正在与石油企业策划二氧化碳管道输送驱油技术。

以上六个方面技术将是中国宝武未来实现"双碳"的研发方向,技术突破后,各制造基地可根据自身情况从中进行组合,进而形成各基地的碳中和实施路径。

4.3.2.4 具体实践

为积极探索并开发完整的钢铁全流程碳中和路线,中国宝武已经在策划打造3个工业级别的碳中和示范性工厂,用于检验和完善碳中和技术路线。

(1)八钢富氢碳循环高炉

2019年1月,中国宝武在八钢成立富氢碳循环高炉项目组,开始对八钢已经废弃的430立方米高炉进行改造,于2020年7月试验平台投入运行,2021年4月开展了第一阶段试验,同年8月开展了第二阶段试验。经过两个阶段的试验,富氢碳循环高炉实现了50%的富氧率,同时在风口试验喷吹了从COREX分离的煤气和焦炉煤气,在中试平台初步实现了减少碳排放的目的。

(2)湛江钢铁氢基竖炉 – 电炉短流程零碳工厂

中国宝武策划在湛江基地建设一套绿氢全流程零碳工厂,2022年开始建造一套百万吨级的氢基竖炉,初期利用之前高炉配套焦炉生产的焦炉煤气还原铁矿石,随后采用42%氢基直接还原铁+58%废钢的电炉冶炼,与薄板坯连铸构建200万吨级的生产线,形成一个非常紧凑的短流程低碳冶金路线。未来,中国宝武在氢基竖炉的基础上,将利用南海的天然气乃至南海地区光伏、风能,配套上光 – 电 – 氢、风 – 电 – 氢绿色能源,形成与钢铁冶金工艺相匹配的全循环、封闭流程,产线碳排放较长流程降低90%以上,并通过二氧化碳捕集、森林碳汇等实现绿氢全流程零碳工厂。

(3)新疆天山钢铁巴州有限公司绿色短流程示范项目

风能和太阳能等绿色能源发电的最大问题是负荷不稳定,需要建立一套源、网、储电加上负荷与钢厂节奏匹配的封闭体系,才能使未来冶金工程的零碳能源供给具有连续性。中国宝武计划在新疆天山钢铁巴州有限公司建设一个十几平方千米的光伏电厂,由光伏电厂发绿电,进行全废钢电炉冶炼和薄带连铸轧制。目前该示范项目已经完成规划并在2022年开工建设。

2019年1月15日,中国宝武与中核集团、清华大学签订《核能 – 制氢 – 冶金耦合技术战略合作框架协议》,三方将合作共同打造世界领先的核氢冶金产业联盟。以世界领先的第四代高温气冷堆核电技术为基础,开展超高温气冷堆核能制氢技术研发,并与钢铁冶炼和煤化工工艺耦合,依托中国宝武产业发展需求,实现钢铁行业的二氧化碳超低排放和绿色制造。

4.3.3 河钢集团

4.3.3.1 低碳目标

河钢集团低碳发展将经历碳达峰平台期、稳步下降期及深度脱碳期三个阶段，通过实施六大技术路径和建设两大管理平台，实现2025年较碳排放峰值降低10%、2030年较碳排放峰值降低30%，并最终在2050年实现碳中和。

4.3.3.2 低碳路径

河钢集团的六大降碳技术路径为：①"铁素资源优化"路径，具体措施包括提高长流程球团比和废钢比；②"流程优化重构"路径，具体措施包括提高全废钢电炉流程比例和优化界面；③"系统能效提升"路径，具体措施包括应用各种节能技术、提高智能化管控水平和自发电比例；④"用能结构优化"路径，具体措施为绿电应用和绿色物流；⑤"低碳技术变革"路径，具体措施为氢冶金和二氧化碳捕集、利用与封存技术应用；⑥"产业协同降碳"路径，具体措施为发展森林碳汇、绿色建材和城市共融。

此外，河钢集团将着力推进碳数据管理平台建设，依托全过程碳排放核算管控平台，在集团内和行业内开展对标工作，构建减污降碳协同治理的工作机制。构建产品生命周期评价管理平台，建立钢铁产品生命周期数据库，搭建低碳节能绿色产品生产体系，打造绿色产品供应链。

4.3.3.3 技术支撑

（1）以超低排放为中心，引领行业绿色发展

河钢集团以技术升级驱动绿色化发展，累计投资305亿元，实施重点节能减排项目500余项。实施了全工序烟气超低排放改造，排放指标处于行业领先水平，推动了国家钢铁行业超低排放政策的实施。

（2）加快推进区位调整、转型升级

通过区位调整，高质量建成了河钢集团唐钢新区，打造绿色化、智能化、品牌化的新一代流程钢厂；高标准建成了河钢集团石钢新基地，打造新一代绿色低碳全废钢-电炉短流程钢厂；积极推进张宣高科基地建设，打造高端装备核心零部件制造和氢冶金示范基地。

（3）全面加快氢能全产业链布局

引领行业能源革命，积极探索氢能产业向规模化、集聚化和高端化发展。

（4）倾力打造低碳绿色产业生态圈

牵头成立世界钢铁发展研究院，致力于构建钢铁与人类社会、自然环境和谐

共生的产业生态圈。携手上下游打造钢铁低碳绿色产业链。牵头成立河北省二氧化碳捕集、利用与封存产业技术联盟，开展二氧化碳捕集、利用与封存技术的研发与示范。

4.3.3.4 具体实践

（1）布局氢能产业

"十四五"期间，河钢集团将大力发展氢能产业，率先实施氢能技术研发和产业化应用，引领行业能源革命。首座加氢示范站已于2020年8月建成投运，为推动河北省氢能汽车运输体系发展及公共交通运输行业碳减排作出贡献。

（2）开发河钢集团120万吨氢冶金示范性工程项目

2020年11月23日，卡斯特兰萨—特诺恩与河钢集团签订合同，建设氢能源开发和利用工程，这个具有示范意义的项目包括1座年产60万吨的ENERGIRON直接还原厂。河钢集团的直接还原厂将使用含氢量约70%的补充气源，河钢集团的工厂将以1吨直接还原铁仅产生0.25吨二氧化碳的指标构建全球最绿色的直接还原厂之一。同时，产生的二氧化碳将进行选择性回收，并可以在下游工艺进行再利用。

（3）开发河钢集团实施二氧化碳捕集课题项目

河钢集团工业技术总体组织实施的"钢铁行业烟气低浓度二氧化碳高效吸附捕集技术研发及示范"项目是河钢集团工业技术全面贯彻落实河钢集团低碳绿色发展行动计划的具体体现，将助力河钢集团加速实现"双碳"总体目标。

（4）建立WisCarbon碳中和数字化平台

河钢数字技术股份有限公司联合河钢集团战略研究院，在业内率先发布WisCarbon碳中和数字化平台，这是对河钢集团低碳发展战略的落实。WisCarbon碳中和数字化平台是在世界钢铁协会、中国钢铁工业协会的指导下，基于河钢数字WeShare工业互联网平台和河钢集团钢铁制造流程自主研发的第三方平台，致力于为钢铁及上下游行业、企业精准降碳提供全流程数字化解决方案服务。

参考文献

[1] 国际能源署. 钢铁行业技术路线图：朝向更可持续的钢铁制造[R]. 国际能源署, 2020.

[2] 张利娜, 李辉, 程琳, 等. 国外钢铁行业低碳技术发展概况[J]. 冶金经济与管理, 2018（5）: 30–33.

[3] 彭雪婷, 吕昊东, 张贤. IPCC AR6报告解读：全球碳捕集利用与封存（CCUS）技术发展评估[J]. 气候变化研究进展, 2022, 18（5）: 580–590.

[4] 赵沛,董鹏莉. 碳排放是中国钢铁业未来不容忽视的问题[J]. 钢铁, 2018, 53(8): 1-7.

[5] 李新创,李冰. 全球温控目标下中国钢铁工业低碳转型路径[J]. 钢铁, 2019, 54(8): 224-231.

[6] POSCO. POSCO碳中和路线规划[R]. POSCO, 2021.

[7] 中国宝武. 中国宝武碳中和行动方案[R]. 中国宝武, 2021.

[8] 河钢集团. 河钢集团低碳发展技术路线图[R]. 河钢集团, 2022.

第 5 章 钢铁行业清洁低碳技术展望与政策建议

技术的创新与突破是实现钢铁工业碳中和的关键,未来还有一批颠覆性的低碳技术亟待进一步突破,其减碳效果非常值得期待。同时,钢铁工业的清洁低碳转型,除需要加大技术的创新力度外,还需要有宏观政策层面的大力支持。本章将简要介绍钢铁低碳领域的前沿技术,并提出钢铁行业低碳发展的政策建议。

5.1 钢铁行业颠覆性低碳技术展望

5.1.1 系统能效提升颠覆性技术

随着高效烧结、焦炉大型化、Oxy-gen fuel 燃烧以及余热/余能深度回收等节能创新技术的发展和应用,以单体装备结构升级或单一工序优化为目标的节能潜力逐步趋于极限,未来钢铁工业能效进一步提升的增长点在于从提高全流程能源、资源综合利用效率的角度出发,优化系统能/质结构并实现协同、有序利用。相关颠覆性技术包括以下两种。

5.1.1.1 热化学余热回收耦合二氧化碳资源化转化技术

热化学余热回收是通过构建合理的化学反应体系,将余热直接作为化学反应热源,使热能转化为化学能储存在产物中,在实现余热高效回收的同时提升余热品位。在此基础上,进一步考虑将其与二氧化碳热还原过程耦合,通过余热温度与二氧化碳热还原反应热的能级匹配,利用高温烟气、固体散料、熔渣等余热直接作为甲烷或水蒸气与二氧化碳化学反应的热源,将热能转化为反应产物(一氧化碳和氢气)的化学能,实现余热的灵活存储利用和二氧化碳的资源化转化。

5.1.1.2 钢铁流程能/质结构重塑与跨行业协同共生

钢铁生产过程是远离平衡态的不可逆过程,必要的能源和资源输入是维持其动态有序结构的基础保障。钢铁流程能/质重塑的关键在于揭示多层级能量流/物质流解耦及其有序利用机制,并依据"能量品位对口、物质成分匹配"原则,与水泥、化工等构建跨行业能/质互馈、协同共生的绿色低碳工业园区,通过能/质有序利用实现钢铁工业过程极限节能降碳。

5.1.2 冶炼工艺颠覆性技术

当前世界的钢铁行业仍是碳基和煤基主导。氢能作为清洁能源,近年来被作为最有潜力的碳基的取代能源而不断研究。富氢冶金技术日益发展,氢能源在冶金领域的应用不再显得遥不可及。对于黑色金属冶炼行业而言,氢冶金工艺的研究、实验、中试和生产成为近年来的发展重心。

近几年国内氢冶金发展迅速,2019年中国宝武与中核集团、清华大学签订《核能-制氢-冶金耦合技术战略合作框架协议》,核能制氢将核反应堆与先进制氢工艺耦合,目标是实现超低排放下氢的大规模生产,并主要应用于冶金领域。该技术以高温气冷堆核电技术为基础,进行超高温气冷堆核能制氢技术的研发,将核电技术、绿氢制备与钢铁冶炼三种重要工艺耦合,实现钢铁行业的二氧化碳超低排放目标。此外,内蒙古赛思普科技有限公司总投资超过10亿元、年产30万吨的熔融还原法高纯生铁铸造项目已建成投产。该技术由北京建龙集团联合北京科技大学等国内顶尖冶金院校联合开发,通过富氢熔融还原工艺强化对焦炉煤气的综合利用,推动传统"碳冶金"向新型"氢冶金"转变。

当前,国内氢冶炼技术处于研发起步阶段,只有少数企业设立了以清洁能源生产氢气作为冶炼能源的目标,多数企业还是以利用焦炉煤气、化工副产品等富氢气体作为还原气冶炼的目标。因此,应尽早根据国内需求制定适合我国氢冶金发展的技术路线图,分阶段推进国内氢冶金项目研究进展。2025年以前,建立中试以确定大规模实现氢冶炼的可行性;2030年,实现以焦炉煤气、化工等副产品产生的富氢气体进行工业化生产;2050年,实现绿氢的大规模工业化生产,并实现绿氢在钢铁行业的大规模循环利用。对于未来的冶金领域而言,以水电、风电和核电电解水的氢气制备技术,以及质子交换膜的燃料电池氢源在制氢技术、核热制氢技术等绿色无污染的氢气制备工艺的规模化发展才是最主要且最具潜力的制氢技术。当前,氢冶金面临的问题不仅在于氢基取代碳基实现铁矿石还原这一个环节,氢气的制备、存储、运输、生产、尾气处理、产品使用,包括过程中的安全问题也是目前氢冶金发展面临的问题。因此,打造产氢、储氢、还原、产品使用一体化的现代氢冶金工艺流程不可忽视。

5.1.3 二氧化碳捕集、利用与封存颠覆性技术

低成本、低能耗、大规模、安全可靠的工程化二氧化碳捕集、利用与封存全流程技术体系和产业集群部署建设是二氧化碳捕集、利用与封存的主要目标，加快其关键理论创新与技术研发是实现二氧化碳捕集、利用与封存集群化规模部署的紧迫任务。然而，目前工程化二氧化碳捕集、利用与封存全流程关键性技术环节和瓶颈尚未取得实质性突破，存在二氧化碳捕集效率低、二氧化碳地质封存与地质利用安全性、经济性差等诸多问题，实现工程化二氧化碳捕集、利用与封存全流程技术仍面临挑战。

5.1.3.1 二氧化碳捕集方面

重点突破固体吸附技术，利用固体吸附剂在持续式变温吸附流化床中将二氧化碳与烟气流分离，实现高效吸附，降低捕集成本；加强直接空气捕集系统、阿拉姆循环、煤气化燃料电池联合循环、膜分离法和低温分离法等新一代捕集技术的研究，攻克其成本高、稳定性差、难以大型化等技术瓶颈。当前，二氧化碳捕集环节仍旧是二氧化碳捕集、利用与封存技术成本最高的部分，可以说降低捕集成本是二氧化碳捕集、利用与封存技术推广应用的关键，也是着力发展的颠覆性技术方向之一。

5.1.3.2 二氧化碳转化利用方面

探索具有高转化率、低能耗、适用于工业化的二氧化碳资源化利用技术路径，如利用电催化技术，使用可再生电力制成的氢气与废弃二氧化碳生产可再生甲醇；使用回收的二氧化碳作为传统油基原料，应用于工业生产多元醇，即聚氨酯的主要原料；在特定催化条件下对废弃二氧化碳进行加氢处理，直接获得低碳烃类化合物，甚至直接获得可直接使用的汽油类化石燃料。在电催化方面，寻找生命周期长、催化效率高、成本低的高性能催化剂或电极是实现二氧化碳高效转化的关键。

5.1.3.3 二氧化碳利用与封存方面

重点研究二氧化碳地质封存，依据我国地质条件的复杂性和封存地质体的多样性，研发具有地质适配性的高效、安全、产业化的二氧化碳利用与地质封存关键技术，重点突破油气藏和深部咸水层封存的安全性技术难题，以及深部煤层封存的有效性（可注性等）技术及关闭矿井（煤炭）和盐腔等地下空间封存技术问题，同时发展地下储氢技术。此外，还需研发创新除碳技术，如将捕获和回收的二氧化碳注入新鲜混凝土中，使其矿化形成纳米矿物，实现永久嵌入；研究二氧化碳海水封存技术等。将自主研发与国际合作相结合，形成自主知识产权的、关键环节实现重大创新的工程化二氧化碳捕集、利用与封存全流程技术。另外，为

实现规模氢能经济，需要实现地下储氢技术突破。将二氧化碳注入地下作为垫气使用，助力氢气的高效注采，是降低氢气损失的潜力选择，在此过程中需要考虑如何降低二氧化碳和氢气的混相问题。

5.2 钢铁行业低碳发展政策建议

5.2.1 建立关键核心技术攻关决策指挥体系

钢铁行业应加快建立关键核心技术攻关的权威决策指挥体系，形成清晰的顶层架构，构建协同攻关的组织运行机制，高效配置科技力量和创新资源，健全关键核心技术人才体系建设，形成强大的攻关合力。

5.2.1.1 构建决策指挥体系和组织运行机制

钢铁行业产业链条长、关联行业广，需要攻关的核心技术往往涉及多行业、跨学科领域，构建权威的决策指挥体系及协同攻关的组织运行机制，对于解决创新资源分散、重复投入等问题以及高效推动钢铁行业关键核心技术攻关至关重要。科技主管部门或行业主管部门应牵头构建协同联动决策的指挥体系，成立由中国科学院和中国工程院等权威研究机构、钢铁及相关行业协会、中国宝武等重点钢铁企业和相关行业重点企业等共同参与的顶层组织架构，明确关键核心技术攻关方向和重点项目，形成定期沟通的协同攻关组织运行机制，确保创新力量和资源的合理配置，以强大合力推进钢铁行业核心技术攻关。

5.2.1.2 加大关键核心技术的科技研发投入

一方面，要充分发挥专项资金对关键核心技术攻关的支持作用，加强各部门各专项之间的协调衔接，促进国家科技重大专项、"工业强基"工程、技术改造专项、质量品牌提升行动、首台（套）重大技术装备保险补偿等专项资金向关键核心技术研发应用项目倾斜；另一方面，要鼓励产业投资基金参与关键核心技术开发，充分发挥其投资灵活、高效的特点，拓展关键核心技术攻关的资金渠道。

5.2.1.3 设立关键核心技术攻关项目绿色通道

围绕"卡脖子"钢铁材料、关键设备、智能制造和绿色低碳等关键核心技术的研发与应用，由相关部门牵头设立专项攻关绿色通道，搭建专门服务窗口和操作平台，实行"直接申报、即来即办、专人负责、全程跟踪协调"的办事制度，各部门互通信息、联合协作，确保绿色通道畅通无阻，推动重点技术攻关项目在国家层面"揭榜挂帅"，进行资源优化配置，防止重复和资源浪费。

5.2.1.4 强化关键核心技术人才体系建设

战略人才是支撑我国高水平科技自立自强的重要力量。"卡脖子"关键核心技术攻关人才是战略人才力量的核心组成部分，是引领科技自主创新和产业自主可控的关键要素。钢铁行业应依托相关国家科研机构、高水平研究型大学、科技领军企业等，打造若干个跨领域、跨学科、跨区域的钢铁关键核心技术攻关团队；更加注重强化激励机制，在行业不同层面建立更具激励作用的收入分配机制，围绕重点领域和方向吸引和培育领军人才、青年骨干和研究团队。

5.2.2 完善技术创新体制机制

把创新作为引领发展的第一动力，以机制创新增强新技术突破对产业发展的推动力，形成技术创新与钢铁行业互相促进的良性互动新格局。

5.2.2.1 强化科技创新法规保障

健全保护创新的法治环境，突出市场化导向，优化创新治理，推动修改不符合创新导向的法规文件，废除制约创新的制度规定。研究制定规范和管理科研活动的法规制度，构建综合性法规保障体系。开展科技法规后评估，营造良好的科技创新法制环境。

5.2.2.2 完善科技创新政策体系

健全产业政策、人才政策、社会发展政策等与科技政策的协同机制，加快形成有利于创新发展的体制架构和政策体系，进一步加大精准化组合型创新政策供给。细化政策措施，加强对创新政策的宣传和培训，提高政策实效。完善政策操作流程，实现全流程网络化管理，提高政策落实便捷性。加强政策实施监测评估，发布科技创新政策年度报告，形成政策纠偏机制。

5.2.2.3 以需求为导向

全面强化需求导向，把创新工作重点与创新需求紧密结合，立足钢铁行业发展需要，服务国家"双碳"战略，紧盯全球钢铁行业前沿技术、颠覆性技术，对接国家科技创新重大项目等，加快提升钢铁行业关键降碳环节的技术创新能力，进一步提升创新成果的转移转化效率。

5.2.2.4 深化科技体制机制改革

健全适应现代科技创新规律的科研管理和评价机制，激发高校、科研院所等相关利益方创新活力，稳定并强化从事基础性、前沿性研究的科研人员队伍。深化科技计划管理改革，实施"揭榜挂帅"、一事一议等科研项目组织方式。强化知识产权创造、运用和保护。

5.2.2.5 健全全社会创新资源

集聚人才、平台、资金、土地、数据等要素，撬动社会资本资源。加强与一流院所、科研机构合作。加强钢铁企业与国内一流高校、科研机构共建研究院、技术研究中心、科技创新基地等，汇集高端人才服务钢铁低碳转型发展，推进先进科技成果在钢铁行业加快落地转化。强化政府资金的引导作用，对基础前沿类项目，强化政府稳定性、持续性支持；对市场需求明确的技术创新项目，发挥市场在创新资源配置中的决定性作用，发挥财政资金的杠杆作用。

5.2.2.6 加强知识产权保护和运营

围绕知识产权目标，提升高质量知识产权创造水平，加强科技计划项目知识产权管理，在立项和组织实施工作中强化重点项目科技成果的知识产权布局。强化关键领域知识产权保护，健全新领域新业态知识产权保护制度。完善知识产权政策法规体系，加大对知识产权侵权行为的惩处力度，优化快速维权服务。

5.2.2.7 强化技术标准体系建设

推动全社会运用标准化方式组织生产、经营和管理，以标准助力创新驱动，提升标准经济发展水平。建立技术创新、技术专利、技术标准递进转化机制，构建以自主知识产权技术为核心的先进团体标准体系，培育形成品牌标准。支持产业链关键技术标准联合研发攻关，鼓励企业制定共同使用的企业联合标准，加快相关行业、企业共同推进先进技术的研发和应用。

5.2.2.8 充分发挥高端智库作用

建立与国家级智库或重点产业研究机构长期稳定的沟通机制，建立科技专家咨询委员会，用好国家和行业层面的高端智库资源，组织专家对科技重大专项计划和重点研发计划等进行咨询、论证，推动重大任务部署、重大项目布局落地。

5.2.2.9 建立产学研用一体化融合机制

以加强产学研一体化创新为目标，着力推动构建产学研用共同体，促进创新链和产业链、资金链、政策链、人才链的深度融合。从基础研究、应用研究、技术创新到科技成果转化、产业化协同布局，强化标准引领、一体化推进。

5.2.2.10 完善科技成果转化制度体系

建立成果转化激励与免责机制，把科技成果转化绩效纳入高校、科研机构、国有企业创新能力评价，细化完善有利于转化的职务科技成果评估政策，制定高校、科研机构、国有企业成果评价与转化行为负面清单，建立健全尽职免责制度。建设国际化、专业化技术转移机构，支持有条件的高校与地方、企业联合设立技术转移机构，引进国内外知名技术转移机构。

5.2.2.11 加强科技创新合作

统筹国际国内两个创新资源，支持企业机构"走出去"建立海外创新创业平台。支持国际科技合作联合研究开发项目，实施国际科技合作工程。促进区域科技合作利益共享，打造科技合作多边协调关系和利益共同体。建立区域间科技合作交流机制,加强技术转移、成果转化、产业转型升级等方面的合作。鼓励钢铁行业优势企业、高校、科研院所联合参与重大科技专项实施。

5.2.2.12 加强监测评估

利用大数据等科技手段对规划实施情况进行动态监测和定期评估,建立健全第三方监测评估机制,将监测和评估结果作为改进政府科技创新管理工作的重要依据。完善创新能力评价体系,开展创新能力量化评价。建立动态调整机制,根据科技创新发展进展和经济社会需求变化,对规划指标和任务部署进行及时调整,确保规划的科学性和指导性。

5.2.2.13 营造创新文化

培育创新担当文化,培育创新容错文化,培育创新工匠文化。弘扬科学精神,充分营造人人都是创新主体、人人都要创新、人人皆可创新的创新氛围。充分调动政府、企业、高等院校、科研机构等各方积极性,形成全员创新、全链创新、全域创新的全社会创新格局。

有色篇

第 6 章 有色金属"双碳"技术方向及发展趋势

有色金属行业的能源消耗和温室气体排放主要来源于选矿、冶炼两个过程。有色金属行业要实现绿色清洁低碳转型，需具体分析有色金属产品的生产技术发展特点，从选矿、冶炼过程中可再生能源电力应用、电解槽中的碳素阳极替代、电解槽本身节能化改造、废旧金属回收再利用等方面着手研发和推广应用低碳技术。本章主要针对我国有色金属行业现状和典型量大面广产品技术特征，在借鉴国外低碳技术目标及路线图的基础上，概述了我国有色金属工业"双碳"技术发展方向，构建了铝、铜、铅、锌等主要有色金属行业关键技术体系及低碳发展路径。

6.1 全球有色金属行业及相关企业的低碳发展目标及技术路线图

国际方面，欧盟委员会于 2010 年对外发布《能源 2020》，明确了欧盟发展绿色产业和提升能源利用效率的路线图，计划向能源消费结构优化和能源设备改造升级等重点领域进行投资。美国能源部、国防部和商务部 2017 年资助组建了节能减排创新中心，专注于能够显著降低制造关键材料所需能源的创新技术的早期应用研究，并通过提高对金属、电子产品废弃物等重点能耗领域材料的回收、重复利用和再制造，促进制造业整体能效提升，其目标是到 2027 年整体能源效率实现 50% 的提升。布鲁塞尔自由大学欧洲研究所在最近发布的研究报告《欧洲碳中和气候的金属——2050 年的蓝图》（*Metals for a Climate Neutral Europe A 2050 Blueprint*）中，系统总结了 1990 年以来欧洲有色金属工业在应对气候变化、绿色清洁生产制造方面取得的成绩，明确欧洲有色金属工业是绿色制造转型的领跑者。

国际铝业协会 2021 年 3 月发布了 2050 年铝业温室气体减排路径报告，指出按照 2℃优化情境，到 2050 年覆盖全产业链的铝业排放总量需要减少至 2.5 亿吨二氧化碳当量。未来几十年，人口和经济将迅速增长，意味着到 2050 年全球铝需求将增长80%，这一需求仍将通过铝回收和原铝生产的混合供应方式得到满足。在满足日益增长需求的同时，国际铝业协会确定了上游能源供应的电力脱碳、工艺过程中的减少直接排放及提升整体的循环利用和资源效率三大减排路径。图6.1是对标2℃优化情境的2050年全球平均原铝碳足迹。

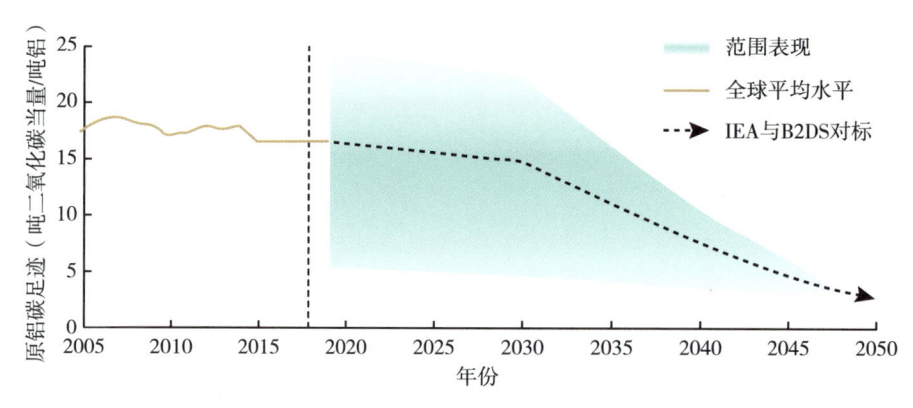

图6.1 对标2℃优化情境的2050年全球平均原铝碳足迹
（数据来源：国际铝业协会）

欧洲铝业协会于2012年发布了《2025年可持续发展路线图》，在环境、能源和社会等关键领域制定了多项目标，对整个铝行业价值链产生了积极影响。2016年《巴黎协定》后进一步纳入审查机制，每五年更新一次承诺，以使承诺的气温降低2℃保持效力。2020年4月，欧洲铝业协会宣布启动《再生铝行动计划》，力争到2050年再生铝占铝供应量的50%，替代高碳排放强度的进口原铝，在降低进口铝依赖的同时达到降低碳排放46%的减排目标。

美国铝业公司宣布，到2025年将氧化铝精炼和铝冶炼业务的温室气体排放量在2015年基准上减少30%，到2030年减少50%，计划在2050年之前公司的整个业务中实现温室气体净零排放。美国铝业公司寻求的解决方案之一，是增加公司的低碳产品组合，并在运营中利用更多可再生能源。美国铝业公司计划继续发展公司的零碳冶炼工艺和惰性阳极专利技术，以及可再生能源工艺——机械蒸汽再压缩。目前，这项工艺正在美国铝业公司澳大利亚分公司进行测试。澳大利亚铝业公司正在利用澳大利亚可再生能源署的部分资金开发该工艺，并希望该工艺大大减少氧化铝精炼过程中释放的碳排放。

欧洲最大综合性铝业集团海德鲁公司发布的气候战略，将碳中和定义为从产品生命周期的角度来计算分析铝生产过程中的排放量与产品在使用阶段的减排量之间的平衡。其碳中和的主要措施包括：①减少自身生产过程的排放；②在使用阶段增加产品的使用收益，即避免海德鲁产品使用阶段的排放；③增加消费后铝产品的回收利用。利用生命周期分析方法，2020年5月，海德鲁公司宣称2019年生产的产品全部碳排放量低于其产品（部分）使用过程中的减排量，差值为21.9万吨二氧化碳，公司已经进入负碳生产时代。

从世界级铝业巨头的低碳发展路径来看，在原铝生产中，总体上可以通过两种方式来减少甚至根除温室气体排放：一是在熔炼过程中使用诸如水电等可再生能源；二是使用具有颠覆性创新意义的零碳排导电材料，如惰性阳极电解技术在电解过程中仅产生氧气，而不像传统碳素阳极产生二氧化碳。通过这两种方式可使碳排放比常规的电解铝工艺减少85%。

悉尼大学沃伦高级工程中心2016年发布的《铜技术路线2030》对不同国家在第21届联合国气候大会上的发言和目标进行了归纳和阐述，总结归纳国家政府层面为实现去碳化目标所采取的三个主要战略为电力部门从化石燃料转向可再生能源、在建筑和交通等部门提高电气化程度及提高能源效率。

澳大利亚国际铜业协会及悉尼大学沃伦高级工程中心于2020年发布《未来的零排放铜矿》，阐述了澳大利亚铜矿开采如何利用新兴技术实现更清洁、更智能，如何通过使用新兴技术在未来30年实现无排放；并确定了技术创新的五个关键目标领域，以减少并最终消除采矿排放；同时提出了自主无人机和机器人机械、下一代传感器、混合现实（沉浸式技术）、可穿戴技术、原地矿石回收、新型浸出工艺和按需通风等技术示例。

国际锌业协会发布的可持续发展目标路线图指出锌的大部分碳足迹归因于能源使用，而冶炼是价值链中能源最密集的阶段，因此提出为价值链的每个阶段提供组合的能源使用是解决锌行业气候和资源效率的一个关键部分。此外，在2021年更新的路线图中提出国际锌业协会已经组建国际锌业协会气候变化工作组，旨在2022年为整个锌行业制定脱碳战略。

此外，瑞典矿业集团Boliden提出2030年减少二氧化碳排放40%（以2012年为基准）。瑞士Glencore公司提出到2026年短期总排放足迹减少15%，到2035年中期总排放足迹减少40%，到2050实现净零排放。美国纽蒙特公司提出到2030年温室气体的排放量减少30%的中期目标，到2050实现净零排放。美国赫克拉矿业、印度斯坦锌业公司、日本住友金属矿山、加拿大泰克资源公司、加拿大特雷瓦利矿业公司等公司也分别提出2050实现净零排放的目标。

与国际先进水平相比，我国有色金属行业在节能降碳方面的发展水平和技术储备还存在一定差距，主要在于能源电气化水平较低，生产过程仍大量使用煤等低质碳能源，碳排放当量及总量均较大，其中铝、锌的单位碳排放强度分别是欧盟的 2.8 倍和 2.5 倍；二次金属同级回收利用水平与西方国家仍有明显差距；固体废弃物排放较大，没有形成规模化的治理和综合应用；生产过程数字化、智能化水平低，系统能源综合利用效率不高等。

6.2 我国有色金属行业"双碳"总体技术方向

有色金属行业涵盖有色金属资源采选、冶炼、加工、制造等环节，能源消耗是二氧化碳等温室气体排放的主要来源。因此，有色金属行业"双碳"技术发展应从以下几方面考虑。

第一，从制造流程开发节能降碳技术，包括：①绿色低碳冶金技术。组建有色金属行业低碳技术创新联合体，研究有色金属行业低碳技术路线，制定标准体系。开展高电流密度、高电流效率大型铝电解槽技术、低电压低能耗铝电解节能技术、电解镁工艺、铜铅锌绿色冶炼及二次资源综合利用、大型高效节能稀土金属清洁生产等技术研究；加强生物冶金等绿色低碳湿法浸出工艺技术研究，扩大示范应用规模。重点围绕原铝低碳创新技术、铝电解槽余热回收、铜铅锌等火法冶炼中低位余热利用、海绵钛颠覆性制备技术等开展研究，实施共性技术、前沿技术、低碳技术示范。②先进短流程技术。开发新型连续阳极电解槽、稀土氯化物熔盐体系电解生产镨钕合金等冶炼短流程技术；开发铝镁铜钛等合金板带、管材、线材等短流程工艺、材料设计与关键装备集成技术；加强短流程工艺推广应用，进一步提升铝水直接合金化比例，避免铝锭二次重熔能源损失，减少金属烧损，降低碳排放。集中推广高效低电耗铝电解工艺及装备、蓄热式竖罐炼镁等一批节能减排技术，实施低碳技术改造专项，探索二氧化碳和污染物协同控制模式，创新减污降碳治理方式。铜冶炼行业重点推广铜锍连续吹炼技术取代 PS 转炉，开发粗铜连续精炼技术，进一步降低铜冶炼能耗。③再生与循环利用工程技术攻关和示范。围绕二次铝资源回收再利用，开展高杂质容限的变形铝合金材料成分设计及加工工艺等基础研究；开发绿色高效前处理技术及装备；开展有色金属合金回收料的熔体杂质元素高效提纯技术、低烧损熔炼技术及装备、废料重熔料的熔体纯净化技术等研究；开发按合金牌号的精准识别与分类技术；开展废旧锂离子电池极芯材料回收/梯次利用技术研究。开展含铜污泥、废线路板与原生矿协同冶炼技术研究，中高品位废杂铜与铜锍吹炼协同吹炼技术研究，高品位废杂铜强化富氧熔池熔炼技术研究。④探索二氧化碳捕集、利用技术。积极探索二氧化碳资源化利用的途径、技术和方法，建设完整的二氧化碳捕集、利用一体化试点项目工程。开发针对硫化铅冶炼烟气、废铅膏高温熔炼烟气、铅锌冶炼渣高温熔炼烟气等燃烧后二氧化碳捕集技术。引导镁冶炼、工业硅等企业实施二氧化碳捕集、利用技术的示范性应用，加快实现规模化推广应用。

第二，探索先进绿色新材料制备技术和成形、连接、表面处理等应用技术研究。在考虑行业减排的同时，要积极开展高性能有色金属新材料新产品的开发，积极推进高性能有色金属材料、新能源特种有色金属材料的应用研究。有色金属材料是结构功能一体材料，是核电、风电、太阳能等新能源系统中的重要基础材料。以有色金属为主体的锂电材料等也是储能、绿色交通等领域的基础功能材料。因此，应加大有色金属材料领域技术突破和储备，支撑低碳技术发展。

第三，有色金属行业碳中和应立足于国家经济和社会实现"双碳"的高度，从产品全生命周期的角度来看待有色金属在使用过程中的碳减排贡献。基于产品全生命周期思想，开展产品绿色（生态）设计，引导交通、建筑、消费类电子产品、电池、电线电缆等重点领域选用有色金属绿色设计产品。加强铝、铜、镁、镍等产品全生命周期碳足迹研究，建立健全有色金属产品全生命周期碳排放数据库，组织开展产品的绿色低碳/净零碳评价工作和绩效评估。

根据有色金属行业"双碳"实施方案的总体要求：2030年前有色金属行业力争整体实现碳达峰；2060年有色金属行业实现碳中和，若仍保持现有技术发展水平，期望通过提高可再生能源发电降低有色金属行业电力消费的碳排放，有色金属行业可实现在2030年前二氧化碳排放达峰，峰值估计在7.5亿~8亿吨；但到2060年仍有约4亿吨碳排放，离2060年前实现碳中和目标有很大差距（图6.2）。因此，现有技术发展水平不足以支撑有色金属行业碳中和目标的实现。"双

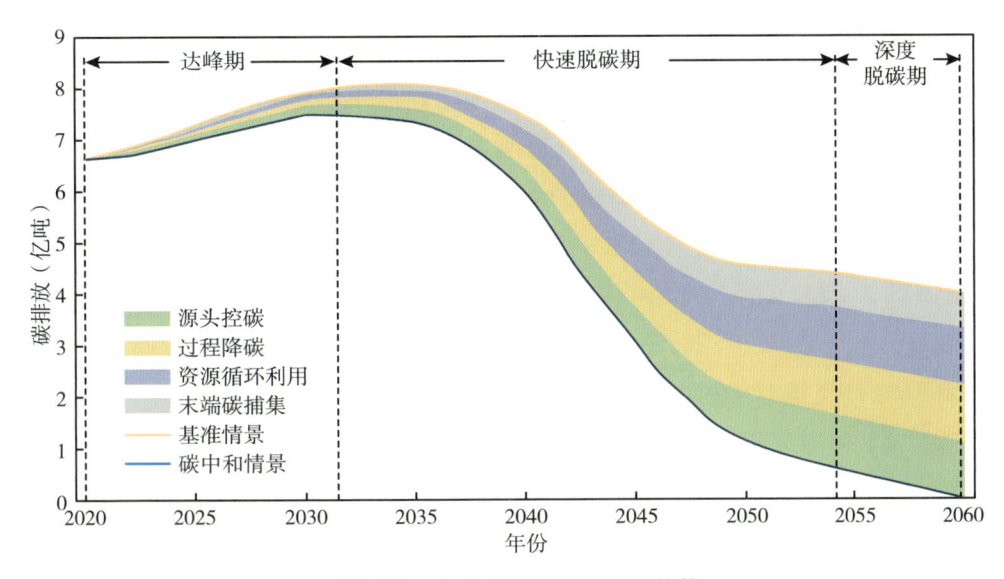

图6.2 有色金属行业碳中和趋势

碳"目标的实现从本质上必须依靠科技创新。结合有色金属产品供需关系以及铜、铝、铅、锌重点行业碳减排技术调研与分析，从源头控碳、过程降碳、资源循环利用、末端碳减排与捕集利用四大领域开展碳减排技术攻关，将有助于行业整体实现碳中和。

6.3 我国有色金属不同行业"双碳"技术方向及发展趋势

6.3.1 铝行业

6.3.1.1 推动存量企业节能降耗

坚持节能优先，持续工艺过程优化，加强现有节能技术应用，降低全产业链碳排放。完善能源消费总量和强度双控制度，提高智能化管理水平，优化工艺流程，提高设备效率，提升生产组织过程中的能源管控水平，实现能源的高效梯级利用，不断降低单位工艺能耗。

6.3.1.2 优化能源结构

从铝冶炼行业排放分析来看，电力排放占到了75%以上，所以使用可再生清洁低碳能源是降低有色金属行业碳排放的最重要途径。当前，电解铝产能已逐步由东部火电资源丰富区域向云南等水电、风电资源丰富区域转移。

6.3.1.3 优化铝产业结构，大力发展再生铝

数据显示，与等量原铝相比，生产1吨再生铝相当于节约3.4吨标准煤、节水14立方米、减少固体废物排放20吨。吨再生铝碳排放量仅为原铝的5%。

2019年我国再生铝产量为725万吨，2001—2019年复合增长率为12.7%。再生铝占铝供应比重仅为17%，与美国（40%）、日本（30%）相比较小，尚有较大发展潜力。再生铝原料由国内旧废铝、国内新废铝、进口废铝等组成。鉴于铝消费领域十分分散、回收周期不一，按国内旧废铝以15~25年前国内消费量的移动平均乘以75%、新废铝由当年铝消费量乘以5%、再生铝在综合铝供应中最大占比40%测算（参考发达国家水平），到2025年、2030年、2035年，我国再生铝产量分别为1152万吨、1786万吨、2126万吨。结合我国铝消费量和产量预测（图6.3），"十四五"和"十五五"末期再生铝产量分别比2019年增加约420万吨和1000万吨，代替电解铝而减少的排放可达0.53亿吨和1.27亿吨。

6.3.1.4 研发先进电解工艺，提升高效绿色冶炼流程

以铝电解行业为例，铝电解过程中电力和保温熔铸过程中天然气等能源消耗间接产生的二氧化碳排放水平为9.2吨二氧化碳/吨铝；碳阳极消耗带来的直接排放量为1.5吨二氧化碳/吨铝；发生阳极效应产生的全氟化碳温室气体折算二氧化

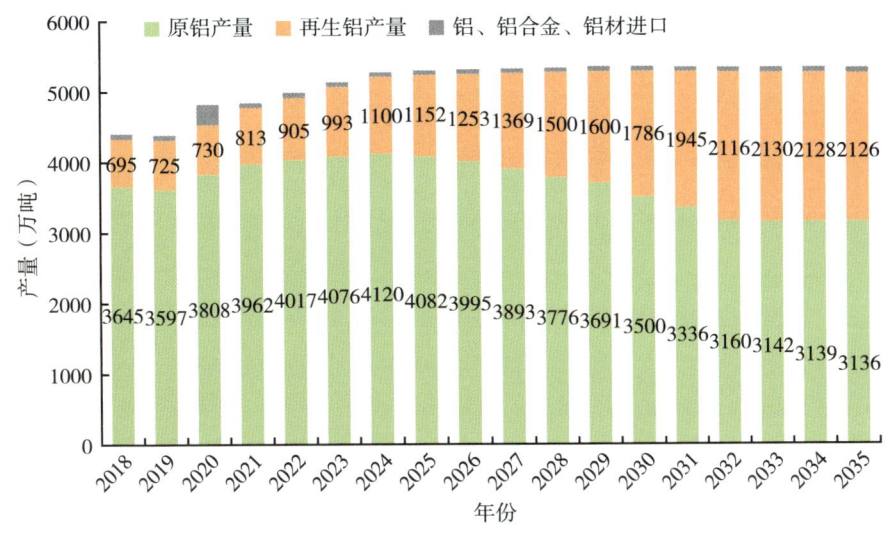

图 6.3 我国电解铝和再生铝产量（中值）预测

碳排放量约 0.25 吨二氧化碳/吨铝。如果开发出铝电解惰性阳极技术替代炭阳极技术，以减少碳阳极消耗带来的直接排放和阳极效应，可直接减少 1.5 吨二氧化碳/吨铝的直接排放和部分全氟化碳温室气体的直接排放。

6.3.1.5 研发绿色低碳技术

绿色低碳技术创新是推动碳中和的动力。推进绿色低碳发展，建立健全绿色低碳循环发展经济体系，促进经济社会发展的全面绿色转型，需要集中力量加强绿色"卡脖子"技术难题攻关，大力支持绿色低碳技术创新成果转化，支持绿色技术创新。

铝行业在清洁能源的规模化开发利用、深度节能降碳、二氧化碳捕集、利用等方面技术储备不足；在赤泥固体废弃物的规模化应用，铝灰、大修渣等危险废弃物的无害化、资源化利用等方面的难题也尚未解决，需要进一步加大绿色低碳技术研发。

6.3.1.6 推动产业链智能降碳

推动铝行业现代化、智能化发展，加快智能化改造，推进智慧矿山和 5G 工厂建设，开展数据化建设，实现铝生产加工的智能化制造，对工艺过程精准控制和严格执行，可实现铝行业的节能减排，推动铝行业产业链的精准降碳、智能降碳。

6.3.2 铜行业

6.3.2.1 大力发展再生铜产业，提高废铜循环利用效率

以废铜为原料可消除矿山环节并大幅降低粗炼环节的能耗与排放，从全生命

周期碳排放角度来看，与原生铜（矿山－电解铜）生产相比，以废杂铜为原料冶炼铜可以节能75%以上。此外，废铜也可直接利用以生产铜材，与精铜制杆（铜精矿－电解铜－铜杆）相比，废铜再生直接利用生产1吨铜杆可以减少0.637吨碳排放、节能53%。因此，加大废铜的利用对于保证国内供应链安全、加快构建多元原料结构、促进有色金属工业产业优化升级和绿色发展有十分重要的意义。

6.3.2.2 推广先进铜锍连续吹炼技术

铜锍连续吹炼技术在我国大力推广应用并走向成熟。河南中原黄金冶炼厂有限责任公司底吹＋闪速吹炼、中铝东南铜业有限公司双闪、河南豫光金铅股份有限公司双底吹、包头华鼎铜业发展有限公司双底吹、国投金城冶金有限责任公司双底吹、青海铜业有限责任公司双底吹、烟台国润铜业有限公司侧吹＋多枪顶吹、赤峰云铜有色金属有限公司侧吹＋多枪顶吹、广西南国铜业有限责任公司侧吹＋多枪顶吹等多个项目成功的投产，奠定了我国铜锍连续吹炼技术的领先地位。

6.3.2.3 加强生产过程中的能源管理，提升余热回收装置的装配率

目前，我国主要炼铜厂均已回收熔炼和吹炼烟气余热，部分节能领先的企业还回收阳极炉、制酸中温位（转化）和低温位（吸收）余热，回收的余热用于发电、炉料蒸汽干燥等。铜冶炼全部余热回收产出蒸汽（2.0～5.4兆帕）量约在2吨/吨阳极铜，折合210千克标准煤/吨阳极铜。其中，阳极炉余热约占冶炼烟气余热的10%，制酸余热约占全部可回收余热的20%，制酸低温位余热约占制酸总余热量的25%。如果企业阳极炉及制酸中、低温位余热全部回收，则仅余热回收一项的单位产品能耗就比仅回收熔炼和吹炼烟气余热的企业低约60千克标准煤/吨阳极铜。

6.3.2.4 发展先进制酸工艺，降低制酸过程能耗水平

制酸是铜冶炼能耗最高的工序。目前，一般制酸能耗约在110千瓦·时/吨硫酸，折合约106千克标准煤/吨阳极铜，占铜冶炼从湿精矿到阳极铜总能耗的约30%，节能潜力最大。归因于双闪等先进工艺的应用和富氧浓度的提高，熔炼和吹炼烟气量小、二氧化硫浓度高且烟气量及浓度较稳定，除烟气输送风机能耗大幅降低外，也为高浓度二氧化硫转化制酸技术的应用及制酸余热的全面回收创造了条件，使制酸能耗大幅降低。当前，高浓度二氧化硫烟气制酸及制酸余热回收技术已发展成熟，正在逐步推广中。此外，制酸二氧化硫转化中温位余热的回收也是制酸过程节能减排的技术方向之一。

6.3.2.5 研发高性能铜合金材料绿色制造技术

先进铜合金材料与构件在国家安全、重大工程和经济建设中具有重要地位，

然而各种高性能铜合金材料严重依赖进口，如新型高强高导铜合金带材、超细丝材、超薄带材等。在先进铜合金材料的创新和制备技术方面，为有效赶超并突破国产材料的制备技术瓶颈，应进一步加强高端产品、先进制备加工装备及技术的自主研发力度。开展先进铜合金材料/工艺/结构一体化设计，基本形成具有知识产权的先进铜合金材料体系和制备新技术体系。面向国家重大工程和新型产业需求，开发高精度铜板/带/箔材等先进铜合金关键制备加工技术及其产业化。自主突破一批具有国际领先水平的先进铜合金材料及其高效、短流程制备加工技术，促进战略新兴产业发展，推动我国由材料大国向材料强国迈进。

6.3.3 铅锌行业

6.3.3.1 发展源头节能减排技术

传统的火法炼铅工艺高能耗高排放，节能潜力巨大。"三连炉"炼铅新工艺能够显著降低能耗，成为铅冶炼最新技术的代表。"三连炉"技术通过氧化炉-底（侧）吹炉-烟化炉直连，充分利用液态高铅渣和还原炉渣的潜热，取消了高铅渣铸块和电热前床，节省了碳质电极材料和电能。生产实践表明，"三连炉"技术节能效果显著，已逐步取代传统的氧气底吹炉-鼓风炉还原工艺。

铅锌炉窑会产生高温烟气，应用余热回收技术能够进一步提升冶炼能效。豫北金铅有限责任公司针对"三连炉"技术特征，提出氧化炉和还原炉余热蒸汽用于发电或驱动风机电机、烟化炉用于采暖供热的技术方案；云南驰宏锌锗股份有限公司通过工艺参数和设备优化，实现了饱和蒸汽余热发电机组在蒸汽大幅波动工况下稳定高效运行，经济环保效益显著。

6.3.3.2 推广低碳清洁冶炼技术

在锌冶炼方法中，湿法占绝对主导地位，其主流工艺为焙烧-浸出和直接加压浸出。其中，后者采用氧压浸出取代焙烧氧化，避免了火法的高能耗高排放，在节能和环保方面具有显著优势，因此成为锌冶炼低碳清洁技术发展的主要趋势。加压浸出技术是一种过程强化的低碳清洁冶金技术。中金岭南丹霞冶炼厂、北京矿冶研究总院与加拿大 Dynatec 公司联合开发了一段低温-二段中温锌直接加压浸出技术，2009 年该技术在中金岭南丹霞冶炼厂投产，是该技术的首次工业化应用，设计年产 10 万吨电锌，技术指标良好。随后，该技术在西部矿业、云南驰宏锌锗股份有限公司呼伦贝尔锌业、四川会理铅锌股份有限公司等企业得到推广应用。

6.3.3.3 实现铅锌冶炼固体废物资源化

铅锌冶炼固体废物量大且种类多，很难采用单一工艺统一处理。然而，铜、铅、锌冶炼工艺所产生的固体废物能够形成互补优势，通过固体废物协同处理构建多源固体废物在冶炼系统内的自循环，固体废物源头减量和高效资源化成为未来发展趋势。近年来，我国在固体废物协同冶炼方面取得了一定进展。矿冶科技集团有限公司牵头开展了"锌冶炼过程危废源头减量与过程控制"研究，开发了可视化针铁矿法、赤铁矿法除铁并进行资源化综合利用，实现了"无铁渣"炼锌；金利集团牵头开展了"典型及大宗铅基固体废物协同侧-顶吹强化冶炼技术"研究，将铅膏、锌浸出渣及其他铅基危废等进行协同冶炼，具有成本低、智能化程度高、金属回收率高、绿色污染小等优点；株洲冶炼集团股份有限公司牵头开展了"铜铅锌综合冶炼基地多源固体废物协同利用集成示范"项目，形成了固体废物资源环境属性识别和敏感元素砷镉汞全过程溯源、多源固体废物协同利用、铜熔炼渣综合回收及无害化、污酸渣源头减量与安全处置、跨产业链接规模化消纳和全过程智能管控等关键技术。

6.3.3.4 提升资源回收与循环利用

欧美发达国家铅循环利用比例已超过 90%，相比之下，我国的铅资源循环利用率较低，发展潜力较大。铅资源回收与再生主要在于铅蓄电池，而废铅膏处置是废铅蓄电池循环利用最关键和最困难的部分。借鉴原生铅的火法冶炼工艺，我国自主研发了富氧侧吹、底吹等直接熔炼和与原生矿协同熔炼技术，并在河南豫光金铅股份有限公司、河南金利金铅集团有限公司、天能股份等企业成功应用，但火法冶炼仍然存在高污染、高排放和高能耗问题。废铅膏的全湿法回收工艺也取得了一定进展，如柠檬酸法、亚硝酸盐法、氯化法等预脱硫工艺制备氧化铅工艺。基于上述研究基础，北京化工大学提出了废铅膏原子经济法直接制备电池级氧化铅的短程再生工艺；矿冶科技集团有限公司牵头开展了短程清洁再生技术研究，开发了废铅膏悬浮电解、固相电解、高效选择性浸出-连续旋转电积等关键技术，构建了免预脱硫清洁高效浸出电积技术体系，实现了废铅膏短程清洁再生和循环利用。

6.4 我国有色金属不同行业关键技术体系、目标与路径

6.4.1 铝行业

铝行业"双碳"技术体系主要包括三个方面：使用无碳电力、过程降碳和资源循环。

6.4.1.1 使用无碳电力

铝行业相关企业生产过程使用水能、风能、太阳能、核能等清洁能源发电，

尽可能地降低火电使用比例。

6.4.1.2 过程降碳

主要包括五个路径：燃料替代、原料替代、短流程技术、装备电气化及余热回收利用。燃料替代指氢燃料、生物质燃料替代化石燃料。原料替代指氧化铝、电解铝过程中的生产原料由不产生二氧化碳的其他原料替代，如一水硬铝石无钙溶出技术由其他添加剂替代石灰，促进氧化铝溶出；氯化铝等非氧化铝电解技术由氯化铝替代氧化铝进行电解，不产生二氧化碳。短流程技术是指尽可能缩短工艺流程，减少能源消耗，如氧化铝短流程生产技术改变现有拜耳法生产流程，减少蒸汽和电能消耗，开发出快速过滤装置取代沉降槽、溶出蒸发一体化设计、无蒸发流程等，达到节能降耗目的。装备电气化也是过程降碳的一个有效途径，电气化装备使用无碳电力能够彻底避免二氧化碳排放。余热回收利用是生产过程中节能降耗的有效途径，铝冶炼行业可以余热回收的设备包括焙烧炉、蒸发器、焙烧烟气、电解槽等。

6.4.1.3 资源循环

资源循环主要包括两个方面：一方面是固体废物资源化，包括赤泥、铝灰、碳渣及大修渣的资源化处理；另一方面是发展再生铝，再生铝的碳排放强度仅为原生铝的5%。建立重点产品（罐身料、汽车板、铝铸件）的完全同级回收体系，所有铝合金材料服役完毕后均能够进入循环回收体系并能够进行同级或升级利用。

6.4.2 铜行业

铜工业碳减排实施路径主要在低碳原料应用与废旧铜合金的循环利用、低碳工艺推广与开发、低碳能源结构优化等方面开展相应工作。

6.4.2.1 低碳原料应用与废旧铜合金的循环利用

低碳原料主要包括低、中、高品位二次铜原料的应用。随着铜资源迅速积累，我国人均废杂铜存量超过19.6千克、人均铜社会存量约52.3千克，并将在未来持续增长，这意味着中国再生铜的原料充足，生产潜力巨大。未来，以再生铜代替原生铜的减排策略是现实可行的。

突破废杂铜的精确分选，废杂铜中锡、铁、铝、硅、铋、碲等有害杂质元素的去除与降低技术；突破废杂铜熔炼过程中的高效造渣剂、覆盖剂、精炼剂和变质处理剂的研制及利用技术并进行高效熔化炉开发，利用废杂铜实现综合性能较好的再生铜合金开发。开发黄铜、紫铜、CuFeP、CuNiSi、CuCrZr等引线框架和白铜等重点产品的完全同级回收技术；通过回收工艺的迭代优化与下一代易回收铜合金材料开发，将重点产品的回收原料容限提高至 90% 以上；建立完善的回收体系，所有铜合金材料服役完毕后均能够进入循环回收体系并进行同级或升级利用。

6.4.2.2 低碳工艺推广与开发

现有的低碳工艺主要有大规模化的闪速炼铜技术和熔池熔炼技术以及连续吹炼技术，需加快大规模冶炼技术的推广应用，以优化产业布局推动产业低碳发展。另外，大规模硫化矿铜冶炼协同处理低品位二次铜原料技术亟待系统开发和推广应用；铜锍连续吹炼技术在中国已日趋成熟，取代目前占 60% 左右的 PS 转炉吹炼可大幅减排。铜锍连续吹炼协同处理中的高品位二次铜原料可进一步降低碳排放，节约能源，相关技术开发值得期待。目前，粗铜精炼为周期性操作，燃料和能源利用仍有较大的提升空间，粗铜连续精炼技术不但能提高生产效率，而且燃料循环利用率高、减排效果明显。氢燃料和氢作为还原剂在粗铜精炼中的相关应用技术亟待开发。

开发铜合金绿色智能制造技术。以节能减排为目标，加快铜加工装备升级，改进工艺技术，开发铜合金多流多头铸造技术、含易烧损元素铜合金的非真空熔炼技术研究，推广节能步进炉技术等低能耗铜合金铸造及加工技术。全面推广封闭熔炼和潜液转流铸造技术；开发新型蓄热式加热炉，开发燃烧控制技术、烟气余热利用技术和计算机控制技术。开发大规格铸坯高速热变形装备与技术以及强冷塑性变形技术，加大产能，减少材料几何损失。突破铜合金连续铸造短流程制备技术，建设连铸板坯、线坯和管坯等标准体系。

突破适用于快速凝固的新合金、完成工业化试制的先进短流程装备设计和工艺开发技术，建立先进短流程生产线，实现大规模集成电路引线框架用 CuNiSi、CuFeP、CuCrZr 系合金板带材、高铁接触网线等用 CuCrZr 系合金线材和键合丝铜合金、微电机超细丝、海洋工程用白铜合金管材等的工业化生产，实现批量供货。建立铜合金等制备全流程全耦合仿真模拟技术，通过各工序之间组织性能仿真结果的继承，实现制备全流程的仿真模拟和生产工艺参数的快速优化。推进制造过程智能化和闭环控制的硬件基础提升，形成基于工业物联网的智能生产、物流、仓储技术，实现全产业链智能制造。

6.4.2.3 低碳能源结构与系统优化

低碳燃料包括生物质燃料、固体回收燃料、氢燃料等；低碳电力包括水力发电电力、太阳能电力、风能电力等；高效动力技术包括通用设备能效提高和系统优化提高，其中通用设备能效提高指采矿、选矿、冶炼、加工等大型化专用设备，以及空压系统、泵系统等通用设备能效耦合集成提升技术攻关；系统优化是指通过大数据、物联网等智能手段提高生产效率，实现工业制造部门节约10%~20%能耗的目标。

6.4.3 铅锌行业

6.4.3.1 源头控碳技术

通过开发铅锌冶炼过程三废源头监控技术、复杂固体废物协同冶炼技术、废旧资源短流程再生技术与装备等，进一步提升减污降碳协同技术的研发与应用。在烟气中二氧化硫、氮氧化物、废水中重金属减排的同时，重视烟气中颗粒物尤其是 PM_{10}、$PM_{2.5}$ 减量排放与剧毒重金属（砷、汞、镉）危险废物的安全处置，并且以人居环境质量改善为目标优化企业生产环境管理。

积极推进再生金属循环利用。虽然相对传统原生锌的湿法冶炼工艺，再生锌生产工艺的电力能耗不存在优势，原生锌吨锌冶炼生产的耗电量比再生锌吨锌冶炼生产的耗电量低 1000 千瓦·时，但再生锌的生产对电炉灰、高炉灰、锌冶炼渣等固体废物料进行充分利用，属于资源绿色化发展方向，符合"双碳"目标，符合锌行业未来的发展趋势。

6.4.3.2 过程降碳技术

研发低碳清洁冶金技术，包括有色冶金高效节能电液控制集成技术、三联炉一步炼铅技术与装备、铜铅锌搭配冶炼与自循环技术等。以优化能源结构为重要抓手，通过改造传统燃煤锅炉、采用天然气替代煤炭、利用铅铜冶炼系统蒸汽余热发电、与光伏发电企业合作建设分布式光伏电站等方式，实现企业用能清洁化、低碳化。

积极推进节能技术改造。通过改造精炼加料环节，采取联合装置交叉换热，取消中间冷却，实现冷热流优化匹配、能量梯次利用，减少天然气用量；通过实施大功率风机变频改造、电热前床工艺优化，大幅降低能源消耗。加强能源信息化管控，实现用能数据的实时监测和精准调控，将生产过程数字化、智能化作为铅锌冶炼企业进一步优化生产管理、提高生产效率、降低成本消耗与安全环境风险的重要抓手。

6.4.3.3 末端捕集技术

硫化铅冶炼烟气、废铅膏高温熔炼烟气、铅锌冶炼渣高温熔炼烟气等燃烧后碳捕集技术是未来铅锌冶炼行业二氧化碳捕集的发展趋势。针对铅锌冶炼工艺烟气特点，开展高效矿化捕集技术研发，包括基于有机胺法的燃烧后二氧化碳捕获技术、二氧化碳矿化磷石膏制硫酸铵和碳酸钙等。

6.5 本章小结

本章主要介绍了国际上相关行业及企业低碳发展目标及技术路线图，详细阐述了有色金属行业低碳发展的前景与趋势。在分析了国际上铝、铜、铅、锌等协会和企业集团低碳目标及技术路线的基础上，总结归纳了体现我国资源和能源利用特点的有色金属工业"双碳"总体技术发展方向，提出了从源头控碳、过程降碳、资源循环利用、末端碳减排与捕集利用四大领域开展碳减排技术攻关。针对铝、铜、铅、锌等主要有色金属产品生产流程及工艺技术特点，细化了各行业"双碳"技术的发展方向及发展趋势，提出了各行业具有应用前景的技术类别或发展思路，形成中国有色金属行业"双碳"技术路线图。

参考文献

[1] Biying Yu, Zihao Zhao, Shuai Zhang, et al. Technological development pathway for a low-carbon primary aluminum industry in China [J]. Technological Forecasting and Social Change, 2021, 173: 1-15.

[2] European Aluminum Association, Environmental Profile Report [R]. European Aluminum Association, 2018.

[3] International Aluminium Institute, GHG Emissions Data for the Aluminium Sector (2005-2019) [R]. International Aluminium Institute, 2020.

[4] International Aluminium Institute, Aluminium Sector Greenhouse Gas Pathways to 2050 [R]. International Aluminium Institute, 2021.

[5] European Aluminum Association, European aluminium and the sustainable development goals [R]. International Aluminium Institute, 2019.

[6] The Warren Centre, Zero Emission Copper Mine of the Future [R]. The Warren Centre, 2020.

[7] The Warren Centre, The Copper Technology Roadmap 2030 [R]. The Warren Centre, 2016.

[8] 王丽娟, 邵朱强, 熊慧, 等. 中国铝冶炼行业二氧化碳排放达峰路径研究 [J]. 环境科学研究, 2022, 35 (2): 377-384.

[9] 许文强, 嫣艳, 潘晓林, 等. 中国氧化铝生产技术大型化发展现状与趋势 [J]. 矿产保护与利用, 2017 (1): 108-112, 118.

[10] IMA, Carbon Footprint of Magnesium Production and its Use in Transport Applications [R]. IMA, 2020.

第7章 有色金属先进节能减排技术

加强技术创新,推动革命性技术示范应用是有色金属行业实现"双碳"战略目标的关键一招。由于有色金属产品种类繁多,铜、铝、铅、锌等主要产品的生产工艺技术特点鲜明,因此本章参考产品生命周期过程,从源头控碳、过程降碳、资源循环利用、末端碳减排捕集与利用四个技术领域筛选出关键先进节能减排技术进行介绍,为有色金属行业"双碳"技术的发展提供参考。

7.1 源头控碳技术

7.1.1 低品位铝土矿脱硅技术

铝土矿是生产氧化铝的主要原料,影响其品位的主要因素有氧化铝和二氧化硅含量。二氧化硅是铝土矿中最主要的杂质矿物,二氧化硅含量越高,矿石品位越低,因此脱除铝土矿中的二氧化硅能够有效提高矿石品位。铝土矿中的硅在生产氧化铝溶出时会产生钠硅渣,不仅增加碱耗,还会造成铝损失,同时导致溶出传热效率降低、系统蒸发水量增加、赤泥量增加,从而使氧化铝的生产成本提高。此外,铝土矿的硅含量过高会形成大量赤泥,赤泥堆积后续处理造成环境污染,同时造成装置结疤、安全隐患等巨大影响。

铝土矿选矿方法包括物理选矿脱硅法、化学选矿脱硅法以及生物选矿脱硅法,其中物理及化学选矿脱硅法相对成熟,主要对这两种方法进行简要介绍。物理选矿脱硅法原则流程见图7.1。常用的方法有洗矿–分级脱硅法、选择性碎磨法、重选脱硅法、选择性絮凝脱硅法、浮选脱硅法,其中浮选脱硅法应用范围最

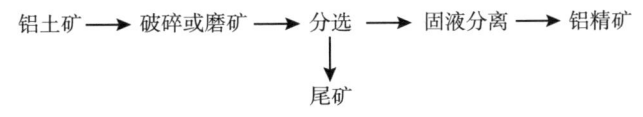

铝土矿 ⟶ 破碎或磨矿 ⟶ 分选 ⟶ 固液分离 ⟶ 铝精矿
                            ↓
                           尾矿

图7.1 物理选矿脱硅法原则流程

为广泛，但针对国内大量低品位铝土矿，在经济方面没有明显优势，还需要继续研究。

化学选矿脱硅法是一种针对嵌布粒度较细的或高岭石以细小的微晶状集合体与含铝目的矿物矿紧密共生的难选铝土矿的有效脱硅方法。化学选矿的基本原理是：在化学反应作用下，使矿石中含硅矿物在一定温度下发生脱羟基反应生成无定型二氧化硅，无定型的二氧化硅活性比较高，能在较低温度下与氢氧化钠反应溶解于碱溶液中，而含氧化铝矿物仍然留在固体中，通过固液分离从而达到铝硅分离的目的。目前常用的化学脱硅方法有预焙烧－烧碱溶出法（图7.2）、氢氧化钠直接溶出－分选法（图7.3）。

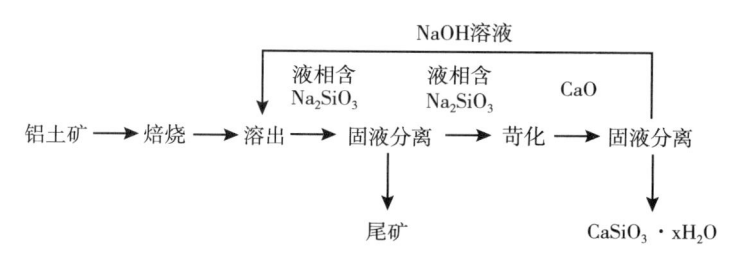

图 7.2 预焙烧－烧碱溶出脱硅原则流程

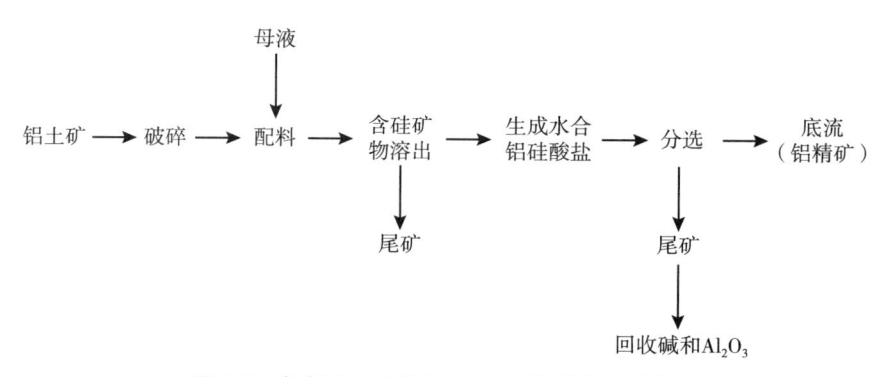

图 7.3 氢氧化钠直接溶出－分选脱硅原则流程

我国铝土矿石质量较差，大部分都是加工困难、耗能高的一水硬铝石，占比高达90%以上。随着铝工业的迅速发展，国内铝土矿品位不断降低，现在河南、山西地区的铝土矿品位已降低到4~5，严重影响氧化铝生产能耗及碱耗，增加生产成本。现国内氧化铝企业矿石对外依存度已超过50%并且在继续升高，由于进口矿容易受国际环境的影响，因此研究低品位铝土矿脱硅技术能够有效减少生产能耗、降低生产成本，对我国的铝工业具有重要战略意义。

7.1.2 电解铝液直接铸造变形铝合金的合金化产品技术

目前，铝合金扁锭和圆锭的生产采用重熔铝锭工艺路线：电解铝企业将从电解槽中出产的铝液铸造成重熔铝锭（99.7%工业纯铝），再运输至铝加工企业重新熔化、进行熔体处理并加入合金元素，再铸造成变形铝合金的扁锭或圆锭。电解铝液直接铸造变形铝合金的合金化产品的工艺路线是：电解铝液在高温状态下导入熔炼炉，然后直接开展熔体处理、加入合金元素等工序，在电解铝企业直接铸造成变形铝合金的扁锭或圆锭后，再运输至铝加工企业。相比之下，电解铝液直接铸造变形铝合金的合金化产品不但省去了一次凝固和重熔工序，减少了金属烧损、燃料消耗和污染物排放，而且减少了运输量。因此这是一条节能降碳的工艺路线。

在技术上，电解铝液直接铸造变形铝合金的合金化产品的工艺路线也存在一系列问题和难点，亟待对以下技术进行深入研究：①高温电解铝液熔炼、合金化的高效节能技术。电解槽提取出的铝液温度高达900℃以上，须针对电解铝液直接铸造变形铝合金合金化产品的工艺路线，研究新型的熔炼保温工艺，高效利用铝液的高温预热，进一步降低过程能耗。②电解铝液直接铸造变形铝合金的合金化产品的熔体处理技术。电解铝液中包含大量的夹杂、气体、碱金属等，采用电解铝液直接铸造变形铝合金合金化产品，需对电解铝液这种高温冶金特性研究高效率的熔体处理新技术和工艺。③典型铝加工产品所需的扁锭、圆锭、铸轧卷供货的标准体系。通过研究微量合金元素成分和组织在电解铝液、铸锭/铸轧卷及铝材中的遗传规律，以及对铝材产品主要性能的影响规律，制定扁锭、圆锭、铸轧卷供货的标准体系。

在减碳效果方面，与现有的重熔铝锭工艺路线相比，采用电解铝液直接铸造合金化产品的工艺路线每生产一吨铝合金扁锭或圆锭，可减少50立方米的天然气使用量，降低1%的金属烧损量。另外，考虑到扁锭和圆锭的成品率、切头尾以及铣面带来的金属运输量减少，运输扁锭和圆锭替代运输原铝锭将降低运输量5%，从而降低运输过程中的碳排放。

在技术成熟度方面，国外大型铝加工企业有50%~80%的原铝是直接铸造成合金产品，而国内铝生产企业的这一比例则为20%，预计"十四五"期间这一比率有望提升至50%，因此该技术具有广阔的应用空间。

在技术经济性方面，与传统的重熔铝锭工艺路线相比，由于在工艺流程上省去了一道铸造和重熔工序，因此预计每吨铝合金扁锭或圆锭可以节约500~800元的生产成本。推广电解铝液直接铸造变形铝合金的合金化产品的技术路线，需要在电解铝企业投资新建变形铝合金扁锭或圆锭生产线，并配套相应的生产工艺规范和技术人员。预计每10万吨/年的合金化产能需投入800万~1500万元，约5年左右即可收回投资成本。

在应用方面，挪威的海德鲁公司是世界上第三大铝产品生产者，原铝产量保持在200万吨/年左右，其中重熔铝锭只有56.3万吨；而另外的原铝再加上一定量的再生铝则直接在电解铝厂铸造成合金化产品，包括圆锭90万吨、扁锭30万吨、铸造铝合金锭40万吨。阿联酋联合铝业公司是海湾地区最大的铝业公司，最近5年原铝产量保持在250万吨/年左右。以2016年为例，阿联酋联合铝业公司原铝产量250万吨，通过电解铝液直接生产圆锭100万吨、扁锭22万吨、铸造铝合金锭55万吨，而重熔铝锭仅72万吨。

采用电解铝液直接铸造变形铝合金的合金化产品在技术上已经成熟，在经济上完全可行。电解铝液直接铸造变形铝合金的合金化产品是一种节能降碳的工艺路线，国外企业的长期实践对我国大型铝业企业推广该技术路线具有广泛的参考意义。

7.1.3 炭阳极生产节能降碳技术

7.1.3.1 铝用炭阳极生产提质降碳关键技术

铝电解中，预焙阳极出现不同程度的颗粒脱落形成炭渣，对电解生产指标带来影响。为了避免电解槽运行状况恶化，需要人工随时打捞炭渣，造成劳动强度加大。以"石油焦中微量元素量化配比—煅烧温度量化确定—配方量化控制—混捏温度量化控制—焙烧效果软测控和量化控制"为特征的铝用炭阳极生产提质降碳关键技术能够提升无炭渣阳极原料及产品的全面质量技术指标。

在降碳效果方面，阳极品级率提高10个百分点左右，能够降低10千克/吨铝左右电解铝生产的阳极消耗，降低50千瓦·时/吨铝以上的直流电耗，吨铝碳排放减少50~150千克。目前，该技术较成熟，可直接进行推广应用。

在经济性方面，吨铝节约电费约57元，节约碳阳极消耗约21元。以年产150万吨电解铝企业为例，年可节约成本1.17亿元。

在应用方面，抚顺铝业有限公司应用阳极品级率提高12.1%，三年累计减少废品7.7万吨。新疆信发铝业有限公司应用该技术，吨铝节电79千瓦·时，共计节电2379万千瓦·时，减少阳极消耗900吨，合计减少碳排放1.78万吨。赤壁长城炭素制品有限公司、遵义铝业股份有限公司开展了示范化应用，试验槽阳极毛耗降低约8.4千克，直流电耗降低约57千瓦·时/吨铝，降碳65.6千克/吨铝。

7.1.3.2 铝用炭阳极热工窑炉节能降碳技术

通过对电解铝用阳极焙烧炉理论能耗的分析研究发现，焙烧炉节能的关键点在于生坯焙烧过程逸出的挥发分以及预热空气的利用率。实践证明，科学合理的焙烧升温曲线是保证挥发分充分燃烧、降低外加燃料消耗的关键；预热空气的供给量直接影响外加燃料和逸出挥发分充分燃烧的程度；采取动态负压、鼓风操作法及时调整外加燃料供给量，可使火道内的燃料与氧气保持在最佳比例，使挥发分和燃料能充分完全燃烧，实现焙烧炉能耗降低；对老龄焙烧炉而言，保温与密封非常重要，减少冷空气进入量、减少炉体表面散热损失，有利于提高焙烧炉热效率、降低能耗。

在焙烧炉节能方面，通过结构设计优化、筑炉材料优选、温度场分布透视、烟气成分解析、焙烧效果合理控制、生产运行工艺优化等技术，可实现在保证焙烧块质量的情况下降低焙烧天然气消耗、减少碳排放的效果。在煅烧炉余热利用方面，通过研究煅烧系统热平衡状态，开发智能化余热综合利用系统，综合采用热煤油锅炉、余热蒸汽锅炉、余热发电机组、供配电系统等，提供热媒、蒸汽等稳定热源，供碳素生产、配套产业用热；多余蒸汽用于供热或发电。

在降碳效果方面，降低吨阳极焙烧天然气消耗10标准立方米/吨以上，减少碳排放21.6千克/吨。阳极煅烧余热回收利用节约标准煤40千克/吨以上，每年减少二氧化碳排放量70千克/吨以上。由于该技术较成熟，可直接进行推广应用。赤壁长城炭素制品有限公司在搬迁改造工程项目中，采用铝用炭阳极热工窑炉节能降碳技术进行窑炉（含余热利用）的设计、运行优化，近3年来共为企业节省焙烧天然气约2500万标准立方米，减少碳排放5.4万吨；余热利用年节约标准煤4302吨，每年减少二氧化碳排放量7374吨。

7.1.3.3 新型结构碳素窑炉节能降碳技术

阳极焙烧是阳极生产中的最后和最重要的工序，由于焙烧最高温度低于煅烧最高温度，因而焙烧过程中组成生坯的颗粒骨料不发生物理化学变化，发生物理化学变化的主要是黏结剂沥青，因此焙烧过程就是煤沥青的焦化过程，即是煤沥青进行分解、环化、芳构化和缩聚等反应的综合过程。阳极焙烧把物理过程和化学过程结合在同一个工序中进行，其中有些过程是同时进行的，有些则是随着温度的升降依次进行的。阳极焙烧过程决定着阳极焙烧块物理、化学的变化。环式焙烧炉火道结构优化节能技术包括模拟仿真优化的焙烧炉新型火道结构、新型耐火材料创新应用以及高效的自动控制系统。预焙阳极焙烧连续技术通过改变阳极焙烧炉装炉/出炉方式，实现立式或水平式阳极连续焙烧，达到降低焙烧能耗的目的。

在降碳效果方面，可实现天然气消耗平均降低20标准立方米/吨，实现二氧化碳减排43千克/吨。目前，新型火道结构已开展小规模试验，立式阳极连续焙烧技术正在抚顺铝业有限公司进行半工业化试验,水平式阳极连续焙烧正在进行技术开发。

7.1.4 铜冶炼节能降碳技术

7.1.4.1 二次铜原料高效协同利用技术

铜行业源头控碳技术包括大规模硫化矿铜冶炼协同处理低品位二次铜原料技术、连续吹炼协同处理中高品位二次铜原料技术及装备、二次铜原料高效节能冶炼技术等。

大规模硫化矿铜冶炼协同处理低品位二次铜原料技术的原理是：利用硫化铜矿火法冶炼反应放出的化学热协同处理低品位二次铜原料，协同控制污染物的产生与排放。连续吹炼协同处理中高品位二次铜原料技术的原理是：利用铜锍吹炼反应放出的化学热协同处理中高品位二次铜原料，关键核心技术包括高富氧吹炼技术、长寿命氧枪技术、大块料进料技术等。二次铜原料高效节能冶炼技术的原理是：铜品位＞90%的物料直接进行精炼产出阳极铜，核心技术包括高效燃料燃烧技术、粗铜氢精炼技术等。

大规模硫化矿铜冶炼协同处理低品位二次铜原料技术、连续吹炼协同处理中高品位二次铜原料技术及装备、二次铜原料高效节能冶炼技术目前正处于产业化应用阶段，主要污染物控制、高富氧吹炼技术、长寿命氧枪技术等关键核心技术仍需进行攻关。

在降碳效果方面，与现有从采矿到铜产品的工业铜提取技术相比，铜二次资源加工利用减少了铜矿的采选环节，吨铜二氧化碳减排至少为2000千克，以现有精炼铜产量50%计，若每年有500万吨铜升级为二次铜原料，则每年可减排二氧化碳约1000万吨。

在应用方面，大规模硫化矿铜冶炼协同处理低品位二次铜原料技术已应用于湖北大冶有色冶炼厂，年产30万吨铜，年协同处理7万吨含铜废线路板、铜污泥等物料，经济效果明显。连续吹炼协同处理中高品位二次铜原料技术及装备已应用于河南豫光金铅股份有限公司玉川冶炼厂，年产10万吨铜，年协同处理2万吨中高品位铜米、废杂铜等物料。二次铜原料高效节能冶炼技术目前主要用于金川集团防城港铜冶炼厂和山东金升有色集团有限公司，年处理10万吨高品位二次铜原料。

7.1.4.2 铜合金全价值链数字化降碳技术

（1）有色金属合金化数字化技术

有色金属合金化数字化技术实现了合金从成分设计到工艺设计的理性设计以

及高效实验,从而达到降碳目的。

合金的成分设计是有色金属开发的源头,利用热力学计算、动力学计算以及相场计算的方法设计出理论最优的合金成分,并预测合金的目标性能,减少试验试错;先进的高通量实验技术以最小的成本、最低的能耗实现最大效率的试制,以此确定产品最优成分设计。在工艺设计方面,利用有限元技术进行熔铸过程中工装模具的设计与优化以及生产工艺参数的设计及优化,快速且精准确定合金生产工艺,减少试错及碳排放。在降碳效果方面,先进的计算科学、高效的实验技术以及成熟的有限元技术使目前有色金属合金化方面的工作量减少50%、减碳60%以上。

目前,博威集团已经搭建了数字化研发平台,并已得到大范围的实施。利用有限元技术对CuSn系合金的拉铸工艺进行设计及优化,在保证产品质量的前提下,可将每天产能从2.5吨提升到4吨,生产效率提升了60%,在生产相同产量合金铸锭的前提下减少了碳排放。

(2)有色金属热处理数字化技术

有色金属热处理数字化技术实现了从合金热处理工艺设计到大批量生产的技术优化,可在试验阶段减少试错,在生产阶段综合考虑热处理工艺参数、炉温差、炉内空气流动以及产品摆放等复杂条件,提高产品的成品率,以此降低能耗及碳排放。

在应用方面,博威集团为解决黄铜产品在热处理过程中相变不均匀的问题及满足客户的定制化需求,利用大数据分析技术对黄铜产品热处理工艺参数以及炉料的摆放等关键影响参数进行建模,产品合格率提高10%;同时在接收客户定制化需求后,减少试验试错次数20%以上。因此,通过应用先进的计算、模拟以及大数据分析技术,可提高产品合格率、减少试验试错,将大大提高研发效率以及产品成品率,预计减碳可达40%以上。

(3)有色金属冷热加工数字化技术

先进的数字孪生技术可实现冷热加工过程的仿真模拟,通过模拟产品在冷热加工过程中的温度场以及应力场,确定产品最优理论加工工艺以及工装模具设计,提高产品成型性以及产品质量,提高产品单位时间内的产量,以此提高研发及生产效率、降低碳排放。

在技术应用方面,博威集团在异型材的连续挤压生产过程中将"1挤2"的生产方式升级为"1挤3",以此提高生产效率、降低碳排放。

7.1.5 铅锌冶炼三废源头减控技术

针对铅锌冶炼过程主要危废进行源头减量和全过程优化控制，技术要点包括：锌精矿低温控电选择性浸出技术，对过程中锌铁浸出速率及溶液中铁存在形态进行控制，避免铁沉淀进入渣中，实现锌硫银与铁的高效分离，从源头减少渣的产出；铟锌铁全组分利用的赤铁矿工艺及核心装备、针铁矿法改良及铁渣全量化利用技术，通过选择性还原浸出与富铁溶液中铁离子价态电位调控、铁渣资源化利用等手段，实现"无铁渣"炼锌，减少铅锌冶炼过程渣种类和数量，实现源头减量并降低能耗；在废水、废气及节能利用方面开发新型发热管、高压变频、流体输送、低温热能回收等技术，回收铅锌冶炼过程余热，实现铅锌行业节能降耗。

近年来，国内对金属锌的需求急剧上升，高品质锌资源逐渐枯竭，无法满足市场需求，低品位、多金属、杂质含量高的复杂锌矿物资源的开发利用越来越受到锌冶炼企业的重视，尤其是高铁闪锌矿的开发利用受到广泛关注。高铁闪锌矿具有含铁高、锌含量较低的特点，如何在含锌高铁溶液中实现锌铁的高效分离以及铁的资源化利用已成为当今湿法炼锌行业研究的热点问题。与传统的除铁方法相比，赤铁矿工艺虽然存在设备成本昂贵、维修费用高等问题，但在环境保护和废弃资源循环利用方面具有显著优势：赤铁矿渣稳定性强、渣中铁含量高（55%~65%）、渣量小且在回收锌精矿伴生有价金属（如铟、铜）等。由于赤铁矿法除铁工艺的特殊性及技术保密等原因，目前全球只有日本的饭岛锌冶炼厂采用赤铁矿除铁工艺，该厂将大部分赤铁矿渣作为副产品销售给水泥厂，实现了废弃资源循环利用的目标。

在减碳效果方面，与原有技术相比，通过对铅锌冶炼过程危废源头减量和过程优化控制，可使铁渣减排量≥98%、净化渣减量60%、实现尾渣近零排放，二氧化碳排放量降低15%以上。铅锌冶炼烟气及其污染物的产生随冶炼过程和原材料种类不同而有很大差异。通过铅锌冶炼烟气制酸环保节能技术的应用，实现铅硫酸综合能耗18千克标准煤/吨、铅硫酸吨酸电耗170千瓦·时、锌硫酸吨酸耗电129千瓦·时，取得了良好的节能降碳效益。

在经济性方面，对于年产10万吨锌冶炼企业，铁矾渣和铅银渣的年产出量分别为6万~7万吨和3万~4万吨。该技术一旦得到推广应用，预期新增经济效益超过30亿元/年。

在应用方面，云锡文山锌铟公司建成了10万吨锌/年湿法炼锌赤铁矿法除铁示范工程，打破了国外对赤铁矿法除铁技术的封锁。中金岭南丹霞冶炼厂建成了10万吨锌/年可视化针铁矿法铁渣源头减排示范工程。巴彦淖尔紫金公司建成了20万吨锌/年铁矾渣/铅银渣源头消减示范工程，实现了危险固体废弃物的综合利用，每年企业新增经济效益约 2000 万元。目前 3 座示范工程均已实现经济稳定运行。云南驰宏锌锗股份有限公司也已开发出铅锌冶炼烟气制酸环保节能技术，并实现工业应用。

7.1.6 红土镍矿低碳清洁冶炼技术

目前，国内外红土镍矿的处理方法主要有火法和湿法两种冶炼工艺，湿法工艺使用硫酸、盐酸或者氨水溶液作为浸出剂，浸出红土镍矿中的镍和钴金属离子，常见的湿法处理工艺有高压酸浸工艺、常压酸浸工艺和氨浸工艺。火法工艺是在高温条件下，以碳（或硅）作还原剂，对氧化镍矿中的氧化镍及其他氧化物（如氧化亚铁）进行还原而得；同时采用选择性还原工艺，合理使用还原剂，按还原顺序氧化镍、氧化亚铁、氧化铬、二氧化硅进行还原反应。火法冶炼因具有流程短、三废排放量少、工艺成熟等特点，已成为红土镍矿冶炼的主要工艺。

红土镍矿逆向浸出工艺具有工艺条件温和、能耗和碳排放低、镍钴回收率高、投资和运营成本低等优势，可以协同处理褐铁矿型和蛇纹石型红土矿，是红土镍矿低碳清洁冶炼技术的重要创新。红土镍矿逆向浸出的工艺流程为"一段常压浸出 – 二段加压浸出 – 浓密洗涤 – 中和除杂 – 镍钴沉淀"。该工艺解决了目前镍红土矿冶炼工艺只能处理单一类型矿石的难题，特别适合处理目前无合适工艺处理、在红土镍矿山和港口大量堆存的含镍 1.2%~1.5% 过渡型红土镍矿，可极大提高资源综合利用率。

在减碳效果方面，红土镍矿冶炼工艺的碳排放主要来自火法工艺的煤炭、焦炭、电能等消耗和湿法工艺的硫酸、石灰石、蒸汽（煤）、氢氧化钠等。红土镍矿逆向浸出工艺的吨金属镍的二氧化碳排放量约为 4.76 吨，与回转窑 – 电炉工艺、烧结 – 高炉工艺、高压酸浸工艺、常压酸浸工艺相比，减碳效果显著。

在技术方面，红土镍矿逆向浸出工艺处于推广应用阶段。该工艺第二段加压浸出所需的高压釜装备压力和介质酸度明显低于传统高压酸浸工艺，不存在装备供应难度。在建立酸厂的条件下可实现酸、电和蒸汽的自给，通过自循环减少对外部条件的依赖程度，适用于红土镍矿资源储量丰富但工业基础薄弱的东南亚等国家。

在经济性方面，红土镍矿逆向浸出工艺与传统常压浸出相比，酸耗由 850~950 千克 / 吨矿降低到 550~650 千克 / 吨矿，同时石灰和石灰石消耗量也相应降低；镍、钴回收率由 75%~80% 提高到 90%~92%。由于试剂和蒸汽消耗低、设备配置简化，红土镍矿逆向浸出工艺与高温高压浸出工艺相比投资降低 35%、运营成本降低 20%~25%，同时具备碳排放低和成本低的优势。

在应用方面，矿冶科技集团有限公司利用红土镍矿逆向浸出工艺技术，针对菲律宾某红土镍矿进行了详细的银行级可行性研究，年建设规模7000吨镍，项目总投资1.55亿美元，折算吨镍投资2.2万美元，考虑在菲律宾建厂投资一般是国内投资的1.5~2.0倍，因此相比常压浸出工艺和加压浸出工艺，逆向浸出工艺投资具有明显优势。

7.2 过程降碳技术

7.2.1 氧化铝生产节能减碳技术

7.2.1.1 一水硬铝石无钙溶出技术

目前，我国氧化铝产量约占全球总产量的53%，年产氧化铝近8000万吨，其中约50%采用高温拜耳法溶出技术处理国内一水硬铝石矿生产。一水硬铝石矿在高温拜耳法溶出过程中，钛矿物严重阻滞铝矿物的溶出，自1933年苏联冶金专家提出添加石灰的解决方案以来，一直未曾改变。现行工业上通常添加干矿量10%~12%的石灰，这虽然在很大程度上消除了钛矿物的不利影响，但造成氧化铝回收率降低、赤泥产出率增加、赤泥组成复杂、溶液反苛化严重等问题。

一水硬铝石矿非石灰拜耳法溶出利用钛矿物阻滞作用的固膜机理和调控原理，最终形成了一水硬铝石矿非石灰高温拜耳法溶出技术体系：①以矿石量0.1%的自行合成有机添加剂替代大量石灰，定向调控高温溶出过程钛矿物与其他杂质矿物间的多元多相反应，使包裹铝矿物的钛酸钠致密膜转变为疏松的纤维状含钛化合物，从而消除钛矿物的阻滞作用，确保氧化铝的高效溶出；②基于脱硅产物结构形态与脱硅效能间的关系及其脱硅机理的研究，通过溶出赤泥脱碱经济回收氧化钠，吨氧化铝苛性碱的化学损失降低25%以上；③通过浓电解质体系中赤泥组成矿物界面的定向电位调控，氧化铝溶出过程同步实现赤泥中铁矿物与其他矿物的高效解离，避免石灰溶出体系时赤泥组成矿物间的细粒交织嵌布，为从高铁铝土矿溶出赤泥中综合回收铁矿物、大幅减少赤泥排放提供了关键技术支撑。

在降碳效果方面，无须添加石灰溶出新工艺，提高了溶出率，降低了氧化铝的损失和碱耗，使氧化铝相对溶出率提高5个百分点；外排赤泥N/S与处理同类型矿石的生产企业相比，氧化铝损失降低25%，降低能耗0.3吉焦/吨氧化铝，可直接减少二氧化碳排放0.15吨/吨氧化铝，总减排量为0.18吨/吨氧化铝。中南大学的科研团队已完成实验室研究，并在国家电投集团山西铝业有限公司成功进行了工业试验运行，取得了显著的经济和社会效益，为有效解决赤泥资源综合利用技术难题提供了新途径。

7.2.1.2 氧化铝生产过程超疏水防结疤材料的开发

在铝土矿预热和溶出过程中,铝土矿中所含有的一些矿物和循环母液(苛性碱)结合发生化学反应,生成溶解度很小的化合物从液相中结晶析出,并沉积在容器和管道的表面而逐渐累积形成结疤。由于矿浆中含有许多过饱和溶解物质,而这些过饱和溶解物质的结晶过程非常缓慢,所以在氧化铝生产流程的各个工序普遍存在结疤现象。

氧化铝结疤的危害非常多,在溶出生产工序中氧化铝结疤的主要危害是这些结疤使换热器的换热效率降低,使用于框架加热的新蒸汽难以得到充分有效的利用,进而造成大量能源浪费。由于氧化铝生产所用的管道和槽罐非常多,结疤的积累会逐渐降低管道和压力容器的有效容量,其中的矿浆无法停留足够的时间进行反应,给生产参数的控制带来一定影响,同时降低了设备的效率和产能。结疤形成后需要投入大量时间进行清理,这不仅需要大量的资金和人力,还需要生产流程的停车配合,造成巨大的经济损失。可以说,氧化铝生产过程中的结疤问题几乎遍及整个生产流程。

除常用的物理清除、化学清理和声波除垢等结疤清除方法外,针对氧化铝生产溶出、分解、蒸发等工序实际生产情况及物料特性,从管道材料及其表面结构的角度出发开发超疏水性的耐侵蚀管道材料,可有效抑制结疤在管道内壁的形成和黏附,消除因设备传热效果下降导致的汽耗增加及管道阻力增大导致的电耗增加。在降碳效果方面,汽耗降低 5%,电耗降低 5%,减少碳排放 10 千克/吨氧化铝。

7.2.1.3 系统调控提高氧化铝产品质量技术

提高氧化铝产品质量能够显著提高电流效率、降低电耗和生产成本。通过优化分解工艺条件,可改善氧化铝粒度,提高氧化铝流动性,保证氧化铝产品在电解过程具有较好流动性、溶解性和载氟性能;通过流程前或流程中除杂技术的开发等,可降低氧化铝产品中的钠、硅、铁、锂、锌等杂质含量,综合提高电解过程的电流效率,降低吨铝直流电耗约 100 千瓦·时。

在降碳效果方面,若氧化铝粒度 -45 微米含量小于 10%,氧化钠含量低于 0.3%,则可减少碳排放 75 千克/吨铝。在应用方面,各氧化铝企业都在不断研究优化氢氧化铝分解工艺。中铝股份有限公司广西分公司因系统中锌含量较高,也开展了脱锌技术研究,脱锌后能够保证氧化铝产品中锌含量不超标。

7.2.1.4 氧化铝蒸发工序系统节能技术

在氧化铝生产中,蒸汽冷凝水、赤泥洗水、氢氧化铝洗水及非生产水进入流程后,循环母液浓度降低,致使生产波动。蒸发的主要目的是排除流程中多余的水分,使母液浓缩至生产配制原液的要求,保持循环系统中的液量平衡,同时以结晶的形式排出原料中携带的碳酸盐及其他杂质。

管式降膜蒸发器具有传热效率高、加热管可换性强、投资低等优点，逐渐成为新建或扩建氧化铝厂的首选。经过预热的料液从顶部进入分布器，均匀流入每根加热管内形成液膜，液膜吸收管壁传入的热量，一边流动一边蒸发汽化。二次蒸汽随液膜自上而下进入分离室，经过液膜分离器除去夹带的气泡和杂物，进入下一效提供热源（图7.4）。

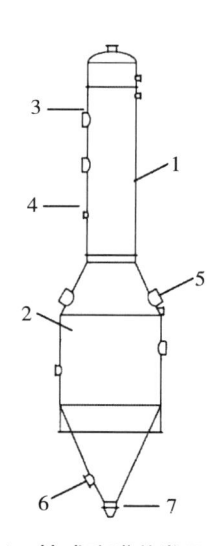

图7.4 管式降膜蒸发器示意图
1.加热室；2.分离室；3.加热蒸汽进口；4.冷凝水出口；5.二次蒸汽出口；6.循环液出口；7.完成液出口

目前，新建氧化铝厂普遍采用六效管式降膜蒸发、四效闪蒸和两段出料相结合的工艺流程。蒸发工序系统节能技术的实施，可有效解决蒸发器能效偏低的问题。该技术通过降膜蒸发器热工测定和蒸发流程诊断，对蒸发器实际热工运行状况进行评价并对可能存在的问题进行分析，提出提高蒸水量、降低汽水比的解决措施，可实现蒸发器蒸水量提高、汽水比降低，最终通过降低蒸发系统的汽耗降低二氧化碳排放量。据测算，蒸发器能耗可降低约0.3吉焦/吨一氧化铝，实现降碳约30千克/吨一氧化铝。

在经济性方面，对于年产百万吨氧化铝厂，蒸发器将提高蒸水量。预期蒸发器每小时多蒸1吨水，则氧化铝年产量提升约2600吨、循环浓度提高约0.5克/升。

7.2.1.5 氧化铝生产系统降低碳碱技术

根据降低碳碱的复杂程度，以"少进多排少返"为原则，采取"一厂一策"甚至"一矿一策"的实施策略，通过调控矿石性质、优化溶出工艺条件、优化蒸发排盐结晶性能等一系列技术，提高赤泥带走的碳碱量以及蒸发的排盐量，使系统碳碱水平降低、产品产量增加、溶出汽耗减少，从而实现降碳目的。在降碳效果方面，系统能耗降低 0.15 吉焦/吨一氧化铝，降碳 13 千克/吨一氧化铝。在经济方面，对于年产百万吨氧化铝厂，根据生产实际经验，转水量以 800 立方米/天计，碳碱影响造成的损失约为 1060 万元/年，该技术的实施可挽回损失 1000 万元/年以上。目前已在中铝矿业有限公司、山西华兴铝业有限公司应用，系统碳碱分别从 17.6% 降至 13.5%、从 16% 降至 8%。

7.2.2 电解铝生产节能减碳技术

根据中国有色金属工业协会发布的电解铝企业运行指标统计来看，我国的直流电耗已经被国际上先进铝生产企业追上，但我们的电流效率普遍在 90%~92%，远低于国际先进电解铝企业（94%~95%）。因此，从国际竞争力考虑，进行超低能耗铝电解技术开发迫在眉睫。

开发 1 万千瓦·时/吨铝的超低能耗铝电解技术，需要攻克以下子技术：铝电解综合节能技术（铝液直流电耗 1.21 万千瓦·时/吨铝技术）、高稳定短流程铝电解技术（铝液直流电耗 1.1 万千瓦·时/吨铝技术）和超低能耗铝电解技术（铝液直流电耗 1 万千瓦·时/吨铝技术）。

7.2.2.1 铝电解综合节能技术

（1）新型稳流保温铝电解槽节能技术开发

新型稳流保温铝电解槽节能技术思路如图 7.5 所示。主要是通过对阴极内衬结构和材料以及阴极组的结构、材料和规格进行改良，达到降低阴极铝液层的水平电流和电解槽阴极压降，实现电解槽低电压高效率稳定运行的目的；同时通过对阴极内衬的保温性能进行改良，使阴极内衬等温线分布得到优化；减少电解槽的电能输入和热能损失，最终使电解槽的热工状态得到改善，实现大幅节能。

（2）电解槽余热回收

设计、开发铝电解槽余热高效回收专用系统，工业化试验实现回收余热的高效回收。具体技术方案包括：通过模拟研究铝电解槽散热过程及侧部散热可回收量调控工艺，合理、精确调控铝电解槽侧部余热回收量与电解槽温度及炉帮厚度的优化匹配。开发铝电解槽侧部余热回收换热器模块，开展铝电解槽侧部余热高效回收技术工业化实验，实现换热器模块回收余热量精确控制。

（3）物理场仿真模型搭建及仿真

搭建物理场仿真计算平台和物理场物理验证测试平台，通过建立仿真模型进行物理场仿真研究，并根据仿真研究结果搭建物理模型验证平台，实测物理模型数据，用以修正仿真计算数据。通过不断仿真计算和修正，达到优化设计的目的。

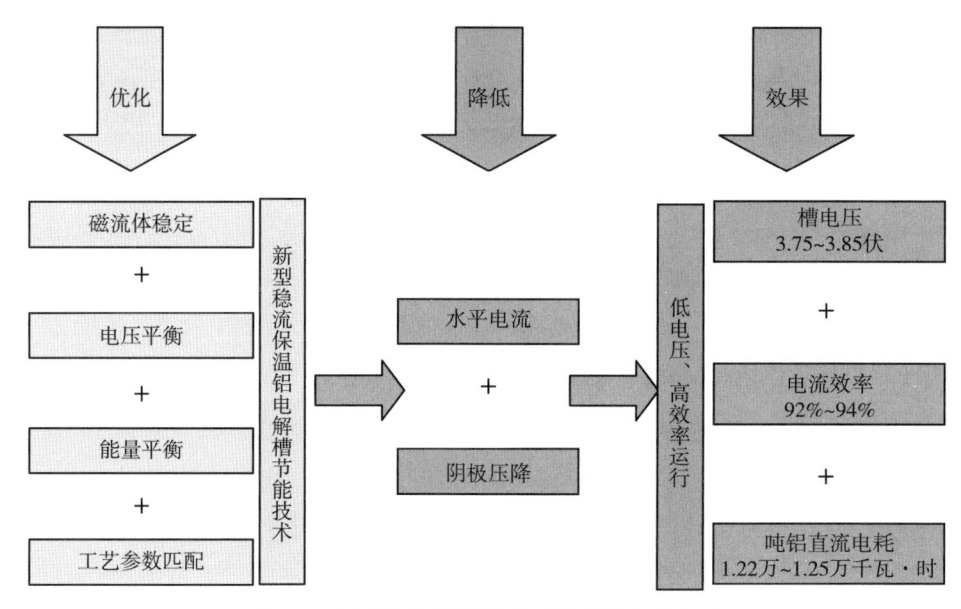

图 7.5 新型稳流保温铝电解槽节能技术思路

（4）集电棒开发基础研究

研究插铜阴极钢棒技术，通过高导电集电棒结构仿真优化及实验室试制，确定高导电集电棒结构、制备工艺。利用铜质材料导电性能优于铝液导电性能的特点，提高阴极钢棒内端的电导率，借以消除铝电解槽内的铝液水平电流产生，减少无功电耗，从而提高电解槽的电解效率。

（5）"三高两低"均质阳极生产技术

通过降低炭阳极电阻率、工艺改进、改性沥青综合利用等研究，以及通过残极高效利用炭阳极生产技术研究和焙烧炉结构优化等，实现炭阳极高导电、高体密、高电流密度、低成本、低碳耗技术。

（6）石墨化阴极质量提升技术

建设阴极耐磨性测试平台，选择抗磨蚀石油焦、优化工艺等，提高石墨化阴极耐磨性，以达到延长电解槽寿命的目的。

7.2.2.2 高稳定短流程铝电解技术

（1）基于连续阳极的铝电解新技术

通过开发具有低扰动、连续化、短流程、无拔顶棒和换极操作、自动化程度高的新型连续阳极，降低吨铝生产成本，大幅提高铝电解过程自动化水平及电解槽稳定性。

（2）可润湿阴极电解铝技术

通过硼化钛层和基体层结合研究、硼化钛阴极焙烧工艺研究，形成可湿润阴极生产新技术。

（3）物理场仿真优化

在第一阶段搭建的物理场仿真计算平台和物理场物理验证测试平台基础上，持续开展仿真优化电解槽物理场和电解槽母线配制。

（4）新型高导电材料

开发可回收利用高导电复合材料或结构阴极集电棒降低阴极压降，较现有高导电钢棒导电率提高40%，实现材料可回收。

（5）新型耐蚀筑炉材料开发

通过研究不同内衬材料在电解槽高氟高温环境下的服役性能，建立内衬材料材质、形状等与腐蚀速度、保温性能等使用效果的关系，针对铝电解槽的特殊使用环境，开发出适用于铝电解槽高氟高温环境下的抗氟腐蚀和耐高温内衬材料，提高内衬材料抗氟腐蚀、耐高温能力，保持电解槽能量平衡长期稳定，为电解槽获得良好指标和延长槽寿命提供条件保障。

（6）新型感知与槽控技术

开发对槽温、成分、炉膛、筑炉材料状况等电解槽体征状况进行数字化数据感知的系统，开展精准新型控制技术开发。

（7）余热回收综合利用技术

设计、开发铝电解槽余热高效回收利用集成系统，工业化试验实现回收余热的高效回收利用。具体技术方案如下：设计、开发铝电解槽余热高效利用专用系统，进一步完善试验槽侧部余热高效回收利用系统设计及铝电解槽侧部余热回收利用技术自动控制系统，对铝电解槽余热高效回收利用系统的安全性、稳定性、高效性进行工程应用评价，实现电解槽侧部散热量高效回收利用。

7.2.2.3 超低能耗铝电解技术

利用搭建的物理场仿真模型进行仿真优化，设计新型结构电解槽和优化母线配置，并在中期开发的连续阳极技术、可润湿阴极技术、新型高导电材料、新型耐蚀筑炉材料开发、新型感知与槽控技术、余热回收综合利用技术基础上进行技术集成再开发及工业试验，实现铝电解高效节能减排，形成原铝直流电耗1万千瓦·时/吨铝系列关键技术。该技术可以降低直流电耗约3500千瓦·时/吨铝，降碳效果显著。

7.2.3 铝合金加工节能降碳技术
7.2.3.1 铝合金先进短流程加工技术

铝合金先进短流程加工技术，即下一代板材生产技术，是指板带箔产品由液态金属直接凝固和轧制变形的生产方式，具有工艺流程短（约20分钟）、生产效率高（铸造速度≥10米/分）、能耗与碳排放为传统工艺50%的特点。此外，凝固过程冷却速率是传统DC铸造的100倍以上，微观金属组织均匀细小，因此板带箔材的强度、韧性、成形性等综合性能优异，对DC-热轧开坯工艺而言具有颠覆性的优势。

目前国内该技术处于实验室研究阶段，尚需对以下内容进行研究：①金属快速凝固原理。明确元素的固溶、析出和偏析与凝固速度、应力场、温度场的关联性，明确金属间化合物和晶粒的形核与长大行为，明确疏松的形成与铝液流场的关系，建立短流程快速凝固原理模型。②先进短流程结晶器及相关装备。以凝固原理模型为依据，借助计算机模拟仿真手段，开展结晶器的结构设计、冷却系统理论与试验研究及润滑介质与润滑方式的基础性研究，设计并制造先进短流程结晶器及相关装备。③适合先进短流程的新材料开发。在减碳效果方面，先进短流程制备技术流程大幅缩短，减少了均热、热轧、铣面等环节，单位重量产品的能源投入大幅降低，吨铝（产品）可节约2000度电，折合生产每吨铝减少碳排放约2吨。

在应用方面，2015年美国铝业公司报道了Micromill技术，部分产业化中试并实现了批量生产，其成形性能比传统汽车板提升40%、强度高30%，5系合金汽车板用于制造福特汽车公司的F-150型皮卡车。日本轻金属公司采用双带铸轧技术实现了5系汽车板部分产品产业化，但大部分合金还处于中试阶段。

7.2.3.2 信息物理系统的铝加工全流程碳足迹监测与控制技术

铝加工生产流程长、工序复杂，材料、工艺、装备、环境等因素都会影响能耗，从而间接影响碳排放。在工艺方面，对产品组织、性能要求不同，能耗不同；在生产装备方面，基础自动化水平配置不均衡，部分工况数据不可知，使得能耗追溯困难；在过程控制方面，多工序能耗数据信息处于"孤岛状态"，很难实现有效协同，无法实时监测能耗，使得全流程能耗不可知，无法实现有效协同控制。由于铝加工的熔铸、加工、热处理等流程主要消耗电能，属于间接碳排放控制，因此，为实现传统铝加工全流程的能耗与碳足迹追踪、控制以及生产方式的转型升级，应通过数字孪生技术构建三体智能革命，实现铝加工过程的能耗状态感知、实时分析，建立能耗与碳排放间的映射关系，实现铝加工全流程能耗-碳排放的自主决策、精准执行、学习提升，以达到合理的能源利用，实现对能源的预警、监测与调控，完成预期降碳效果。

对铝加工全流程智能化水平来说，还需从以下方面进行研究：①铝加工全流程数字孪生体的构建。建立熔铸、热轧、挤压、锻造、热处理、机加工等数字孪生工艺、数字孪生流程、数字孪生设备、数字孪生产线、数字孪生产品等数字孪生体模型，实现铝加工物理空间和信息空间各要素相互映射。②设备互联，流程生产网络化。通过对设备的网络化改造与升级，建设设备物联网系统，将熔铸、铸造、加工、热处理、机器人、自动化产线等流程数字化设备进行联网，实现设备的互联互通，发挥设备集群控制优势，形成设备集群的数值化、网络化、智能化、可视化，使设备状态、能耗透明化。③搭建感知－认知＋决策－执行的集成可视化数字孪生数据运维平台。通过基于 5G 的虚拟现实混合技术，建立智能远程设备孪生运维系统，实现 CPS 与物理空间的相互作用、实时交互、高效协同和深度融合，实现铝加工数据化、知识模型化、数据决策执行化的逻辑闭环。实现设备的实时监控、定期保养、维修，保障设备稳定运行；实现产品生产过程透明化、数据化、标准化，设备合理化、绿色化、智能化。

在降碳效果方面，通过铝加工制造要素（人、机、料、法、环）和业务数据标准统一化，建立铝加工数字孪生工艺、数字孪生设备、数字孪生流程、数字孪生产线、数字孪生产品等数字孪生体模型，通过实现铝加工物理空间和信息空间各要素相互映射、实时交互、高效协同，完成铝加工数据化、知识模型化、数据决策执行化的逻辑闭环，达到铝加工产品质量稳定与能耗稳定可控制的双重目标。

在经济方面，通过基于数字孪生系统铝加工全流程建设，能够达到在线能耗监测数据采集率 100%；能源利用率预计提高 10%，碳排放量预计降低到 1.45 吨／吨铝，产品不良率下降 30%；人均生产效率提高 30%。

在应用方面，2016 年中铝瑞闽股份有限公司牵头承担了工信部项目"高端铝合金功能材料智能制造新模式"，建成了一个大数据平台，不仅有效解决了生产计划排产、生产物流过程问题，同时使热处理设备过程能耗利用率提高了 5%。

7.2.4 铜及铜合金生产节能降碳技术

7.2.4.1 铜锍连续吹炼技术

传统 P–S 转炉铜锍吹炼分造渣期和造铜期，为周期性吹炼技术，P–S 转炉需多台（套）以保证周期性进行，吹炼过程中来自熔炼的铜锍需采用铜锍包子在车间内进行倒运，P–S 转炉进料和出料需旋转炉体，烟气逸散严重、二氧化硫低空污染成为困扰铜冶炼环境保护的症结。铜锍连续吹炼技术彻底解决了 P–S 转炉周期性吹炼问题，来自熔炼的铜锍经铜锍溜槽直接进入底吹吹炼炉内，吹炼炉连续送风进行吹炼，产出粗铜和吹炼渣，炉体全过程密闭，一台（套）连续吹炼炉可取代多台（套）P–S 转炉。

底吹"三连炉"工艺（图7.6）主要流程是底吹熔炼炉产出热态铜锍，通过溜槽直接进入底吹连续吹炼炉，底吹连续吹炼炉里的热态粗铜通过溜槽直接进入阳极炉，充分利用热态铜锍、粗铜的显热，节省了行车倒运铜包的费用，消除了二氧化硫烟气的低空污染。

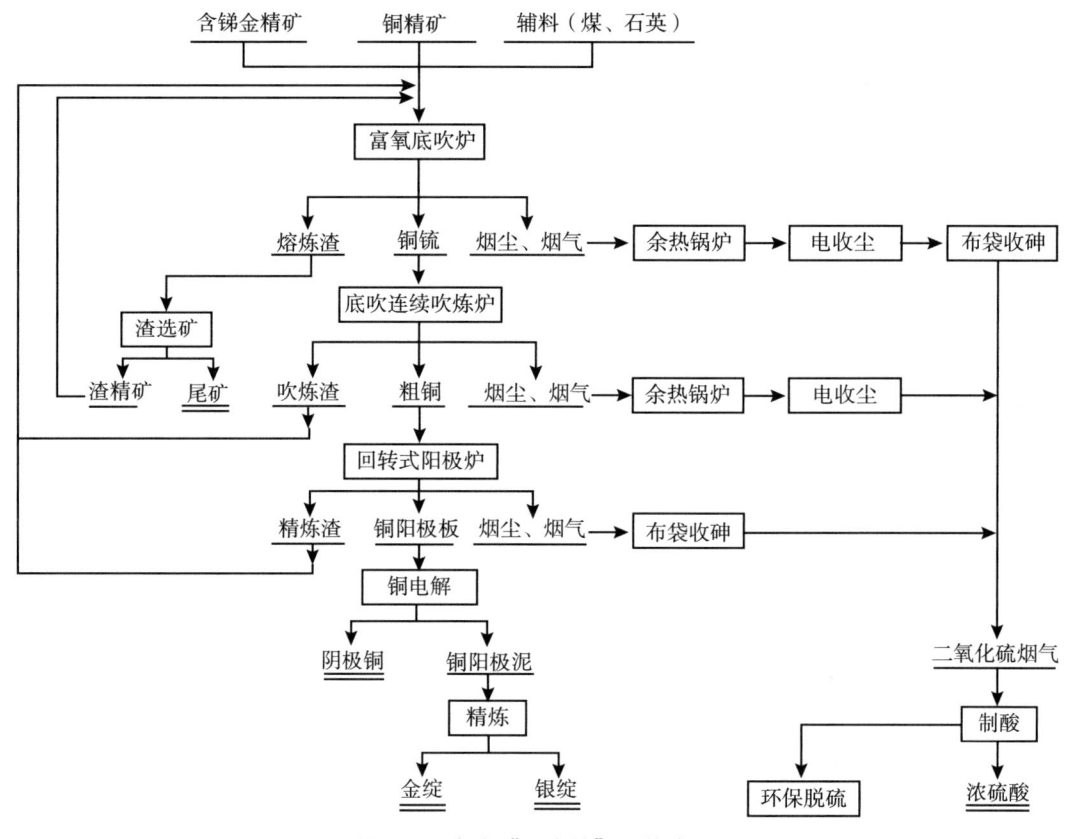

图7.6 底吹"三连炉"工艺流程
（图上"———"代表粗产品，还需进一步提纯处理；"══"代表最终的产品）

在降碳方面，采用连续吹炼技术，吨铜能耗可降低20千克标准煤，吨铜污染物减排二氧化硫30千克，节能减排效果明显。在技术方面，目前世界上成熟的连续吹炼技术主要有氧气底吹连续吹炼技术、多枪顶吹连续吹炼技术和闪速连续吹炼技术。三种连续吹炼技术产业化应用已较成熟，约占我国铜冶炼总产能的50%。在经济方面，相比于传统P-S转炉，采用连续吹炼技术吨铜节约成本约200元人民币，经济效益明显。在应用方面，氧气底吹连续吹炼技术已应用至河南豫光金铅股份有限公司、包头华鼎铜业发展有限公司、国投金城冶金有限责任公司、青海铜业有限责任公司和紫金黑龙江铜业有限公司；多枪顶吹连续吹炼技术已应用至烟台国润铜业有限公司、赤峰云铜有色金属有限公司和广西南方有色金属集团有限公司；闪速连续吹炼技术已应用在美国肯尼科特铜业公司、山东省聊城市祥光铜业有限公司、铜陵有色金属集团控股有限公司金冠铜业分公司、广西金川有色金属有限公司、中铝东南铜业有限公司。

7.2.4.2 粗铜连续精炼技术

目前，粗铜精炼主要采用回转式阳极炉周期性作业，分加料、升温、氧化、还原、浇铸等环节，存在还原剂过量使用、产生的不完全燃烧烟气没有得到资源化利用且能源消耗较高等问题。

粗铜连续精炼技术可实现粗铜连续进料、阳极铜连续浇铸、运行时氧化还原过程同时进行，可缩短作业时间、提高设备利用率；同时烟气量和烟气成分稳定，可集中处理并回收余热。粗铜精炼保温燃烧和氧化所需要的燃料量占整个过程的70%，采用连续精炼后，还原产出的一氧化碳气体可作为燃料，且作业时间大大缩短，整个能源消耗为原精炼的70%，即可降低15千克标准煤/吨铜。目前，粗铜连续精炼技术还处在实验室研发阶段，预计"十四五"期间能完成工业化试验。采用该技术不仅可以降低燃料成本20元/吨铜以上，还可实现二氧化碳减排55千克/吨铜。

7.2.4.3 铜合金加工全流程一体化节能降耗技术

在立式半连续铸造工艺中，传统铜加工技术为保证铸锭中易烧损元素含量，需要使用真空铸造，消耗大量能源；在水平连铸过程中，传统一流一头铸造效率低下，造成保温炉及熔炼炉能耗大；铜合金锭坯加热时使用传统推杆式加热炉，能源消耗大，同时轧制过程中使用小锭坯和低速轧制也带来轧机的大量能耗。

铜合金加工全流程一体化节能降耗技术综合考虑生产效率和资源环境的相互关系，在铜加工材料的制造过程中形成一系列降低能源消耗和环境污染的相关技术，主要内容包括：①改进铜合金熔铸、加工技术，如非真空熔炼、多头水平连铸、步进炉加热技术，进一步提高加工效率，相比传统技术，该工序能耗减少可达5%以上；②实现铜合金材料设计生产的绿色化，减少生产、使用、回收过程中的碳排放消耗，可降低原产品碳排放的5%以上。

在降碳方面，综合成品率提升10%以上，吨产品综合能耗降低15%以上。

在技术成熟度方面，由于国外对环保要求较高，美国和日本于20世纪已致力于开发环保铜合金，并开发了使用硒、铋等元素替代铅的环保铜合金，并开发了其他性能良好的铜合金等替代铍铜。国内对于环保铜合金的开发较晚，目前多处在实验室研发阶段，部分企业能够生产一些牌号的无铅黄铜和铍铜的替代合金，但自主研发的环保铜合金仍然较少。对于Cu-Zr系和Cu-Ti系的合金，中铝集团、陕西斯瑞新材料股份有限公司等铜加工企业尝试进行非真空铸造，以降低能耗,目前处于生产试验阶段。

在经济性方面,通过改进熔铸技术和加工技术,能够实现能源消耗率降低3%。通过开发新型环保铜合金,可实现该类产品能源消耗降低5%。采用蓄热式加热技术,仅铜铸锭加热环节就可降低燃料成本约15元/吨,可实现二氧化碳减排9.5千克/吨。

在应用方面,宁波金田铜业(集团)股份有限公司研发的"大吨位电炉熔炼－潜液转流－多流多头水平连铸技术和设备"生产黄铜棒材,熔炼炉容量达3~5吨,保温炉多面多流、一流多头,最多实现8面、16流、4头连铸,单台设备产能达5000千克/时,是传统技术的10倍;潜液转流技术使金属锌的蒸发损失减少0.34%,单位产品电耗降低25.7千瓦·时/吨。该技术相较于传统的水平连铸,一次性投资少、占地面积小、生产效率高,可以进行大规模推广。预计"十四五"期间,国内铜加工企业全流程一体化节能降耗技术的使用比例有望提升至30%左右。

7.2.4.4 铜材先进短流程加工技术

铜材先进短流程加工技术,即下一代板材、线材和管材生产技术,是指板带箔、棒线丝和管材产品由液态金属直接凝固和轧制、拉拔等变形的生产方式,具有工艺流程短、生产效率高的特点,综合成材率较传统工艺提高30%左右,能耗为传统工艺的70%左右。

铜合金短流程制备加工新工艺的技术路线如图7.7所示。

水平连铸 → 冷加工 → 固溶/中间退火 → 冷加工 → 退火

图7.7 铜合金材料生产工艺技术路线

在降碳方面,短流程新工艺解决了铜合金传统生产工艺需热轧、铣面、中间退火、酸洗等合金耗损大、能耗大、环境负担重的技术难题,可实现绿色低碳制造,符合国家"双碳"重大战略需求。新工艺推动了我国铜加工行业的技术进步,可满足电子通信、海洋工程、探月工程对高性能高精度铜合金的重大需求。

在技术成熟度方面,北京科技大学发明了热冷组合铸型水平连铸新技术,制备了高表面质量、高致密、优良冷加工性能的高质量铜合金铸坯(管、棒、板、带等),结合大变形冷加工和热处理,开发了以"热冷组合铸型水平连铸－冷加工－退火"为特点的铜合金短流程制备加工新工艺。目前在高精度无氧电子铜管、耐蚀白铜管等工业化生产方面已获得应用,并完成了高强高弹铍铜合金和高强高导 Cu-Ni-Si 系合金带材的中试生产，正在进行工业化关键技术攻关。

在应用方面，2016 年短流程新工艺已在中色（宁夏）东方集团有限公司应用，建成了一条年产 3000 吨铜合金带材的短流程工艺生产线，生产的铍铜和铜镍硅系合金带材已批量供货。金龙精密铜管集团有限公司、无锡隆达金属有限公司等企业分别建成一条年产 1 万吨耐蚀白铜管生产线，产品应用于海水淡化装置、舰船管道和冷凝器等。广东龙丰精密铜管有限公司建成了年产 5000 吨级无氧电子铜管生产线，已批量供货。

7.2.4.5 铜合金数字化研发与生产技术

铜加工产品的加工流程包括新合金设计、熔炼、铸造、均热、锯切、轧制、固溶、淬火、时效、矫形等多道工序，对质量性能影响的关键变量参数可达数百个，导致产品质量的一致性差、稳定性差、成品率低、生产制造成本高、劳动生产率低、研发效率低，在能耗和碳排放方面难以控制。建立基于材料基因工程的新材料研发新模式，形成熔铸、轧制、热处理等典型制造过程的工艺 – 组织 – 性能耦合的数字化仿真模拟技术，能够实现典型工艺的快速优化及新工艺的快速研发。同时，结合工业大数据平台及分析挖掘技术、全流程质量在线管控技术，可实现铜加工产品的智能化生产。

铜合金数字化研发与生产技术相较于其他金属行业相对落后，但近年来在政策与市场的驱动下也取得了一定成果，还需在以下方面进行研究：①基于材料基因工程的铜合金数据库的建立与丰富完善，形成铜合金"成分 – 工艺 – 性能"深度学习、预测模型，实现缩短周期、降低研发成本；②建立铜合金制备全流程的热力组织全耦合仿真模拟技术，通过各工序之间组织性能仿真结果的继承，实现制备全流程的仿真模拟；③基于工业大数据支撑平台的建立，进行全流程工业大数据分析挖掘，形成生产工艺、质量在线检测与闭环控制；④将材料基因研发模式、全流程全耦合工艺仿真技术、大数据支撑生产平台进行整合，构建智能化生产线，真正实现铜加工产品的智能化生产。

在技术成熟度方面，2012 年 12 月，由中国工程院领衔的"材料科学系统工程发展战略研究——中国版材料基因组计划"重大项目启动。利用材料基因技术已在铝合金强度、弹性模量、导电率、韧性优化中进行了推广应用，开发出了高性能的 7085 航空合金和 2055 铝锂合金。到 2025 年，可实现典型工艺的快速优化及新工艺的快速研发，基于材料基因与仿真模拟技术的产品工艺优化普及率达到 84%。

在经济性方面，通过材料基因工程对铜合金材料进行研发，使得采用传统方法需要花费数年时间的工作在极短的时间内即可完成，大大提高了研发效率与投入成本，可实现产品尽早入市。

在应用方面，宁波金田铜业（集团）股份有限公司从业务、IT、装备和数据等方面对实施智能制造进行方向性规划，通过智能制造规划项目以实现从传统制造向智能制造转型。此外，国内铜加工企业如中铝洛阳铜加工有限公司也在智能制造方面进行了布局。洛阳铜加工板带厂新线 MES 系统在计算机网络和数据库的支持下，将生产过程中的所有物流、信息流等集成起来，使用统一的数据库和通过网络连接同时为生产部门、质检部门、工艺部门、物流部门等提供生产厂管理信息服务，优化能耗。

7.2.4.6 终端产品降碳技术

开发一系列节能高效的铜合金材料，突破常规材料性能极限，在终端产品中实现材料在应用端的减碳降碳。

（1）超级铜

超级铜实际上是传统金属铜与石墨烯的复合材料。石墨烯是已知载流子迁移率最高的材料，其室温迁移率为硅的 100 倍，理论电导率比铜和银还高。

在减碳效果方面，我国每年电力消费 7.15 万亿度，其中输配电的损失高达 3351.7 亿度。目前铜的导电性能已经达到物理极限，而超级铜的导电率高达 116% 国际退火铜标准。据估算，如果将现有铜材替换成超级铜材料，可以将 20 千瓦电机铜耗降低 12.33%；若将全国的电机都替换为超级铜电机，则每年可以节约用电约 185 亿度，相当于葛洲坝电站一年的发电量。

在技术成熟度方面，2021 年中车研究院围绕超级铜技术展开多次试验研究和工艺攻关，初步搭建了 150 吨的超级铜中试线，已初步具备产业孵化的条件及对外小批量提供产品的能力。

在应用方面，超级铜属于铜的深加工行业，目前的产品有超级铜导条、超级铜电磁线等。当前已开发了超级铜异步电机，实现了超级铜在电机上的应用，降低了电机的温升。超级铜还处于中试阶段，暂时没有进行市场开发，但也有小批量的销售。

（2）微通道铜换热器

微通道铜换热器就是通道当量直径在 $10\sim1000\,\mu m$ 的换热器。这种换热器的扁平管内有数十条细微流道，在扁平管的两端与圆形集管相连。集管内设置隔板，将换热器流道分隔成数个流程。与常规换热器相比，微通道铜换热器体积小、换热系数大、换热效率高，可满足更高的能效标准。

在减碳效果方面，微通道铜换热器采取钎焊工艺，扁管和翅片接触紧密，具有更高的传热效率，同等性能的情况下换热器重量可减少 50%~70%，结构更紧凑，而且制冷剂充注量大幅降低。同时，由于风阻降低，使风机能耗大幅降低，整机成本也降低。目前，微通道铜换热器的关键技术——微通道平行流管的生产方法在国内渐趋成熟，使微通道铜换热器的规模化使用成为可能。

在经济性方面，应用微通道铜换热器的制冷系统（R32冷媒）比翅片铜管式换热器系统的制冷量提升3.4%、功率降低1.4%、能效比提升0.16。结合冷媒R32的特性，压缩机规格相对更小，制冷剂充注量更少，更加环保。由于微通道铜换热器具有高效换热的明显优势，在换热量相同时，比翅片铜管式换热器成本可减少15%～30%，制冷剂充注量可减少20%～35%。

7.2.5 铅锌冶炼过程节能降碳技术
7.2.5.1 三联炉一步炼铅技术与装备

三联炉一步炼铅法是将熔炼炉 – 还原炉 – 烟化炉链接在一起，液态铅渣直接从一台炉子流入另外一台炉内，不仅实现了全过程的连续操作，还充分利用了液态渣的热量，大大降低了能耗和焦炭消耗量。由于三台高温炉密封链接，减少了铅渣转运过程中的二氧化硫低空污染和有毒元素铅蒸汽的挥发，可大大改善操作环境、减少低空污染和无组织排放。

在减碳效果方面，与原有鼓风炉还原相比，三联炉采用的底（侧）吹还原炉密封性、床能率和能源利用率明显提高，再加上液态铅渣直接在炉内进行传输，大大减少了热损失，减碳效果显著。在未实现液态铅渣直接还原之前，吨粗铅能耗在500~800千克标准煤；实现液态铅渣直接还原之后，吨粗铅能耗降低至300千克标准煤以下。随着三联炉工艺的产业化应用，吨粗铅能耗可以降低到280千克标准煤以下，总体节能效果达到100千克标准煤，碳减排率为30%左右。按照每年360万吨原生铅产量计算，每年可节省碳用量36万吨、减少二氧化碳排放132万吨。

底吹炼铅已经被证实是成熟可靠的，侧吹和顶吹也得到了推广应用，如河南省济源万洋冶炼（集团）有限公司、浙江金利铜业有限公司、云南驰宏锌锗股份有限公司等均采用该工艺建成投产了10万吨级工厂，烟化炉在云南驰宏锌锗股份有限公司已经运转十多年，用于处理鼓风炉铅渣。三联炉工艺是在现有单体成熟工艺基础上进行的技术组合创新，已经得到工业化应用验证，技术成熟度高。该技术在云南驰宏锌锗股份有限公司会泽冶炼分公司、呼伦贝尔驰宏公司和河南省济源万洋冶炼（集团）有限公司三家企业得到产业化应用，其中会泽冶炼分公司和呼伦贝尔驰宏公司采用ISA顶吹熔炼 – 侧吹还原 – 烟化炉贫化三联炉工艺；河南省济源万洋冶炼（集团）有限公司采用侧吹熔炼 – 侧吹还原 – 烟化炉贫化三联炉工艺，都取得了良好的技术经济指标。

在经济性方面，与原有工艺相比，该工艺成本降低5%~10%、能耗降低10%、无组织排放降低50%以上，具有显著的经济、社会和环境效益。

7.2.5.2 铜铅锌搭配冶炼与自循环技术

我国铜、铅、锌冶炼已经形成规模化效应，如江西铜业集团有限公司、铜陵有色金属集团控股有限公司、株洲冶炼集团股份有限公司、河南豫光金铅股份有限公司等大型铜、铅、锌冶炼企业产能已达到世界级水平，但铜、铅、锌三种金属冶炼之间的互补优势还远远没有发挥出来。由于这三种金属在冶炼过程中都产出多种中间物料或危废，从自身角度来说处理难度都比较大，但三者的中间物料可以互为原料，不仅可以将固体废物/危废消化在厂区内部，还能大大提高稀贵金属的综合利用率，环保和经济效益显著。

铜、铅、锌搭配冶炼的技术原理是利用铜、铅、锌以及其他伴生稀贵金属性质的差异，在烟尘、冰铜或其他主金属产品、熔炼渣或浸出渣进行分组。例如，在铜冶炼过程中，铜精矿伴生的铅锌有60%~70%挥发进入烟尘中，稀贵金属被冰铜捕集，50%的砷被固定在熔炼渣中，烟尘经过预处理脱除砷和锌后，含铅铋的物料可送铅冶炼系统处理；在铅冶炼过程中，烟化炉贫化将产出含锌较高的氧化锌烟尘可以送锌冶炼系统利用，副产的铅冰铜分离铅后可以送铜冶炼系统利用；在锌冶炼过程中，净化工段产出铜镉渣，热酸浸出工段产出铅银渣，可以分别送铜冶炼系统和铅冶炼系统进行处理。

自循环技术是指铜、铅、锌冶炼过程产出的固体废弃物直接返回工艺流程系统，或者经过预处理后返回工艺流程系统。例如，铜冶炼过程中余热锅炉的重尘直接返回熔炼、黑铜泥直接返回熔炼等；白烟尘由于含砷、锌较高，很难直接循环利用，则首先通过预处理将砷、锌脱除，然后将剩余的物料送入铅冶炼系统。通过精细调控，实现固体废物或危废的自循环，尽可能减少末端处理量，减少能耗和碳排放。

在节能减碳效果方面，如果铜、铅、锌为独立的冶炼厂，则三者产出的中间物料或危废要么自己处理，要么销售或付费交给其他企业处理，能耗和成本较高。以锌冶炼为例，根据国家颁布的行业准入条件，热酸浸出工艺由于产出大量的铁矾渣需要堆存，不符合未来环保发展方向，因此很多企业开始改为回转窑挥发工艺或采用侧吹/顶吹熔池熔炼工艺，但每生产1吨锌能耗明显升高300千克标准煤。如果铜、铅、锌是联合冶炼，则可以将锌浸出渣送铅冶炼系统，充分利用硫化矿冶炼自热的优势，每年可以节省165万吨标准煤。据此计算，如铜、铅、锌产出的中间物料或危废相互利用，则每年可以节省至少300万吨标准煤，减碳效果显著。

在经济性方面，通过铜、铅、锌搭配冶炼，综合能耗可以降低15%~20%，固体废物厂内处置率达到90%以上，稀有金属回收率提高3%~5%。对于一个10万吨铜、10万吨铅、10万吨锌综合冶炼厂来说，成本可降低10%~15%、碳排放减少15万吨。如果辐射到整个行业，则碳排放可减少1500万吨以上，经济、社会和环境效益明显。

在应用方面，国内综合型冶炼企业都有铜、铅、锌生产线，但最初设计并没有太多考虑三者之间协同的问题，虽然有部分已经开始进行搭配冶炼，但仍然有较大的优化提升空间。除中间物料外，对于稀贵金属综合利用生产线亦可以考虑合并冶炼或相互补充。从技术角度来说，成熟度较高，可以直接通过新建综合性冶炼厂设计优化来实现。目前该技术在株洲冶炼集团股份有限公司、白银有色集团股份有限公司、葫芦岛锌业股份有限公司得到了应用和验证，大幅减少了固体废物产出量，稀贵金属回收率得到提高，取得了良好的经济效益，并形成了铜、铅、锌搭配冶炼的雏形。

7.2.5.3 锌加压浸出清洁冶炼技术

锌加压浸出包括硫化锌精矿加压浸出、赤铁矿除铁和锌冶炼中间物料加压浸出。硫化锌精矿加压浸出是在一定压力和温度条件下直接处理锌精矿，获得硫单质和硫酸锌溶液，浸出溶液的净化、电解等工序通过传统工艺完成，因取消了传统的焙烧工序而真正成为全湿法炼锌工艺。

与现有技术对比，硫化锌加压浸出技术的原料适应性广、生产成本低、没有二氧化硫污染，且铁可以赤铁矿作为副产品回收。在减碳效果方面，传统湿法炼锌＋浸出渣火法处理的能耗限额为1150千克标准煤，传统湿法炼锌＋热酸浸出工艺能耗限额为850千克标准煤，而锌加压浸出工艺由于取消了高能耗的焙烧工序和制酸工序，其能耗得到大幅降低，较传统湿法＋热酸浸出工艺能耗降低20%以上。

在经济性方面，硫化锌精矿氧压浸出新工艺对高铁闪锌矿和含铅的锌精矿适应性强。与常规炼锌方法相比，无须建设配套的焙烧车间和制酸厂，有利于环境治理，尤其对于成品硫酸外运交通困难的地区，氧压浸出工艺更显优势，产出的元素硫便于储存和运输。锌的浸出率可达到97%~99%，通过浮选及加热过滤可获得纯度为99.9%的元素硫，总硫回收率可达88%；同时可回收高含量的Pb-Ag渣，经济、社会和环境效益明显。

我国在20世纪80年代完成了锌精矿加压浸出的扩大试验研究，于2009年在中金岭南丹霞冶炼厂建成第一座规模化锌加压浸出厂，设计年产10万吨电锌，同时副产镓锗稀散金属,也是世界上第一座采用"一段低温低压浸出－二段中温中压浸出"的锌加压浸出厂。之后,该工艺在国内西部矿业、云南驰宏锌锗股份有限公司呼伦贝尔锌业、四川会理铅锌股份有限公司等企业得到推广应用。2017年云锡文山锌铟冶炼有限公司建成投产我国第一套赤铁矿法除铁系统,填补了国内赤铁矿法技术空白。

7.2.6 有色冶金高效节能电液控制集成技术

有色冶金高效节能电液控制集成技术采用虚拟样机、半实物联合仿真以及电液比例伺服集成控制等设计及控制技术,以电解精炼过程中关键技术设备系统集成优化为目的,实现系列设备大型化、高速化、连续化、自动化及节能化,在提高电解效率的同时降低能耗,以达到高效节能的目的。其流程如图7.8所示。

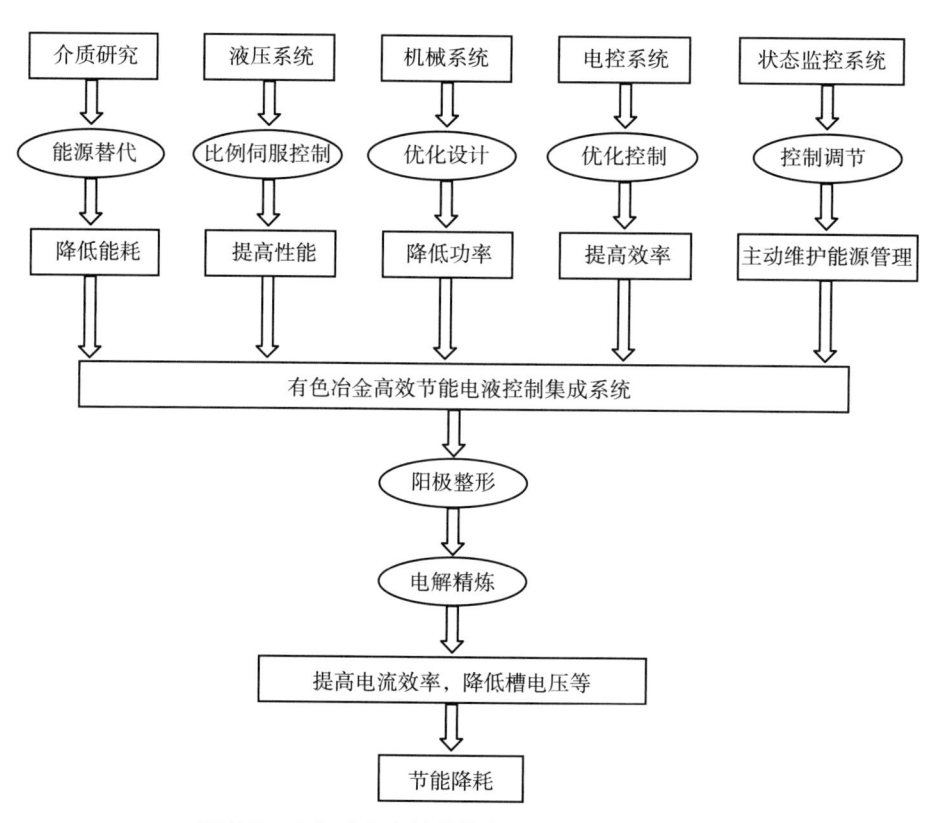

图 7.8 有色冶金高效节能电液控制集成技术流程

锌电解过程优化主要从三个方面考虑:锌电解能耗模型、电解沉积工艺综合优化以及锌电解整流器单元智能控制。其目标是在建立电解过程功耗模型的基础上,基于最小功率损耗基础建立运行模型,实现直流损耗最优单元组合和单元最优电流分配。其电解过程关键技术设备集成系统具体功能如下：①生产过程的在线监控：实时监视电解电流、冷却塔温度、电解液温度、地槽液位情况、新液与废液流量及各生产设备的运行情况；②工艺参数的优化指导：在锌电解过程数学模型的基础上，针对分时供电制度，优化计算各时段的电流密度以实现分时效益最大化，并且在不同电流密度条件下对电解液酸锌含量及温度进行调整以降低能耗；③生产过程的在线控制：开发电解液配比专家系统，实现新液、废液流量的连锁控制，以保持最优酸锌比，同时基于专家经验控制冷却塔开启台数，以实现电解液温度的优化控制。

以年产 10 万吨电解铜生产线为例，使用有色冶金高效节能电液控制集成技术对铜阳极进行改造，改造后每年可节能 841 吨标准煤，实现年减碳量 2187 吨。有色冶金高效节能电液控制集成技术适用于有色金属行业铜、铅、锌等采用湿法冶金年产 5 万吨精金属规模以上的企业，目前已经应用于国内多家企业，节能效果明显且出口国外。

以年产 10 万吨电解铅的生产线为例，采用该技术进行改造，可改善阴阳极品质、提高用电效率且降低能耗，项目年节能量可达 1.7 万吨标准煤，年节能经济效益约 1656 万元。此技术已成功应用于株洲冶炼集团股份有限公司年产 40 万吨的锌生产线，并实现功率分配和运行条件（如锌浓度以及温度等）优化，启动该系统可使整流器单元效率提高到 98% 左右，每年为企业节省超过 4000 万千瓦·时电量。

7.3 资源循环利用技术

7.3.1 氧化铝焙烧炉烟气潜热回收利用技术

氢氧化铝焙烧是氧化铝厂生产中的最后一道加工工序，它将分解过滤所得的氢氧化铝滤饼在气体悬浮焙烧装置中干燥除去附着水、深度加热脱除结晶水并进行晶型转变，生成产品氧化铝。氢氧化铝的焙烧过程实质是一个脱水的过程，干基氢氧化铝中含水 34.6%，再加上氢氧化铝表面的附着水 3%~5%，氢氧化铝焙烧的实质就是将氢氧化铝中约 38% 的水分全部脱除。因此，氢氧化铝的焙烧过程必然要消耗大量的能源才能实现。目前，氢氧化铝焙烧炉所采用的是气态悬浮焙烧炉，该炉型在设计上充分考虑了热能的回收与利用，用焙烧好的物料预热冷空气至 700℃左右，提高了燃烧效率；再用氢氧化铝吸收热烟气的热量，使氢氧化铝在进入焙烧炉装置中的主炉时，物料中的大部分水分已经被脱除，这样物料在进入主炉后的主要反应是晶型的转变，大大缩短了焙烧时间，也大大提高了焙烧炉的热效率，使目前气态悬浮焙烧炉的热耗几乎发挥到了极限。

目前气态悬浮焙烧炉的尾气是含有大量水蒸气潜热的气体，如果能回收此尾气中的汽化潜热、水和氢氧化铝原料，不仅能最大限度地降低氧化铝生产的综合能耗，还能降低氧化铝的生产成本，最大限度地节能减排。

通过采用分段回收焙烧炉烟气的方式进行烟气余热的有效回收，采用热管或热泵换热器回收低温烟气的显热，采用接触式或非接触式冷凝换热器深度回收低温烟气的潜热，深度回收焙烧炉烟气中的潜热及水蒸气，可以使焙烧炉能耗降低20%，实现降碳的目的。山西孝义信发化工有限公司、中铝中州铝业有限公司等企业开展的研究表明，该技术可降低焙烧炉天然气消耗约8标准立方米/吨—氧化铝，折合碳排放约16千克/吨—氧化铝，回收水0.3吨/吨—氧化铝。

7.3.2 铝电解大修渣处置及资源综合利用技术

铝电解大修渣是铝电解槽维修及废弃产生的固体废物，其中含有超标的毒性物质氟化物和氰化物，属于危险废物。大修渣的主要成分有阴极炭块废渣、阴极糊料废渣、防渗料废渣、耐火砖废渣、浇注料废渣、硅酸钙板废渣等。

大修渣的无害化处理包括湿法处理技术、干法处理技术和堆场填埋处理技术。湿法处理技术是目前大修渣化学处理最常用的技术，即将大修渣破碎研磨→检测→除氰→除氟→残渣，该工艺没有任何中间有毒产物出现。干法处理技术中的回转窑炭烧工艺可将大修渣中95%的氟化物质转化为稳定的固化物，该工艺主要流程为：将大修渣进行研磨，加入粉煤炭与石灰石，通过调节其配合比例，制成混合性粉末放入回转窑中进行高温焙烧，大修渣中的氟化物转变为性能稳定的化合物，实现对大修渣的无害化处理。堆场填埋处理技术处理量大且成本低，所以目前大多数企业选择该方法，但是填埋后经过雨水的冲刷，大修渣中的氟离子会被冲走或者渗漏到地下水，污染土壤和地下水资源。

根据对铝电解大修渣源头分类，可采用不同工艺分别进行处置及资源利用。大修渣中废耐火材料采用湿法无害化处置+尾渣资源利用的工艺路线，得到的无害化尾渣中的毒性物质指标满足国家Ⅰ类一般工业固体废物标准，可作为原料用于制砖等。大修渣中的废阴极材料采用超高温连续石墨化+烟气回收全量化工艺路线和自主开发的成套装备，得到石墨质产品和电解质，石墨质产品作为原料用于铝用炭块、石墨电极等生产，电解质返回电解使用或作为岩棉生产原料，处置利用全流程无二次污染物产生。

在减碳效果方面，每处置利用1吨大修渣，可消除约80千克无机氟化物和0.1千克氰化物对环境的污染，实现毒性物质的近零排放。每处置利用1吨废阴极，可得到约 650 千克石墨质产品，实现了炭质材料的资源循环利用，减少了碳排放。

目前，该技术已在兰州铝业有限公司、甘肃润源环境资源科技有限公司等 3 家企业建成并运行了 1 万吨 / 年的大修渣处置及资源利用工业线，累计处置利用大修渣 4 万多吨，生产的混凝土实心砖等资源化产品的各项指标满足相关标准要求。包头铝业有限公司建成并运行了 4000 吨 / 年的铝电解废阴极资源综合利用工业试验线，得到石墨质产品 1100 多吨，指标优于《石墨化阴极炭块用煅后石油焦》一级标准，已成功应用于铝用炭块生产。

7.3.3 铝合金零部件的同级回收技术

铝合金零部件的同级回收技术是将服役完毕的铝合金零部件进行回收，重新制造同类型零部件或同系列铝合金材料的技术。

我国每年使用原铝制成的铝制品沉淀在各应用领域，形成了庞大的"城市铝矿山"。预计 2030 年，城市铝矿山将包括 8 亿吨铝及铝合金制品。若每年回收其中的 5%，即有 4000 万吨铝合金被回收，该数量与我国每年的铝制品产量持平。废旧铝制品的循环利用，可完全摆脱我国对进口铝土矿的依赖，彻底解决铝资源的"卡脖子"问题。同时，生产 1 吨再生铝的碳排放仅为原铝的 5% 左右，因此具有非常显著的节能减碳效果，是实现"双碳"的必要路径。

要实现铝合金零部件的同级回收利用，需开展以下关键技术研究：①开发回收铝合金零部件的高效智能分拣、分选技术；②开发回收铝合金零部件的表面处理产物去除技术；③开发回收铝液提纯除杂技术；④开发高容限易回收铝合金；⑤开发低烧损熔炼技术。

在减碳效果方面，制备每吨原铝需要耗电 1.35 万度，加上消耗的电解阳极，总计产生碳排放约为 13 吨 / 吨铝。回收铝则仅需要经过拆解、前处理便可制成供熔炼的原材料，能源消耗极低，碳排放约为 0.5 吨 / 吨铝。未来每年 4000 万吨的回收铝即可实现年减碳 5 亿吨。

铝合金零部件同级回收技术虽然是一个系统工程，但可根据具体产品进行单独攻关和应用，例如易拉罐用铝合金，具有用量大、服役周期短的特点，因此最适合用作循环回收的材料。北京科技大学团队采用罐料除镁技术保证 100% 废罐料能够达到 3104 罐料成分标准；西安理工大学研究高温焙烧对有机涂层的去除效率等。除罐料外，汽车铝合金轮毂、铝合金门窗等铝合金材料也已经形成了一定规模的回收产业，但是产业模式比较粗放、材料分拣分选不足，一般仅能进行降级回收，资源利用率偏低，造成了一定程度的浪费。整体而言，当前国内废料回收的技术还不够成熟，目前仅针对几个流转快、用量大的合金牌号（如罐料、汽车铝合金轮毂、油底壳、铝合金门窗等）开展了粗放式的回收材料分拣分选工作，亟须攻关系统性解决全部铝合金材料的回收问题。

在应用方面，诺贝丽斯铝业公司研发的 Can to Can 技术能够使用 100% 的回收拉罐制备新的易拉罐用铝合金板材，并且已经投入实际生产，其宣称能够在 60 日内即可完成铝锭、铝板、易拉罐、消费、废旧易拉罐回收、铝锭的循环。针对汽车用铝合金材料，诺贝丽斯铝业公司、肯联铝业等发达国家铝业集团均宣称已经布局汽车用铝合金材料的回收，能够达到汽车用铝合金板材的同级回收与再利用。中国台湾新格集团在大陆兴建了多家铝合金回收工厂，主要回收油底壳、轮毂等铸造铝合金以及易拉罐用铝合金材料，其中废旧易拉罐产能约为 5 万吨/年/工厂，废旧易拉罐料经过前处理和熔炼后，再掺兑 40% 原铝液即可生产满足成分要求的罐身料。

7.3.4　二次铝灰全量资源化利用技术

铝灰是铝工业中产生的一种危险固体废弃物。根据铝灰的来源将铝灰分为一次铝灰和二次铝灰。电解氧化铝生产原铝过程中产生一种不溶于铝液的浮渣，称为一次铝灰，颜色通常为白色，故又称白灰。一次铝灰中金属铝含量达 30%～85%，此外还含有氟化盐、氧化铝和氮化铝等物质。二次铝工业重熔一次铝灰或废杂铝回收金属铝过程中产生的灰渣称为二次铝灰，颜色呈黑色，又称黑灰。二次铝工业回收金属铝时需加入氯化盐等添加剂，产生的二次铝灰中含有大量的盐分，因其呈块状，故又称盐饼。二次铝灰中金属铝含量在 5%～20%，此外还含有氧化铝、氮化铝、盐（氟化盐和氯化盐等）和二氧化硅等成分。

由于二次铝灰的成分复杂、其中金属铝含量较少等原因，二次铝灰的无害化工艺研究仍停留在实验阶段，工业化技术尚不成熟。目前，主流的二次铝灰无害化处理思路可分为湿法和火法。湿法是在强酸或强碱溶液的作用下溶出 Al^{3+}，并进行一定后续处理得到含铝产品。火法利用活性物质在高温下与空气接触，发生氧化转变为稳定的氧化铝，达到降低二次铝灰反应性的目的。

在减碳效果方面，处理 1 吨二次铝灰可回收甲烷 2.14 千克、氢气 2.4 千克，可燃气洁净燃烧可避免甲烷直排、减少二氧化碳产生，折算减排二氧化碳 72.4 千克。在经济性和应用方面，河南明泰科技有限公司建设 6 万吨/年二次铝灰资源化利用生产线，每年可生产高铝料 4.7 万吨、回收 60% 的粗铝 0.6 吨、可燃气 133.8 万立方米、20% 的氨水 1.22 万吨、铝用精炼剂 1.47 万吨，直接减排二氧化碳 3648 吨。

7.3.5 铜二次资源回收利用技术

7.3.5.1 铜合金零部件的同级回收技术

铜合金零部件的同级回收技术是将服役完毕的铜合金零部件进行回收，重新制造同类型零部件或同系列铜合金材料的技术。目前回收的铜已经满足全球 35% 的铜需求，但是全球铜的报废回收率仅为 40%。国内再生铜的产量正在逐年攀升，但仍无法满足现有产业对铜的需求。当前我国的铜消费占据了全球 40% 左右，60% 以上的铜精矿从国外进口。

废弃铜合金的种类繁多，回收利用技术和工艺也有所不同，但一般都将其分为预处理和再生利用两部分。所谓处理，就是对混杂的废杂铜进行分类，挑选出机械夹杂的其他废弃物，除去废铜表面的油污等，最终得到品种单一、相对纯净的废铜，为熔炼提供优良原料，从而简化熔炼过程。废杂铜再生利用的方法很多，主要可分为两大类，即废杂铜的直接利用和间接利用。直接利用是将高质量的废铜直接熔炼成精铜或铜合金，间接利用是通过冶炼除去废杂铜中的贱金属，并将其铸成阳极板，再经过电解得到电解铜。

整体而言，当前国内仅对广泛性的废旧铜零部件开展了粗放式的回收，一般仅能进行降级回收，资源利用率较低。因此，对全部铜合金材料的回收仍然是亟待解决的问题。

要实现铜合金零部件的同级回收利用，需开展以下关键技术研究：①开发回收铜合金零部件的高效智能分拣、分选技术；②开发回收铜合金零部件表面的产物去除技术；③开发回收铜液提纯除杂技术；④开发高容限易回收铜合金；⑤开发低烧损熔炼技术。

在减碳效果方面，制备每吨粗铜需要耗电 1000 千瓦·时，加上消耗的电解阳极，总计产生碳排放约为 13 吨/吨铜。回收铜则仅需要经过拆解、前处理便可制成供熔炼的原材料，能源消耗极低，1 吨再生铜制品可节能约 1054 千克标准煤、节水 395 千克、减少固体废物排放 380 吨、减少二氧化碳排放约 5.5 吨。回收 1 吨铜可节约 4.5 吨铜精矿。

7.3.5.2 废杂铜直接利用技术

废杂黄铜中除铜外，通常还含有锌、铅、锡、铁、铝、硅、铋、碲等元素。废杂铜利用主要有两个途径，即间接利用和直接利用。废杂铜最经济有效的利用途径是直接利用，比其他利用途径更节省能源、污染物排放少，并且可以综合利用铜合金中的合金元素。直接利用是指利用质量好的纯铜废料直接生产铜材，或利用废铜合金直接生产铜合金以及利用废铜（铜米）生产铜箔等利用途径。间接利用即采用火法熔炼和电解的工艺处理废杂铜，最终产品是阴极铜。

废杂铜直接利用技术包括：①废杂铜的精确分选技术；②废杂铜中锡、铁、铝、硅、铋、碲等有害杂质元素的去除与降低技术；③废杂铜熔炼过程中的高效造渣剂、覆盖剂、精炼剂和变质处理剂的研制及利用技术；④高效熔化炉开发；⑤优质综合性能较好的再生铜合金开发。

在减碳效果方面，以直接利用紫杂铜为例。相比生产电解铜，直接利用紫杂铜能节约电能 250~300 千瓦·时，节约重油 100~120 千克，节约煤炭 0.4~0.5 吨，减排废水 0.5 吨；而直接利用废铜合金（以 59-1 黄铜为例），可节约电能 145~174 千瓦·时，节约重油 100~120 千克，节约煤炭 0.23~0.29 吨，节约 380 千克锌，节能降耗优势明显。

在经济性方面，废铜直接利用所需要的设备主要为分选线及大吨位熔炼炉、挤压、拉拔设备，该技术为短流程制备技术，生产线建设成本较低。废铜直接利用技术主要经济性还体现在原料成本较电解铜低约 20% 以上，同时可以充分利用废铜中的有益元素，减少原料投入成本。国内规模较大及技术先进的企业还通过对炉型及覆盖精炼剂的研发与改进，使生产效率大大提高，且能够制备中等偏上的易切削黄铜制品，仅通过使用新研制的覆盖精炼剂每年就能节省资金 120 万元以上。

国外废杂铜利用冶炼和综合回收比较成功的企业主要集中在日本和欧洲，典型的冶炼厂有日本同和公司、德国 Kayser 冶炼厂、比利时霍博肯冶炼厂等。国外企业采用先进的顶吹熔炼技术处理低品位废杂铜，比较典型的炉型有澳斯麦特炉/艾萨炉、卡尔多炉。这些设备技术先进，机械化、自动化程度高。大多数工厂除有先进的炉窑和加料、浇铸设备外，还采用了 DCS、PLC 等自动化控制系统，提高了生产效率，降低了劳动强度。

7.3.5.3　含铜污泥/危废侧吹浸没燃烧熔炼资源化技术与装备

含铜污泥主要来源于表面处理、印刷电路板生产、电镀、电线电缆生产以及部分制造业生产过程。污泥中铜等金属主要以氢氧化物、硫化物形式存在；污泥中含水率一般为 50%~90%；污泥中铜含量一般大于或等于 1%（干基计）。

火法处理工艺适用于铜含量大于 1%（干基计）且污泥中金属以铜为主的含铜污泥。含铜污泥经过预处理后配料，在高温还原气氛下还原熔炼，通过造渣后分离，得到黑铜（次黑铜）与冰铜。湿法处理工艺适用于印刷线路板行业产生的含铜污泥，以干基计铜含量大于 6%、镍含量小于 0.2%、锌含量小于 0.5%。采用硫酸浸出的方式溶解含铜污泥，通过铁还原得到海绵铜，母液经过氧化、水解、聚合反应制得聚合硫酸铁。

侧吹炉炉体的钢结构采用先进、成熟的弹性骨架系统，能有效保护耐火材料、延长炉的寿命。采用铜水套和耐火材料相结合的炉体冷却技术，两者起到互相保护作用。为适应不同的处理物料，可通过设置水冷隔墙实现分区熔炼及沉淀。采用新型侧吹喷枪，喷枪富氧浓度达到22%～90%，可有效提升冶炼强度，烟气量成倍减少，节能效果显著。同时侧吹喷枪适用于不同燃料，可使用天然气、发生炉煤气、焦炉煤气、粉煤、柴油、裂解油、废矿物油等多种燃料。与国内外其他废弃物处理工艺相比，该技术具有原料适应性强、资源回收率高、处理能力大、环境友好、炉体寿命长、作业率高、投资省、建设期短等特点。技术要点包括：含铜污泥/危废高效内生供热熔炼技术、复杂烟气余热利用与深度净化技术、熔炼过程自适应在线智能优化控制技术。

在减碳效果方面，与传统鼓风炉、竖炉相比，可降低焦炭等消耗300千克/吨物料。采用浸没燃烧技术先后投产了浙江金泰莱环保科技有限公司、玉环县兴南铜业铸造厂、金华金阳铜业有限公司、河南豫光金铅股份有限公司、云南驰宏国际锗业有限公司、骆驼集团股份有限公司等工业固体废物综合回收利用项目。在经济性方面，采用侧吹浸没熔池熔炼技术针对含铜污泥、含铅动力电池、铜镍冶炼渣、废有机物、废有机污泥等工业固体废物进行处置，实现二次资源高效、节能、低污染及规模化回收与综合利用，解决了传统冶炼技术高能耗、低效率、重污染等问题，在大幅度提升企业经济效益的同时解决了相关废弃物处理处置的二次污染问题，符合我国资源循环、节能减排、环境保护的大趋势。

7.3.6 铅锌二次资源协同处置与回收技术
7.3.6.1 复杂铅锌固体废物协同冶炼技术与装备

20世纪90年代，我国大部分铅冶炼企业和少部分铅锌冶炼企业采用传统鼓风炉冶炼铅锌，产出的铅锌鼓风炉渣通常含有铅、锌、锡等重金属，同时含有砷、铬、镉等有毒有害金属，属于危险固体废物。受当时技术经济条件的限制，该铅锌鼓风炉渣未能进行进一步资源化利用或无害化处理，一般进行堆存。

针对现有复杂铅锌固体废物处理工艺规模小、回收率低、颗粒物和氮氧化物及重金属等二次污染物排放严重超标等问题，开发复杂铅锌固体废物协同冶炼技术与大型化装备，可优化熔池熔炼技术，提升处理规模、炉期寿命、作业率和经济效益。技术要点包括：复杂铅锌固体废物协同强化熔炼技术、复杂烟气余热利用与深度净化技术、稀贵金属选择性分离与高效提取技术、协同熔炼过程自适应在线智能优化控制技术。

在减碳效果方面，创新研制的铅锌固体废物协同侧-顶吹强化冶炼新技术及成套装备，形成经济、高效、清洁、短流程协同炼铅锌新工艺，实施规模达到20万吨/年，处理的残渣达到可直接利用的第Ⅰ类一般工业固体废物标准，弃渣含锌、铅均小于2%，大气污染排放标准达到国际上最严的特别限值标准。与现有冶炼技术相比，复杂铅锌固体废物协同冶炼技术吨粗铅的系统综合能耗降低60%，减排铅烟尘96%、减排二氧化硫75%、减排二氧化碳70%，从根本上实现了复杂铅锌固体废物大规模、经济的资源化、减量化和无害化。

在经济性方面，创新研制出的铅锌固体废物协同侧－顶吹强化冶炼成套装备，装备国产化率达到100%，单台装备处理能力达到20万吨/年，氧气喷嘴寿命大于6个月，耐火炉衬寿命大于12个月，铅总回收率98.5%、锌回收率大于90%、稀贵金属回收率大于96%，关键参数实现自适应在线控制，熔炼温度动态波动不大于±15℃，熔炼渣铁硅比、钙硅比动态波动不大于±10%，粗铅单位产品成本节约180元/吨以上，实现残渣100%无害化处置。河南金利金铅集团有限公司"铅基多金属固体废物协同强化冶炼产业化示范及锌资源综合利用项目"建成投产后，预计可实现产值120亿元、实现利税10亿元。

7.3.6.2 废铅膏短流程清洁低碳再生技术与装备

废铅膏是废铅酸蓄电池的主要成分，因其含有大量铅化合物，如不合理处置，将会导致环境污染，并且造成铅资源浪费。废铅膏中的铅主要以$PbSO_4$、PbO和PbO_2等化学形态存在，其回收工艺主要包括预处理和还原回收两个步骤。目前废铅膏回收工艺主要有火法冶炼、湿法冶炼和湿法+火法联合冶炼3种，其中火法冶炼回收是当前工业化程度最高、应用最广泛的一种生产工艺，另外两种技术还没有在工业生产中推广应用。

废铅膏火法冶炼工艺是指通过高温熔炼的方法直接将废铅膏还原并回收其中的铅。该方法产生的污染物主要包括$PbSO_4$高温分解产生的SO_x、铅尘，电化学过程产生的酸雾或碱雾，以及反应后残余的炉渣。

针对现有湿法工艺预脱硫副产物经济性差、固相电解效率低、氟氯电解体系腐蚀严重且易挥发、湿法制备氧化铅工艺原料消耗多和产品质量把控难等问题，废铅膏短流程清洁低碳再生技术以"清洁利用－短程再生－污染防控－模式构建"为主线，提出了免预脱硫新策略和联合电解新思路。技术要点包括：免预脱硫的精准电位调控与强制循环悬浮电解、多元含铅组分免固化直接固相电解、废铅膏清洁高效选择性浸出与阴极旋转电积技术、废铅膏短程清洁转化制备铅酸电池材料技术。

在减碳效果方面，按3个万吨级/年示范工程运行1年计算，该技术的实施将综合利用废铅膏3万吨，每年可节约3600万吨标准煤和750万度电，减碳效果明显。铅综合回收率高达98%以上，高于目前主流火法工艺97%的水平，每年直接减少近200吨铅排放。新工艺流程短，铅和硫循环利用，在全国推广示范工程将系统解决我国废铅膏再生利用过程中存在的共性难题，实现多种污染物大幅减排。

在技术成熟度方面，该技术得到了"十三五"国家重点研发计划"固体废物资源化"重点专项的支持，通过开展废铅膏短程转化与清洁再生技术开发，形成具有自主知识产权的技术体系，有助于推进铅酸电池生产责任延伸制实施，加快铅蓄电池循环利用产业链完善和产业结构升级。

7.3.7 废动力电池直接修复与短流程再生技术

根据国家统计局数据，交通领域的碳排放约占我国碳排放总量的10%，位居行业第三。废旧动力电池直接修复与短流程再生技术有助于该行业碳排放减量。与当前使用最多的火法－酸浸－分离提纯或者碱溶－酸浸－分离提纯工艺相比，废旧动力电池直接修复与短流程再生技术无须将元素全部分离提纯，或保留原有结构补充元素直接修复利用，或制成前驱体溶液短流程再生成正极材料，缩短了工艺流程，提高了回收利用效果，降低了分离提纯工艺的碳排放。

废旧动力电池直接修复与短流程再生技术主要针对正极材料资源再生利用，包括技术、设备、工艺的研发和应用。通过对电池进行精准拆解分离正极材料，使用电化学、物理化学等方法或直接补充所需成分煅烧，恢复受损结构及电化学性能，获得修复后正极材料；或经浸出、除杂、浓缩、调整成分等短流程再生技术，获得前驱体溶液，进一步生产出正极材料。

在应用方面，赛德美公司研发出国内首条单体电池全自动拆解生产线，对正负极粉料进行修复，电池回收再利用率达95%以上，一年回收约1.2万吨电池，经回收技术处理后，可减少近万吨碳排放。格林美股份有限公司采用梯次及再生利用技术，自主研发废旧动力电池智能化拆解、无损快速检测与分级应用、异构重组技术装备，实现自动化上料、拆解、分拣以及梯次利用的安全与均衡控制。梯次利用废旧动力电池开发应用于储能电站、不间断电源等领域的整包级梯次产品，2020年生产用于市政路灯、工程机械、低速电动车等领域的梯次产品共计3万余组。再生利用废旧动力电池有价金属资源用于生产三元前驱体与正极材料，年再生利用金属钴5000余吨、金属镍1万余吨。目前，企业已占国内三元材料市场份额的20%以上，并向三星SDI、CATL等电池生产企业供应原材料。

7.4 末端碳减排、捕集与利用技术

7.4.1 赤泥规模化消纳利用技术

赤泥是制铝工业提取氧化铝时排出的污染性废渣，其金属氧化物含量丰富，具有强碱性，成分、性质复杂以及多孔结构的特点。由于其含有大量氧化铁，外

观与赤色泥土相似,故称为赤泥。赤泥的产出量不仅与生产方法、技术水平有关,还因矿石品位而异。按现有工艺和铝土矿组成,每生产1吨氧化铝,将产生1.0~2.5吨赤泥。目前我国排放出的赤泥主要为拜耳法赤泥,约占我国赤泥产生量的90%。据不完全统计,2020年我国赤泥综合利用总量约为849万吨,综合利用率约为80%,远低于我国大宗工业固体废物综合利用平均水平。我国较常见的赤泥堆存方式主要有两种:一种是湿式堆存,将泥浆状的赤泥利用管道输送到堆存场地,沉降后的上清液到氧化铝厂回用;另一种是干式堆存,将赤泥洗涤、过滤后添加增塑剂,降低赤泥浆液的黏度后进行堆存处理。

我国赤泥的堆存量约8亿吨。赤泥中较高的碱性物质和重金属离子含量会随着降水渗入土壤环境,造成土地盐碱化和地下水污染,对堆存场地的土壤环境造成严重危害。目前赤泥综合利用技术用于提取其中的有价金属(铁、铝及稀有金属如钪等)、制备建材(水泥、砖、路基材料等)及环保领域(污水净化、废气处理、土壤改良等)。

"重磁预选分级-悬浮磁化焙烧"技术能够实现几内亚等铝针铁矿含量较高的赤泥中铁矿物的高效回收利用,实现高铁赤泥减量化。悬浮磁化焙烧工艺装置主要由焙烧炉系统、供气系统和气体流量控制系统三部分组成(图7.9)。具体操作步骤如下:将一定质量的粉状试样放入石英管中,先通入氮气,以预先将石英管中的氧气排尽;在此期间,以适当的加热速率将炉温升高到所需温度,当达到设定温度并保持稳定后,将石英管放入焙烧炉,通入一定比例的一氧化碳气体与氮气气体的混合气体,计时进行磁化焙烧;当焙烧结束,关闭一氧化碳气体通道,并将石英管从焙烧炉中取出,并继续通氮气,使焙烧试样在氮气保护下冷却至室温;之后将焙烧产品从石英管中倒入密封袋中进行分析和下一步弱磁选试验。弱磁选试验在磁选管中进行,经选别获得最终铁精矿。

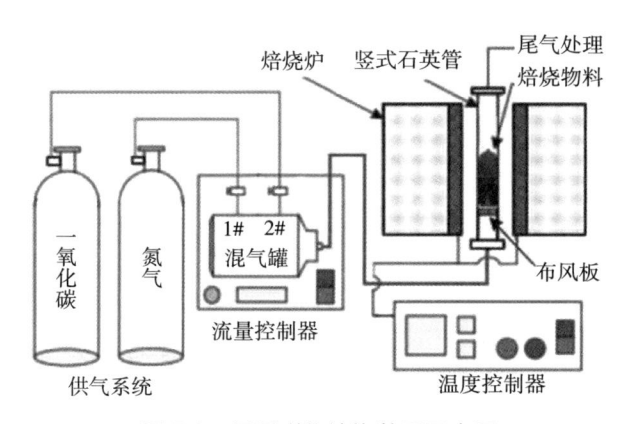

图7.9 悬浮磁化焙烧装置示意图

在减碳效果方面，"重磁预选分级－悬浮磁化焙烧"技术针对 TFe ≥ 40% 的几内亚铝土矿低温溶出赤泥，每处理 1 吨赤泥可回收 TFe ≥ 56% 的铁精矿 0.3 吨以上，即实现赤泥减量化 30% 以上。赤泥规模化消纳利用系列技术可实现赤泥全量化利用，每利用 1 吨赤泥减排二氧化碳 100～200 千克。赤泥堆场碳汇造林技术，按 100 公顷面积算，预计年固定二氧化碳总量约 2445 吨、释放氧气约 1785 吨。

7.4.2 赤泥堆场无土原位生态修复技术

该技术以赤泥的土壤化改良为基础，结合植物修复和微生物修复的手段，在赤泥堆场中构建完整的生态系统，加速堆场的土壤化进程：一是结合盐碱调控、团聚体构建、养分调理等多重修复手段，快速实现赤泥的土壤化；二是联合引入优选的耐盐碱植物和微生物，通过先锋作物和微生物的生长繁衍和后期乡土作物的定居生长，在赤泥堆场构建完整的生态群落，提高生态系统的可持续性和稳定性；三是修复后的赤泥土壤轮种牧草、经济作物（冬小麦），实现赤泥堆场还耕再利用。修复后赤泥土壤 pH 为中性，肥力高于 NY/T 391—2013 旱地 I 级标准，可在堆场形成规模化植被覆盖。

该技术打破了传统的赤泥堆存方式，首次实现了高温拜耳法赤泥堆场的无土原位修复及其还耕利用，填补了国内赤泥堆场无土原位生态修复的技术空白，并较常规客土覆盖法修复成本节约 30%～40%。赤泥堆场无土原位修复技术对土壤的修复效果好、应用范围广、修复成本低，市场推广前景非常广阔。企业依托修复的赤泥堆场，可将其打造成绿色生态、循环经济的示范园区，为铝工业可持续发展提供坚实保障。

在减碳效果方面，按照 100 公顷赤泥堆场测算，种植草本植被每年固定二氧化碳量约 489 吨、释放氧气量约 360 吨。目前，该技术已在中铝矿业有限公司、遵义铝业股份有限公司应用，修复总面积达 3 万平方米。

7.4.3 基于有机胺法的燃烧后二氧化碳捕获技术

有机胺溶液吸收二氧化碳的技术原理主要是由于胺类分子中含有氮原子，胺在水溶液中离解，使溶液呈碱性，易于和二氧化碳等酸性气体发生反应，而达到脱除和回收二氧化碳的目的。有机胺吸收法是利用二氧化碳和有机胺溶液间发生化学反应，将二氧化碳从混合气中分离出来的化学吸收方法，因其具有吸收量大、吸收效果好、成本低、吸收剂可循环利用并能回收得到高纯产品等特点，已在天然气、炼厂气、合成气及烟气等各种气体净化工艺中广泛应用，是当前国内外在烟气二氧化碳排放控制上开发的主要技术。

基于有机胺法的燃烧后二氧化碳捕获技术的要点主要包括：高效低能耗有机胺溶剂的设计与筛选、复杂反应过程的原理与机制、高效有机胺溶剂气液平衡数据及模型建立、气液两相间扩散模型的构建、胺类降解、腐蚀防治、基于催化剂的低能耗解吸等。然而单一胺类吸收剂具有吸收速度快但腐蚀严重、再生困难或者再生简单但吸收速度慢等缺陷，限制了基于有机胺法的燃烧后二氧化碳捕获技术的大规模应用。因此，今后的研究重点是根据不同类型的有机胺溶液吸收二氧化碳的特点，选择合适的混合体系，改变溶液的整体特性，从而改善二氧化碳的处理过程，提高吸收效率，降低再生能耗。

在经济性方面，当前我国燃烧后二氧化碳捕集技术最为成熟，已进入工程示范阶段，主要应用于低浓度燃煤电厂。中国华能集团有限公司所属工程二氧化碳捕集成本约为 300 元/吨。2019 年投产的华润电力（海丰）有限公司二氧化碳捕集测试平台成本为 500 元/吨。富氧燃烧二氧化碳捕集仅华中科技大学在燃煤电厂开展了小试与中试，成本分别为 900 元/吨、780 元/吨。相比于其他二氧化碳捕集技术，燃烧后二氧化碳捕集技术经济性优势明显。

该技术目前已成功应用于重庆双槐电厂、上海石洞口电厂和北京高碑店电厂等项目。华润电力（海丰）有限公司测试平台项目于 2019 年 5 月正式投产，是亚洲首个多线程二氧化碳捕集测试平台，是与美国国家二氧化碳捕集测试中心、挪威蒙斯塔技术中心并行的世界三大二氧化碳捕集技术中等规模试验基地之一。

7.4.4 二氧化碳矿化磷石膏制硫酸铵和碳酸钙

二氧化碳矿化磷石膏制硫酸铵和碳酸钙可以利用磷石膏废渣对冶炼行业排出的二氧化碳进行矿化处理，其基本原理是以"一步矿化法"工艺为基础，以氨为媒介，将氨法脱碳与磷石膏复分解反应相结合，生产硫酸铵和碳酸钙。

该技术主要工艺流程如图 7.10 所示，含二氧化碳约为 15%（干基）的烟气进入吸收塔，与富氧溶液按一定的液/气体积比进行气液直接接触发生传热传质反应，经过两级洗涤进入酸洗槽，气相残留的微量氨被加入的磷石膏酸性洗水充分吸收，使尾气出口氨质量浓度低于 10 毫克/立方米。脱除烟气中二氧化碳后的碳铵溶液进入三相全混流反应器与经过洗涤的磷石膏反应，氨气对反应器的物料产生强烈射流搅拌使之呈全混流状态，反应浆料在保持恒定液温下自动溢流出料，再经过养晶、脱氨工序，降温过滤后得到碳酸钙产品和硫酸铵溶液。

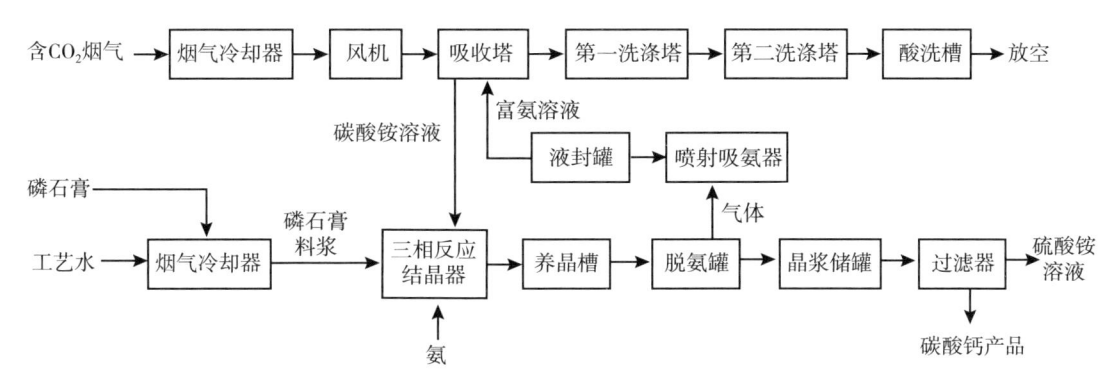

图 7.10 工业生产低浓度尾气二氧化碳矿化磷石膏工艺流程

在减碳效果方面，采用二氧化碳矿化磷石膏制硫酸铵和硫酸钙技术，1吨磷石膏可以矿化 0.25 吨二氧化碳，联产硫酸铵 0.78 吨、碳酸钙 0.58 吨，实现有经济效益的二氧化碳减排和工业固体废物循环利用。

在成熟度方面，二氧化碳矿化磷石膏制硫酸铵和硫酸钙技术适用于较低浓度二氧化碳的直接利用，同时涉及低浓度二氧化碳的减排和工业固体废物磷石膏处理，可以以废制废，提高了低浓度二氧化碳和磷石膏资源化利用的经济性。目前该工艺技术已经通过中试验证，并进入工业示范装置阶段。

在经济性方面，此技术进行二氧化碳捕集成本约为 700 元/吨，但由于其可以降低工业固体废物磷石膏处理成本，实际成本应低于 700 元/吨。中国石化普光气田天然气净化厂建成一套 100 立方米/时（烟气）规模中试装置，利用翁福集团磷肥厂排出的磷石膏废渣对二氧化碳进行矿化处理，中试装置磷石膏处理量达 127 千克/时（湿基），尾气二氧化碳捕集率达 75%；磷石膏转化率超过 92%；产品碳酸钙过滤强度超过 880 千克/平方米·时、平均粒径 56 毫米；硫酸铵洗涤率大于 99%；排放尾气氨含量低于 10ppm。

7.5 本章小结

本章从源头控碳、过程降碳、资源循环利用、末端碳减排捕集与利用四个领域介绍了应用于有色金属行业生产过程的先进节能减排技术，主要包括 6 种从矿石、碳阳极等原料端降碳的源头控碳技术，6 种针对冶炼和加工过程的节能降碳技术，6 种提高废旧金属等二次资源再生循环利用和余热梯级利用的降碳技术，4 种通过废渣消纳、废气捕集利用的减碳技术。这 22 种关键技术已经在相关企业进行了示范应用，未来在行业内进行更大范围的推广应用将对有色金属工业实现"双碳"战略目标具有重要意义。

参考文献

[1] 关文斌，郭玉龙，赵云飞，等. 铝用阳极焙烧炉节能工艺技术研究与实践[J]. 轻金属，2021（12）：32-36.

[2] 戴江洪，秦明晓. 赤铁矿除铁工艺在锌冶炼生产中的应用[J]. 中国有色冶金，2020，49（2）：1-4.

[3] 李永，吴呈祥，张宗娥，等. 分析氧化铝蒸发工艺技术节能降耗的工艺途径[J]. 世界有色金属，2021（16）：198-199.

[4] 杨宏伟，王占柯，南君芳，等. 底吹铜连续吹炼的生产实践[J]. 有色金属（冶炼部分），2020（7）：26-30.

[5] 蔡炳龙，黎志良. "三连炉"联合冶炼提高铅精矿中锌的回收率生产工艺实践研究[J]. 世界有色金属，2021（20）：8-10.

[6] 王帅，姜颖，郑富强，等. 红土镍矿火法冶炼技术现状与研究进展[J]. 中国冶金，2021，31（10）：1-7.

[7] 杨超，冯乃祥. 工业二次铝灰资源化回收利用现状[J]. 现代化工，2022，42（6）：73-77.

[8] 周亮. 低温铝电解、铝电解工艺与控制技术的研究[J]. 世界有色金属，2021（1）：14-15.

[9] 童成业，胡凤杰，王艳波. 铅锌冶炼烟气三氧化硫的分布及污酸减量化研究[J]. 硫酸工业，2019（3）：26-27.

[10] Shuai Yuan, Hanxin Xiao, Tianyi Yu, et al. Enhanced removal of iron minerals from high-iron bauxite with advanced roasting technology for enrichment of aluminum[J]. Powder Technology, 2020, 372: 1-7.

[11] Subhnit K Roy, Deepak Nayak, Swagat S Rath. A review on the enrichment of iron values of low-grade Iron ore resources using reduction roasting-magnetic separation[J]. Powder Technology, 2020, 367: 796-808.

[12] Zuo Zongliang, Feng Yan, Dong Xinjiang, et al. Advances in recovery of valuable metals and waste heat from copper slag[J]. Fuel Processing Technology, 2022, 235: 1-15.

[13] Hoeber Lukas, Steinlechner Stefan. A comprehensive review of processing strategies for iron precipitation residues from zinc hydrometallurgy[J]. Cleaner Engineering and Technology, 2021, 4: 1-12.

[14] Ma Yan, Preveniou Athina, Kladis Anastasios, et al. Circular economy and life cycle assessment of alumina production: Simulation-based comparison of Pedersen and Bayer processes[J]. Journal of Cleaner Production, 2022, 366: 1-13.

[15] Li Gan, Qu Wenying, Luo Min, et al. Semi-solid processing of aluminum and magnesium alloys: Status, opportunity, and challenge in China[J]. Transactions of Nonferrous Metals Society of China, 2021, 31（11）：3255-3280.

[16] Yunfei Nie, Xinyao Guo, Zhaohui Guo, et al. Defluorination of spent pot lining from aluminum electrolysis using acidic iron-containing solution [J]. Hydrometallurgy, 2020, 194: 1-9.

[17] Shen Hanlin, Liu Bo, Ekberg Christian, et al. Harmless disposal and resource utilization for secondary aluminum dross: A review[J]. Science of the Total Environment, 2021, 760: 1-13.

[18] Phiri Tina Chanda, Singh Pritam, Nikoloski Aleksandar N. The potential for copper slag waste as a resource for a circular economy: A review - Part I [J]. Minerals Engineering, 2022, 180: 1-14.

第 8 章 有色金属低碳发展展望与政策建议

有色金属行业是我国"双碳"行动的重点领域之一。除前文提到的先进节能减碳技术外，仍有一些前沿技术亟待开发，并有待进一步的工业验证或生产试验。从宏观层面来看，有色金属行业清洁低碳化转型除了加大技术创新力度，还需要政策支持与保障。本章简要介绍有色金属低碳前沿技术，并提出 6 个方面的政策建议。

8.1 基础和前沿技术研究

有色金属行业"双碳"目标的实现，需要以创新型减碳技术为支撑。通过基础和前沿技术的不断深入探索与开发，扩展低碳发展技术路径的新思路，构建有色金属生产的新技术、新工艺。目前，一些前沿技术已经被提出或进入研究阶段，如短流程生产氧化铝技术处于理论研究阶段，主要方向是改变现有拜耳法生产流程，减少蒸汽和电能消耗，开发出快速过滤装置取代沉降槽、溶出蒸发一体化设计、无蒸发流程等，达到节能降耗的目的。此外，还有一些技术原型已经被提出。本节将就以下三种技术进行简要阐述，介绍有色金属行业低碳发展的前沿技术思路及方向。

8.1.1 惰性阳极铝电解技术

目前，铝电解是以碳素材料作为阳极，在电解高温和阳极释放氧气的作用下使炭阳极被氧化燃烧。据估算，每生产 1 吨电解铝需消耗炭阳极 500~600 千克，二氧化碳理论释放量大约为 1.22 千克/千克铝。当今环境和能源形势日趋紧张，寻找可取代碳素阳极的惰性阳极材料尤为重要。惰性阳极具有节能、环保的优点，具有良好的应用前景，采用惰性阳极取代碳素阳极将成为铝电解工艺低碳化的重要技术方向。

惰性阳极是指在冰晶石-氧化铝熔盐中电解时不消耗或微量消耗的阳极。惰性阳极铝电解技术生产原铝的过程释放氧气，没有二氧化碳、一氧化碳等温室气体排放。惰性阳极相较于碳素阳极具有以下优势：应用惰性阳极时，阳极过电压只有 0.2 伏；成本低，可节省碳素阳极制造过程中所需的油焦；操作费用降低，阳极无须经常更换，并保证生产的连续性和稳定性；阳极产生氧气而不是二氧化碳和一氧化碳，有利于环境保护、改善劳动条件。目前初步认为可作为惰性阳极材料的有合金类惰性阳极、金属陶瓷类惰性阳极、金属基体氧化物外层类惰性阳极几类材料。

近年来，随着全球降碳减排的呼声不断提高，发达国家迅速加大了惰性阳极技术的投入，被称为"无碳铝电解技术"的惰性阳极铝电解工业化研究取得了突破性进展。2018 年 5 月，加拿大政府、美国铝业公司、力拓集团和苹果公司联合投资成立了 Elysis 公司，开展金属陶瓷惰性阳极铝电解技术工业化研究，并声明将于 2024 年前建立起工业化级别的无碳铝生产路线；2021 年 4 月，Elysis 公司宣布将在加拿大魁北克 Alma 铝冶炼厂的 450 千安电解槽末端安装工业惰性阳极电解槽原型，以证明该技术在工业运行环境中的有效性。与此同时，2021 年 4 月，俄罗斯铝业集团宣布其 140 千安新型惰性阳极电解槽实现了行业最低的碳排放，即每吨铝的二氧化碳当量低于 0.01 吨，该电解槽产能达 1 吨/天，铝纯度大于 99%。

我国的惰性阳极研发起步于 20 世纪 90 年代，基本与发达国家同步发展。迄今为止，包括中国铝业集团、中南大学、东北大学、郑州大学、贵州大学和昆明理工大学在内的诸多企业和高校均开展了惰性阳极技术的研究。2011 年中南大学与中国铝业集团联合开展了金属陶瓷惰性阳极 20 千安铝电解工程化试验。目前，我国惰性阳极技术仍处于工业化应用开发的起步阶段，与发达国家的差距逐渐拉大，需进一步加强研发力度和规模。

8.1.2 氢冶金技术

氢能由于具备清洁无污染、可再生、安全性可控等特点，逐渐成为国际、国内社会关注的热点，被视为最有发展潜力的清洁能源。氢冶金工艺将从源头上消除化石能源带来的碳排放问题。目前，基于氢能所具有的清洁环保、优越的高还原性能等特点，氢冶金技术应用于钢铁行业已备受关注，其基本思路是氢能实现碳还原剂及化石能源的替代，从而实现降碳。

氢冶金技术在有色金属冶炼和加工制造中的应用目前还处于理论和实验研究阶段。可以预见的是，随着氢能产业的发展、制氢技术的进步，未来氢能将是中国能源体系的重要组成部分，是现有能源形式的有益补充，是中国能源绿色低碳转型的重要载体，也是未来战略性新兴产业的重要发展方向。因此，有色金属行业氢冶金技术的应用是必然趋势。

据报道，中国恩菲工程技术有限公司与河南金利金铅集团有限公司签订了"有色冶炼渣氢基还原实验研究"合作开发协议，开发有色冶炼渣氢基还原技术，探索研究氢基还原铅渣、锑渣、含铁物料（铁矿、赤泥）、镍渣、铜渣、锌渣的可行性，探明影响氢气还原效率的影响因素，确定氢冶金技术的重点发展方向，并结合现有色金属冶炼中碳还原工艺，提出"以氢替碳"的还原工艺，旨在共同推动绿色氢能冶金技术的发展和应用，为突破低碳冶金新技术路线而努力。该项目有助于建立有色金属富氢气基还原技术理论体系，助推有色金属冶炼企业的产业升级和技术革新，减少二氧化碳排放。同时，"以氢替碳"的有色金属冶炼还原工艺对推动有色金属冶炼行业的绿色、可持续发展，实现经济效益和环境效益的同步发展具有重要意义。

8.1.3 固态电解回收铝技术

在工业中，铝通常与硅、铜、镁及其他元素一起合金化。在锻造合金中通常含有约 5% 的合金元素，而在铸造合金中含有 6%~27% 的合金元素。铝的化学性质使得依靠传统重熔工艺无法除去废旧铝中的合金元素，因此目前大部分再生铝只能降级使用，其中主要用于以汽车发动机为代表的铸造合金。未来电动汽车的发展将大幅度降低这一类铸造合金的需求，同时提高对高纯度铝的需求。因此，铝的回收再生策略需要做根本性的改变。如果保持目前的铝再生方式，二次铝的高质量循环利用将成为难题。北京科技大学朱鸿民教授团队与日本仙台东北大学研究团队提出了一种固态电解工艺，使用熔盐电解回收废铝，生产出纯度与原铝相当的再生铝。

固态电解工艺的原理图和电化学原理如图 8.1 所示。固态电解工艺最重要的特点是可以高效分离合金元素。电解实验结果表明，废铝的纯度从电解前的约 90% 提高到了电解后的 99.99%，同时硅、铜等典型合金元素被分离到阳极残余物（阳极泥）中。在固态电解工艺中，阳极是铝铸件和压铸合金废料。在电解过程中，铝以铝离子的形式从阳极溶解，精炼后的铝以阴极沉积的形式收集。由于硅、铜、锌、锰和铁的溶解电位高于铝，铝优先溶解，而这些元素则以阳极泥的形式分离，然后将溶解的铝沉积在阴极上用于收集和再循环。根据阳极泥中的铝残留量和在阴极上的铝沉积量，计算出阳极铝合金中95%的铝以阴极沉积物形式被回收。

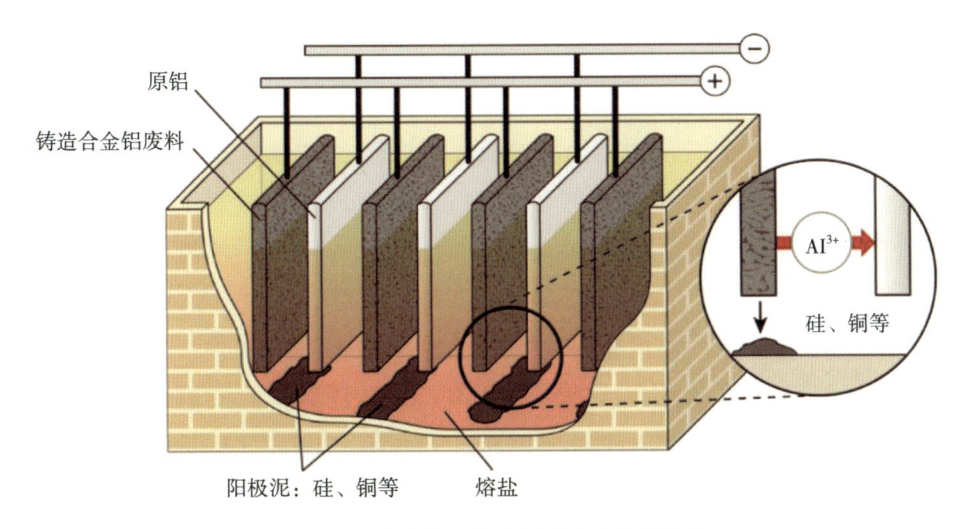

图 8.1 固态电解工艺的原理和电化学原理

8.2 政策建议

有色金属行业低碳绿色发展是实现国家"双碳"战略目标的重大需求，促进有色金属行业绿色化、低碳化发展是必然趋势。因此，需要采取有力手段及措施促进有色金属行业低碳化转型。以下就有色金属行业基本情况提出相应政策建议。

8.2.1 积极推进有色金属行业能源消费结构调整，推动能源管控平台数字化升级，引导可再生能源在行业中的应用

目前，能源使用产生的碳排放是有色金属行业碳排放的主要来源，特别是铝冶金行业仍以火力发电为主的电力消费结构是全行业碳排放的首要来源，因此降低有色金属行业碳排放的关键是大力推行可再生能源应用。根据地区实际情况，对非化石能源利用进行整体规划，充分发挥地域自然条件优势，鼓励有色冶炼企业因地制宜发展非化石能源，鼓励电解铝等企业向具备新能源优势的地区集中。建议主管部门积极引导行业用能结构调整，引入综合智慧能源服务，消纳绿色能源，提高水电、风电、光伏、核电等可再生能源使用占比，推进以天然气代替煤炭组织生产。建立有色冶炼行业与非化石能源行业的交流平台，推进行业间的信息、咨询共享，提高有色金属冶炼行业对非化石能源资源应用的意识，推动传统

有色金属冶炼行业的能源结构升级和高质量发展。推动信息化、智能化能源管控系统的应用和升级，增强有色冶炼企业多能源系统管控和调度，完善有色冶炼行业能量流网络的搭建和优化。

8.2.2 重视废旧有色金属循环利用，大力构建循环型有色金属产业链

我国有色金属工业仍面临国内矿产资源不足与需求增长的矛盾、能源供应紧张与碳排放不断上升的矛盾，而大力发展再生有色金属产业是解决资源和环境双重约束的有效途径。因此，促进有色金属循环利用、构建循环型有色金属产业链是行业实现"双碳"目标的重要措施之一。针对有色金属回收利用产业化技术，建议从国家层面出台统一的规划，引导产业链上下游协同研发、推进，并进一步发挥有色金属循环产业示范项目的引领作用，健全和完善促进有色金属循环利用的财税鼓励政策，加快废旧有色金属回收利用体系建设。推动再生有色金属产业基础研究和创新能力提升，提升关键技术水平和智能化水平，增强再生有色金属利用效率。树立循环经济理念，构建有色金属行业循环经济产业链。加大有关有色金属循环再生技术的研发，提升循环技术水平，提高资源利用率，减少生产过程中不必要的资源和能源消耗。充分利用政策手段，推动完善再生有色金属行业相关政策法规，加快完善再生有色金属标准体系，推动再生有色金属产业标准化体系建设，进一步提高再生有色金属产业整体水平。

8.2.3 加大科研开发投入，促进绿色制造与智能制造技术融合发展

有色金属冶炼与加工是典型的流程工业，但在现有流程下，通过优化的节能减碳空间有限，无法满足碳中和目标对各行业深度脱碳的要求。为重塑我国未来有色金属产品制造体系研发变革性技术，实现零碳或超低碳工艺流程的再造变革重大技术突破，从根本上解决二氧化碳的高排放问题，必须突破当前传统的高碳技术模式。建议国家加大原创性节能降碳技术和装备开发的支持力度，进一步提升装备电气化、自动化、智能化水平，减少人员操作带来的质量不稳定因素，提高产品质量。围绕节能减碳、清洁生产等布局前瞻性、颠覆性技术，推动前沿技术、颠覆性技术和关键性技术攻关，加强有色金属工业竞争优势，促使有色金属产业现代化与低碳化融合，全面提升有色金属行业可持续发展能力。

8.2.4 加强有色金属产品全生命周期管理体系建设

有色金属实现碳中和目标须从产品全生命周期来考虑碳排放和碳收益，重点关注高性能有色金属工业制造端与电池、储能、轻量化等下游应用端协同减碳

评价技术的开发与应用。建议加强基于大数据驱动的、体现有色金属行业特点的碳减排与碳中和技术评价平台建设，构建产品全生命周期多维管控体系，进一步发挥生命周期评价在产品绿色设计、净零碳技术优选、绿色产品标准研发等方面的优势，支撑行业低碳技术的减碳绩效评价和推广应用。研究基于环境意识的产品制造工艺规划方法、绿色工艺评价准则与选取方法、工艺规划中的物料选择问题，开发产品制造过程的节能减排技术、清洁生产技术、制造系统优化技术、制造过程物料优化控制技术，探索绿色制造的理论技术、绿色设计的并行工程模式与运作管理模式，提高产品生产的资源能源利用效率，减少污染物排放。构建有色金属全生命周期碳排放核算评价数据库，研究开发广泛适用的环境负荷数据质量分析方法及工具。

8.2.5 建立健全行业绿色产品标准和评价体系

建议对现行节能减排、清洁生产、环境保护等行业标准进行全面梳理和修订，主动提升并突破已有的能耗和排放标准，尽快建立行业碳中和相关国家标准、行业标准及各类领跑者团体标准，充分发挥先进标准的引导示范作用。不断创新提升标准水平及先进性和适用性，提高标准制定的时效性，满足行业绿色低碳发展需求。构建有色金属行业低碳化、绿色化评价体系。依托全生命周期思想，结合有色各行业自身特点，形成完整的有色金属行业绿色产品评价方法，提高评价方法的普适性、科学性，促使有色金属行业绿色评价的全面应用，结合先进标准和科学先进的评价方法，推动有色金属行业绿色评价体系的健康发展，形成有色金属行业低碳化评价的"金标准"，推动有色金属行业低碳化发展。

8.2.6 加强人才培养体系建设，为行业绿色低碳发展提供人才保障

由于行业优秀科研人才的培养和创新机制缺乏的局面尚未改观，导致绿色低碳制造技术水平提升与落地缓慢。行业协会/学会应进一步扩展与高等院校、科研院所的人才联合培养机制，增加人才供给与保障。开展专业技能培训，重点普及生命周期评价、绿色低碳制造理念，培养和引进绿色装备系统设计、集成技术和关键部件研发人才。打造高水平科技攻关平台，协同高效建设低碳发展相关实验室，组建重点技术攻关团队，重点开发能源绿色开发、低碳利用、减污降碳等协同降碳关键技术，开展有色金属行业碳减排新技术原理研究，加强减污降碳协同增效实现机制，脱碳路径优化、数字化和低碳化融合等机理机制研究，加快先进前沿技术的研发和推广。同时，建议地方政府完善绿色低碳相关人才引进政策，多管齐下逐步形成绿色低碳人才培养长效机制。

8.3 本章小结

有色金属行业"双碳"战略目标的实现,需要加快科技应用特别是现有低碳技术的应用,并加强技术原始创新工作,尤其要研究突破一批前沿和颠覆性技术,形成一批具有显著影响力的低碳技术解决方案和综合示范工程。同时,必须重视建立更加完善的绿色低碳科技创新体系,从能源消费结构、废旧金属再生循环、绿色制造与智能制造技术融合发展、产品生命周期管理体系建设、健全行业标准和评价体系以及人才培养6个方面保障有色金属行业低碳发展。

参考文献

[1] 周科朝,何勇,李志友,等. 铝电解惰性阳极材料技术研究进展[J]. 中国有色金属学报,2021,31(11):3010-3023.

[2] Yujie Zhang, Qiang Yue, Xicui Chai, et al. Analysis of process parameters on energy utilization and environmental impact of hydrogen metallurgy [J]. Journal of Cleaner Production, 2022, 361: 1-11.

[3] Jude A Okolie, Biswa R Patra, Alivia Mukherjee, et al. Futuristic applications of hydrogen in energy, biorefining, aerospace, pharmaceuticals and metallurgy [J]. International Journal of Hydrogen Energy, 2021, 46 (13): 8885-8905.

[4] 谷琳,何坤,马明生. 基于能源结构视角的有色金属冶炼行业低碳发展分析[J]. 中国有色冶金,2022,51(3):1-7.

[5] 王吉位."十四五"再生有色金属产业发展战略研究思路和重点[J]. 资源再生,2021(7):10-12.

[6] Yuwei Zhang, Yingjie Zhang, Hengxi Zhu, et al. Life cycle assessment of pollutants and emission reduction strategies based on the energy structure of the nonferrous metal industry in China [J]. Energy, 2022, 261: 1-21.

[7] Lu Xin, Zhang Zhengyang, Hiraki Takehito, et al. A solid-state electrolysis process for upcycling aluminium scrap [J]. Nature, 2022, 606 (7914): 511-515.